시방분신석가　　　모니일체제불

나무묘법연화경

남무석가모니불

대지국천왕　부동명왕　대광목천왕
태비사문천왕　애염명왕　대증장천왕

남무다보여래불
나무상행보살
나무무변행보살
남무용시보살
나무미륵보살
나무묘음보살
나무문수보살

나무안립행보살
나무정행보살

나무지장보살
나무약왕보살
나무관세음보살
나무보현보살

사리불　용수
가섭　천태
가전연　전교
부루나　파야
아나율　제관

목련　세친
수보리　혜사
아난　묘락
라후라　남지련
우바리　의천

십나찰녀　아사세왕　천룡팔부　칠원성군　월궁마자　육제천왕　예적금강

대범천왕　육색태천　위태궁신　일궁대자　팔대룡왕　전륜성왕　제바달다　귀자모신

〈관심본존 만다라(觀心本尊曼茶羅)〉

여래의 일체의 있는 바의 법과,
여래의 일체의 마음대로 되는
신비스러운 힘과,
여래의 일체의 비밀되고
요긴한 곳집과,
여래의 일체의 심히 깊은 일을
모두 이 법화경에서 펴서 보이고
나타내어서 말하였느니라.

이 법화경은 능히
일체 중생을
구원하는 것이며,

이 법화경은 능히
일체 중생으로 하여금
모든 괴로움과 뇌로움을
떠나게 하며,

이 법화경은 능히
일체 중생을 크게
넉넉히 이익되게 하여
그 원을 가득
채우게 하느니라.

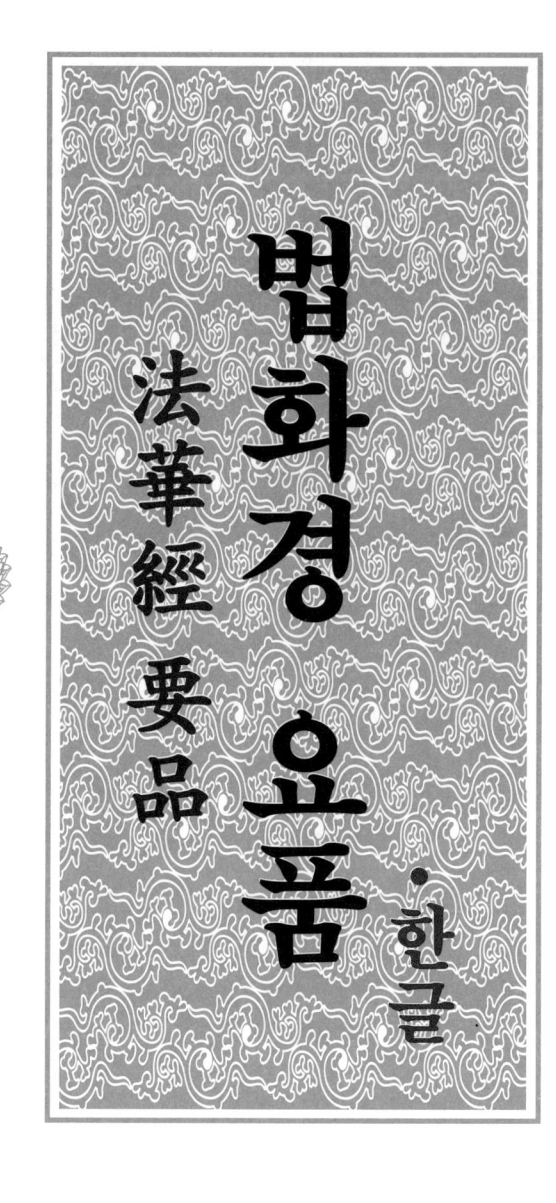

법화경 요품

法華經 要品

·한글

차 례

❀ 독 송 편

제목삼창 13
개경게 13
원돈게 17
치법게 16
삼귀의 14
개경게 18

무량의경

무량의경 제 일 덕행품 20
무량의경 제 이 설법품 22
무량의경 제 삼 십공덕품 23

묘법연화경

묘법연화경 제 일 권

제 일 서품 26
제 이 방편품 33

묘법연화경 제 이 권

제 삼 비유품 42
제 사 신해품 47

묘법연화경 제 삼 권

제 오 약초유품 48
제 육 수기품 51
제 칠 화성유품 52

묘법연화경 제 사 권

제 팔 오백제자수기품 55
제 구 수학무학인기품 57
제 십 법사품 58
제 십일 견보탑품 66
제 십이 제바달다품 72
제 십삼 권지품 80

묘법연화경 제 오 권

제 십사 안락행품 …… 82

제 십오 종지용출품 …… 87

제 십육 여래수량품 …… 89

제 십칠 분별공덕품 …… 117

묘법연화경 제 육 권

제 십팔 수희공덕품 …… 120

제 십구 법사공덕품 …… 122

제 이십 상불경보살품 …… 123

제 이십일 여래신력품 …… 125

제 이십이 촉루품 …… 134

제 이십삼 약왕보살본사품 …… 135

묘법연화경 제 칠 권

제 이십사 묘음보살품 …… 139

제 이십오 관세음보살보문품 …… 141

제 이십육 다라니품 …… 143

제 이십칠 묘장엄왕본사품 …… 146

제 이십팔 보현보살권발품 …… 148

불설관보현보살행법경 …… 154

제목봉창

관심본존만다라 …… 165

보탑게 …… 166

결요권지 …… 167

정대게 …… 169

회향의 글 …… 170

제목삼창 …… 171

⬡ 예 불 편

1. **상단 예불 (불전)**

제목삼창 …… 175

삼경례 …… 176

삼업공양 …… 177

찬게 178
경게 178
다게 179
공양게 180
오분향례 181
헌향진언 181
예불 182
파지옥진언 187
실상참회문 188
참회요문 190
법화행자 발원문 192
상단축원 193

2。중단 권공 (신중단)

신중공양게 196
신중공양례 197
자아게 독송 200

3。하단 시식 (영가단)

시식문 201

변식진언 203
시감로수진언 203
일자수륜관진언 204
유해진언 204
칭양성호 204
생반게 205
시귀식진언 207
시무차법식진언 207
보공양진언 207
보회향진언 207
독송 208
제목봉창 213
보탑게 213

4。상단 지송 (불전)

개경게 214
자아게 215
제목봉창 108번 218
보탑게 218

☸ 부 록 편

정대게 …… 218
찬불게 …… 220
발사홍서원 …… 222
회향문 …… 224
제목삼창 …… 225

1。 법화행자 발원문
법화기도 가피 발원문 …… 229
기도언상 …… 239
천하태평 국토안온 발원문 …… 246
소원성취 발원문 …… 248
법화경 정대송문 …… 260
참회후문 …… 263
육근참회문 …… 269
권청문 …… 273

수희문 …… 274
회향문 …… 275
발원문 …… 276
본화대원 …… 278

2。 법화경 약찬게 …… 280
3。 법사공양게 …… 288
4。 아귀시식게 …… 290
5。 신행요문
본존제목묘상 …… 291
지묘법화초 …… 293
기도초 …… 298
입정안국론 …… 300
성우문답초 …… 301
형제초 …… 304
법사탄 …… 305

십여시 해설 …… 307

관심송경법 …… 309

칠종례 …… 315

원돈장 …… 320

관심본존초 …… 322

6. 교리입문

화법의 사교 …… 349

화의의 사교 …… 350

석가세존 일대오시 …… 352

십법계、삼계、육도、28천 …… 365

소세계(일세계) 구성 …… 366

법화삼부경 총과 …… 367

봉행게 …… 368

✿ 찬불가

삼귀의 …… 371

청법가 …… 371

찬양합시다 …… 372

사홍서원 …… 372

산회가 …… 373

관세음의 노래 …… 374

보현행원 …… 375

예불가 …… 376

불교도의 노래 …… 377

집회가 …… 378

홀로피는 연꽃 …… 379

초파일 송가 …… 380

말법시대의 넷 의지처 …… 381

제목삼창

題目 제목 三唱

南無妙法蓮華經 나무묘법연화경 (절)

南無妙法蓮華經 나무묘법연화경 (절)

南無妙法蓮華經 나무묘법연화경 (절)

독 송 편

삼 귀 의 (삼보님께 귀의함.)

스스로 부처님께 귀의하옵나니,
원하옵건대, 마땅히 중생이 대도를
구체적으로 이해하여 위없는 마음을
일으키게 하옵소서.

근본 스승이신 구원실성 석가모니
부처님께 귀의하옵니다. (절)

스스로 법에 귀의하옵나니,
원하옵건대, 마땅히 중생이 경의 곳집에
깊이 들어가 사리에 밝은 지혜가

三歸依 삼귀의

자귀의불, 당원중생
自歸依佛 當願衆生
체해대도 발무상심.
體解大道 發無上心

나무 구원실성
南無 久遠實成
본사 석가모니불.
本師 釋迦牟尼佛

자귀의법, 당원중생
自歸依法 當願衆生
심입경장 지혜여해.
深入經藏 智慧如海

삼귀의

바다와 같게 하옵소서.
평등한 대지혜인 실상 묘법연화경께
귀의하옵니다.(절)

스스로 스님들께 귀의하옵나니、
원하옵건대、 마땅히 중생이
대중을 도맡아 다스리어
일체 막힘이 없게 하옵소서.
땅으로부터 솟아 오르신 창도의 스승
본화 상행보살 무변행보살 정행보살
안립행보살 마하살님께 귀의하옵니다.(절)

나무 평등대혜
南無 平等大慧
실상 묘법연화경.
實相 妙法蓮華經

자귀의승、 당원중생
自歸依僧 當願衆生
통리대중 일체무애.
統理大衆 一切無閡

나무 본화지용 창도지사
南無 本化地涌 唱導之師
상행보살 무변행보살
上行菩薩 無邊行菩薩
정행보살 안립행보살
淨行菩薩 安立行菩薩
마하살.
摩訶薩

치 법 게 (법을 만나는 게송.)

모든 부처님께옵서 세상에 나오시어
흥하게 되시는 것은 멀고멀어
만남을 마주치기가 어려우며,
바로 설령 세상에 나오실지라도
이 법을 설하시기는 또한 어려우며,
헤아릴 수 없고 수없는 겁에
이 법을 듣기 또한 어려우며,
능히 이 법을 듣는 자인
이런 사람은 또한 다시 어려우니라.

値치 法법 偈게

諸제 佛불 興흥 出출 世세
懸현 遠원 値치 遇우 難난,
正정 使사 出출 于우 世세
說설 是시 法법 復부 難난,
無무 量량 無무 數수 劫겁
聞문 是시 法법 亦역 難난,
能능 聽청 是시 法법 者자
斯사 人인 亦역 復부 難난.

원 돈 게 (원만하고 단박에 성불하는 게송.)

가사 법계에 편만한

선근을 끊은 모든 중생도

한 번 법화경을 들으면

결정코 깨달음을 이루니라.

圓원	假가	斷단	一일	決결
頓돈	使사	善선	聞문	定정
偈게	遍편	諸제	法법	成성
	法법	衆중	華화	菩보
	界계	生생	經경	提리

독송편

개경게 (경을 여는 게송.)

위없이 심히 깊고 미묘한 법
백천만겁에도 만나기 어렵도다.
내가 지금 보고 듣고 받아 가지오니,
원컨대, 여래의 진실한 뜻이 알아지이다.
지극한 대승은 불가사의하오니,
보거나 듣거나 접촉하여 느끼는 것이
다 보리의 길이로다.
나타냄은 보신이요,
나타남은 법신이며,
색상문자가 곧 바로 응신이로다.

開經偈 개경게

無上甚深微妙法
무상심심미묘법

百千萬劫難遭遇。
백천만겁난조우

我今聞見得受持
아금문견득수지

願解如來眞實義
원해여래진실의

至極大乘 不可思議
지극대승 불가사의

見聞觸知 皆近菩提。
견문촉지 개근보리

能詮報身、所詮法身、
능전보신、소전법신、

色相文字 卽是應身。
색상문자 즉시응신。

18

헤아릴 수 없는 공덕이
모두 이 경에 모였으니,
이런고로 은밀한 이익이
자재하게 그윽이 스며듦이라.
지혜가 있거나 지혜가 없거나
죄가 멸하고 선이 생기며,
만약 믿는 자나 만약 비방자나
다 함께 부처님의 도를 이룸이로다.
과거·현재·미래 세상의
모든 부처님의 심히 깊은 묘법경전을
세세생생 만나서
머리 위에 받으오리다.

무량공덕 無量功德 개집시경, 皆集是經、
시고자재 是故自在 명훈밀익. 冥薰密益。
유지무지 有智無智 멸죄생선、 滅罪生善、
약신약방 若信若謗 공성불도. 共成佛道。
삼세제불 三世諸佛 심심묘전 甚深妙典
생생세세 生生世世 치우정대. 值遇頂戴。

무 량 의 경

무량의경 제 일 덕행품

대한민국 법화사문
석묘찬 대법사 옮김

이는 모든 중생의 진실한 선지식이시며,

이는 모든 중생의 크고도 좋은 복밭이시며,

이는 모든 중생의 청하지 않은 스승이시며,

이는 모든 중생의 안온하고도 즐거운 곳이

며, 구원하는 곳이며, 두호하는 곳이며, 크

게 의지하여 머물 곳이며, 곳곳마다 중생을

위하여 크게 인도하시는 스승이 되시느니라.

저희들 팔만의 무리 많은 이는 함께

한가지로 머리를 조아려서

무 량 의 경
無 量 義 經

소제천축삼장
簫齊天竺三藏
담마가타야사
曇摩伽陀耶舍
譯역

무량의경 덕행품 제일
無量義經 德行品 第一

시제중생
是諸衆生
진선지식、
眞善知識、

시제중생
是諸衆生
대량복전、
大良福田、

시제중생
是諸衆生
불청지사、
不請之師、

시제중생
是諸衆生
안은락처、
安隱樂處、

구처、호처、대의지처、
救處、護處、大依止處、

제 일 덕행품

다 목숨을 던지나이다.
의사와 생각하는 것과 마음과 뜻과 앎을
잘 멸하심은 코끼리나 말을
부드럽게 길들이심이며,
착이 없으신 거룩하신 분께,
머리를 조아려 법색의 몸에 계와 정과
지혜와 풀리는 것과 지견을 쌓으심에
돌아가 의지하나이다.
머리를 조아려 묘하신 가지가지 형상에
돌아가 의지하나이다.
머리를 조아려 생각으로 논의하기 어려움에
돌아가 의지하나이다.

處處爲衆 作大導師。
我等八萬之等衆
俱共稽首咸歸命。
善滅思想心意識
象馬調御無著聖、
稽首歸依法色身
戒定慧解知見聚。
稽首歸依妙種相。
稽首歸依難思議。

독송편

무량의경 제 이 설법품

『착한 남자여, 내가 스스로 도량 보리수 아래 육 년을 단정히 앉아서, 「위없이 높고 바르며 크고도 넓으며 평등한 깨달음」 이름을 얻었느니라.

부처님의 눈으로써 일체의 모든 법을 관하였으되 가히 베풀어 설할 수 없었나니, 까닭은 무엇인가 하면, 모든 중생의 성품과 하고자 하는 것이 같지를 아니함일세, 성품과 하고자 하는 것이 같지를 아니하므로 가지가지로 법을 설하였으며, 가지가지의 법을 설하되 방편의 힘으로써 하였으며, 사십

무량의경 설법품 제이
無量義經 說法品 第二

『선남자、자아도량 보리
善男子、自我道場 菩提

수하 단좌육년 득성─
樹下 端坐六年 得成─

아뇩다라삼먁삼보리。
阿耨多羅三藐三菩提。

이불안관─일체제법、
以佛眼觀─一切諸法、

불가선설、소이자하、
不可宣說、所以者何、

이제중생 성욕부동、
以諸衆生 性欲不同、

성욕부동 종종설법、
性欲不同 種種說法、

종종설법 이방편력、
種種說法 以方便力、

22

제 삼 십공덕품

여 년 동안 진실을 나타내지 아니하였느니
라. 이런 까닭으로 중생이 도를 얻음에도
차별이 있어 빨리 위없는 깨달음 이룸을 얻
지 못하느니라.』

무량의경 제 삼 십공덕품

『마땅히 알겠사옵니다. 이 경은 글의 이
치가 진실하고 바르며, 높음이 위에 지남이
없사오며, 삼세의 모든 부처님께옵서 이를
지키시고 두호하시는 바이시라, 많은 마의
뭇 도가 잘 들어온다는 것은 있을 수 없고,
일체의 삿된 견해와 나고 죽음이 이것을 헐
어 무너지게 하여도 되지 않나이다. 까닭은

사십여년 미현진실.
四十餘年 未顯眞實。

시고중생 득도차별、
是故衆生 得道差別、

부득질성ー무상보리.
不得疾成ー無上菩提』

무량의경 십공덕품 제삼
無量義經 十功德品 第三

『당지、차경 문리진정
當知、此經 文理眞正

존무과상、삼세제불
尊無過上、三世諸佛

지소수호、무유ー중마
之所守護、無有ー衆魔

군도득입、불위ー일체
群道得入、不爲ー一切

사견생사지소괴패、
邪見生死之所壞敗

무엇인가 하오면, 한 번만 들어도 능히 일체의 법을 가지기 때문이옵니다.

만약 중생이 있어 이 경을 얻어들으면 곧 큰 이익이 되나이다. 까닭은 무엇인가 하오면, 만약 능히 닦고 행하면 반드시 빨리 「위없이 높고 바르며 크고도 넓으며 평등한 깨달음」 이룸을 얻기 때문이옵니다.

그 어떤 중생이 얻어듣지를 못하는 자는 마땅히 이들은 큰 이익을 잃게 된다는 것을 알겠사오니, 헤아릴 수 없고 가이 없으며 가히 생각으로 논의하지 못할 아승지 겁을 지날지라도 끝끝내 「위없이 높고 바르며 크고도 넓으며 평등한 깨달음」 이루는 것을

소이자하, 일문능지ㅣ
所以者何ㅣ 一聞 能持

일체법고.
一切法故.

약유중생 득문ㅣ시경,
若有衆生 得聞ㅣ是經

즉위대리. 소이자하,
則爲大利. 所以者何

약능수행 필득질성ㅣ
若能修行 必得疾成

아뇩다라삼먁삼보리.
阿耨多羅三藐三菩提.

기유중생 부득문자, 당
其有衆生 不得聞者, 當

지ㅣ시등 위실대리, 과ㅣ
知ㅣ是等 爲失大利, 過ㅣ

얻지 못하나이다。 까닭은 무엇인가 하오면, 깨달음의 크고도 곧은 길을 알지 못하는 까닭으로 험한 길을 가는데 더디고 어려움이 많은 까닭이옵나이다。

『비록 「여섯 가지로써 나고 멸하는 이쪽에서 나고 멸함이 없는 저쪽에 이르럼」을 닦고 행하지는 못하였을지라도, 「여섯 가지로써 나고 멸하는 이쪽에서 나고 멸함이 없는 저쪽에 이르럼」이 자연히 앞에 있으며, 곧 이 몸에서 「나지도 없어지지도 않는 참된 법의 본바탕을 깨달아 알고 편안히 머물러 움직이지 않음」을 얻어, 나고 죽음과 번뇌를 일시에 끊어서 무너지게 하느니라。』

무량무변 불가사의 아
無量無邊　不可思議　阿

승지겁、 종부득성—아뇩
僧祇劫、　終不得成　阿耨

다라삼먁삼보리、소이자
多羅三藐三菩提、 所以者

하、부지—보리 대직도
何、不知　菩提　大直道

고、행어험경 다유난고』
故、行於險徑　多留難故』

『수미수행—육바라밀、
『雖未修行　六波羅蜜

육바라밀 자연재전、
六波羅蜜　自然在前、

즉어시신 득—무생인、
即於是身　得　無生忍、

생사번뇌—일시단괴』
生死煩惱　一時斷壞』

독송편

묘법연화경

〔묘법연화경 제 일 권〕

묘법연화경 제 일 서품

대한민국 법화사문
석묘찬 대법사 옮김

이와 같이 저는 들었사오니,
한 때에 부처님께옵서 왕사성 기사굴산 중
에 머무시어 큰 비구 무리 만 이천 사람과
더불어 함께 하셨으니, 이는 모두 아라한이
시라, 모든 새는 것이 이미 다하여 다시 번
뇌가 없으며, 자기의 이익을 얻음에 미치니
모든 매듭지어 있는 것이 다하여 마음이 마

묘법연화경
妙法蓮華經

요진삼장법사
姚秦三藏法師
구마라습 봉조역
鳩摩羅什 奉詔譯

〔묘법연화경 권 제일〕
妙法蓮華經 卷 第一

묘법연화경 서품 제일
妙法蓮華經 序品 第一

여시아문, 일시 불주ㅡ
如是我聞 一時 佛住

왕사성 기사굴산중, 여ㅡ
王舍城 耆闍崛山中 與

대비구중 만이천인 구,
大比丘衆 萬二千人 俱

개시아라한, 제루이진
皆是阿羅漢 諸漏已盡

무부번뇌, 체득기리, 진
無復煩惱 逮得己利 盡

음대로 됨을 얻으셨소이다.

그 이름은 가로되,

아야교진여와 마하가섭과

우루빈나가섭과 가야가섭과

나제가섭과 사리불과

대목건련과 마하가전연과

아누루다와 겁빈나와

교범바제와 이바다와

필능가바차와 박구라와

마하구치라와 난타와

손타라난타와 부루나ー미다라니자와

수보리와 아난과 라후라이시니,

제유결 심득자재. 기명
諸有結 心得自在。 其名

왈ー아야교진여 마하가
曰ー阿若憍陳如 摩訶迦

섭 우루빈나가섭 가야가
葉 優樓頻螺迦葉 伽耶迦

葉 나제가섭 사리불 대
葉 那提迦葉 舍利弗 大

목건련 마하가전연 아누
目犍連 摩訶迦旃延 阿㝹

루다 겁빈나 교범바제
樓駄 劫賓那 憍梵波提

이바다 필능가바차 박구
離婆多 畢陵伽婆蹉 薄拘

라 마하구치라 난타 손
羅 摩訶拘絺羅 難陀 孫

타라난타 부루나ー미다
陀羅難陀 富樓那ー彌多

라니자 수보리 아난 라
羅尼子 須菩提 阿難 羅

후라, 여시중ー소지식
睺羅, 如是衆ー所知識

이와 같이 많은 이가 아는 바의 대 아라한

들이셨소이다.

또 배움에 있는 이와 배울 것이 없는 이천

사람이 있었으며, 마하파사파제 비구니께서

는 거느린 무리 육천 사람과 더불어 함께 하

셨으며, 라후라의 어머니 야수다라 비구니께

서도 또한 거느린 무리와 더불어 함께 하셨

소이다.

보살마하살 팔만 사람께서는 모두 「위없이

높고 바르며 크고도 넓으며 평등한 깨달음」

에서 돌아서서 물러나지 아니하시며, 모두

다라니와 하고자 하는 대로 말 잘하는 재주

大阿羅漢等。부유ー학무
學二千人　摩訶波闍波提
학이천인ー마하파사파제
比丘尼　與ー眷屬　육천인
比丘尼ー권속
구、라후라 모ー야수다
俱、羅睺羅　母ー耶輸陀
라비구니 역여권속구。
羅比丘尼　亦與眷屬俱。
보살마하살 팔만인、개
菩薩摩訶薩　八萬人、皆
어ー아뇩다라삼먁삼보리
於ー阿耨多羅三藐三菩提
불퇴전、개득ー다라니
不退轉、皆得　陀羅尼
요설변재、전ー불퇴전법
樂說辯才、轉ー不退轉法
륜、공양ー무량백천제불、
輪、供養ー無量百千諸佛、
어제불소 식ー중덕본、상
於諸佛所　植ー衆德本、常

제 일 서품

를 얻으시어 돌아서서 물러나지 아니하는 법
륜을 굴리시며, 헤아릴 수 없는 백천의 모든
부처님께 공양하시고 모든 부처님의 거처에
서 많은 덕의 근본을 심으시어, 항상 모든
부처님께옵서 칭탄하시는 바가 되시었으며,
사랑으로 몸을 닦음으로써 부처님 지혜에 잘
드시며, 큰 지혜를 통달하시어 저 언덕에 이
르러시니, 이름 일컬음이 널리 헤아릴 수 없
는 세계에 들리어 능히 수없는 백천 중생을
제도하셨소이다.
　그 이름은 가로되,
문수사리보살이시며, 관세음보살이시며,

위―제불지소칭탄、이자
爲　諸佛之所稱歎、以慈
수신　선입불혜、통달대지
修身　善入佛慧、通達大智
도어피안、명칭　보문―무
到於彼岸、名稱　普聞　無
량세계、능도―무수백천
量世界、能度　無數百千
중생。기명왈―문수사리
衆生。其名曰　文殊師利
보살　관세음보살　득대세
菩薩　觀世音菩薩　得大勢
보살　상정진보살　불휴식
菩薩　常精進菩薩　不休息
보살　보장보살　약왕보살
菩薩　寶掌菩薩　藥王菩薩
용시보살　보월보살　월광
勇施菩薩　寶月菩薩　月光
보살　만월보살　대력보살
菩薩　滿月菩薩　大力菩薩
무량력보살　월삼계보살
無量力菩薩　越三界菩薩

득대세보살이시며、 상정진보살이시며、
불휴식보살이시며、 보장보살이시며、
약왕보살이시며、 용시보살이시며、
보월보살이시며、 월광보살이시며、
만월보살이시며、 대력보살이시며、
무량력보살이시며、 월삼계보살이시며、
발타바라보살이시며、 미륵보살이시며、
보적보살이시며、 도사보살이신

이와 같은 분들의 보살마하살 팔만 사람께
서 함께 하시었소이다.

그 때에 석제환인은 그가 거느린 무리 이
만 천자와 더불어 함께 하였으며、 또 있으니

발타바라보살 미륵보살
跋陀婆羅菩薩 彌勒菩薩
보적보살 도사보살
寶積菩薩 導師菩薩
등 보살마하살 팔만인 구.
等 菩薩摩訶薩 八萬人 俱。
이시 석제환인 여ㅣ기권
爾時 釋提桓因 與 其眷
속 이만천자구、 부유ㅣ
屬 二萬天子 俱、 復有
명ㅣ월천자 보향천자
名ㅣ月天子 普香天子
광천자 사대천왕여ㅣ기
光天子 四大天王 與 其
권속 만천자구、 자재천
眷屬 萬天子 俱、 自在天
자 대자재천자여ㅣ기권
子 大自在天子 與 其眷
속 삼만천자구、 사바세
屬 三萬天子 俱、 娑婆世
계주 범천왕、 시기대범
界主 梵天王、 尸棄大梵

이름이 월천자와 보향천자와 보광천자와 사
대천왕은 그가 거느린 무리 만 천자와 더불
어 함께 하였으며, 자재천자와 대자재천자는
그가 거느린 무리 삼만 천자와 더불어 함께
하였으며, 사바세계 주인이며 범천왕인 시기
대범과 광명대범 들도 그가 거느린 무리 만
이천 천자와 더불어 함께 하였소이다.
　여덟 용왕이 있었으니 난타용왕과 발난타
용왕과 사가라용왕과 화수길용왕과 덕차가용
왕과 아나바달다용왕과 마나사용왕과 우발라
용왕 들이 각각 몇 백천의 거느린 무리와 더
불어 함께 하였으며, 넷 긴나라왕이 있었으

光明大梵等 與—기권속
萬二千天子 俱。유—팔
龍王、난타용왕 발난타
龍王 娑伽羅龍王 和修吉
龍王 德叉迦龍王 阿那婆
達多龍王 摩那斯龍王 優
鉢羅龍王等 各與
百千眷屬 俱, 유—사긴
那羅王、법긴나라왕
法緊那羅王 大法緊那羅
王 持法緊那羅王 各與—

니 법긴나라왕과 묘법긴나라왕과 대법긴나라왕과 지법긴나라왕은 각각 몇 백천의 거느린 무리와 더불어 함께 하였으며, 넷 건달바이 있었으니 악건달바왕과 악음건달바왕과 미건달바왕과 미음건달바왕은 각각 몇 백천의 거느린 무리와 더불어 함께 하였으며, 넷 아수라왕이 있었으니 바치아수라왕과 거라건타아수라왕과 비마질다라아수라왕과 라후아수라왕은 각각 몇 백천의 거느린 무리와 더불어 함께 하였으며, 넷 가루라왕이 있었으니 대위덕가루라왕과 대신가루라왕과 대만가루라왕과 여의가루라왕은 각각 몇 백천의 거

약간 백천권속 구、유ㅡ

四乾闥婆王

사건달바왕、

樂音乾闥婆王　樂乾闥婆王

악음건달바왕　악건달바왕

王　美音乾闥婆　美乾闥婆

왕　미음건달바왕　미건달바

各與ㅡ

각여ㅡ

四阿修羅王　婆稚阿修羅

四아수라왕、　바치아수라

王　佉羅騫馱阿修羅王　毗

왕　거라건타아수라왕　비

摩質多羅阿修羅王　羅睺

마질다라아수라왕　라후

阿修羅王　各與ㅡ若干百

아수라왕　각여ㅡ약간 백

千眷屬　俱　有　四迦樓

천권속 구、유ㅡ사가루

羅王、大威德迦樓羅王　大

라왕、대위덕가루라왕　대

若干
百千眷屬
俱、有

약간
백천권속
구、유ㅡ사

제 이 방편품

느린 무리와 더불어 함께 하였으며, 위제희
의 아들 아사세왕도 몇 백천의 거느린 무리
와 더불어 함께 하여, 각각 부처님 발에 절
을 하고 물러나 한 쪽에 앉았었소이다.

묘법연화경 제 이 방편품

그 때에 세존께옵서 삼매로부터 침착하시
게 조용히 일어나시어 사리불에게 이르시되,
『모든 부처님의 사리에 밝은 지혜는 심히 깊
어서 헤아릴 수 없으며, 그 사리에 밝은 지
혜의 문은 이해하기 어렵고 들어가기도 어려
워서 일체 성문 벽지불은 능히 알지 못할 바

신가루라왕 대만가루라
身迦樓羅王 大滿迦樓羅

왕 여의가루라왕 각각 여ー
王 如意迦樓羅王 各各與

약간 백천권속 구, 위제
若干 百千眷屬 俱、韋提

희ー자ー아사세왕여ー
希ー子ー阿闍世王 與

약간 백천권속 구, 각각 례
若干 百千眷屬 俱、各禮

불족 퇴좌일면.
佛足 退坐一面。

묘법연화경 방편품 제이
妙法蓮華經 方便品 第二

이시 세존 종삼매 안상
爾時 世尊 從三昧 安詳

이기, 고사리불, 『제불지
而起 告舍利弗、『諸佛智

혜 심심무량, 기지혜문
慧 甚深無量、其智慧門

독송편

이니라.
까닭은 무엇인가 하면, 부처님께옵서는 일
찍이 백천만억 수없는 모든 부처님을 친하고
가까이하시어, 모든 부처님의 헤아릴 수 없
는 도의 법을 다 행하시고 용맹히 정진하시
어 이름 일컬음이 널리 들리셨으며, 심히 깊
으며 일찍이 있지 아니한 법을 성취하시어,
마땅한 바를 따라 설하심에 뜻이 향하는 바
를 알기가 어려우니라.
사리불이여, 내가 부처님을 이룸으로부터
이미 오면서 가지가지의 인연과 가지가지의
비유로 널리 설명하여 말하고 가르치며, 수

난해난입、일체성문벽지
難解難入、 一切聲聞辟支

불 소불능지。 소이자하、
佛 所不能知 所以者何

불 증친근ー백천만억 무
佛 曾親近 百千萬億 無

수제불、 진행ー제불 무
數諸佛、 盡行 諸佛 無

량도법、 용맹정진、명칭
量道法 勇猛精進 名稱

보문、 성취심심ー미증유
普聞、 成就甚深 未曾有

법、 수의소설 의취난해。
法、 隨宜所說 意趣難解。

사리불、 오종성불이래 종
舍利弗、 吾從成佛已來 種

종인연 종종비유 광연언
種因緣 種種譬喩 廣演言

제 이 방편품

없는 방편으로 중생을 인도하여 모든 착을 떠나게 하였느니라. 까닭은 무엇인가 하면, 여래는 방편지견으로써 「나고 멸하는 이쪽에서 나고 멸함이 없는 저쪽에 이르럼」을 이미 모두 흡족하게 갖추었기 때문이니라.

사리불이여, 여래의 아는 것과 보는 것은 넓고 크며 깊고 멀어서, 헤아림 없음과, 걸림 없음과, 힘과, 두려울 바 없음과, 선정과, 해탈과, 삼매에 끝없이 깊이 들어, 일체의 일찍이 있지 아니한 법을 성취하였느니라.

사리불이여, 여래는 능히 가지가지로 분별하여 모든 법을 훌륭하게 설하되, 말씨는 부

教、무수방편 인도중생
無數方便 引導衆生

令離諸著。 所以자하、
所以者何

如來 方便지견바라밀
方便知見波羅蜜

皆이구족。
皆已具足。

舍利弗、 如來지견 광대
如來知見 廣大

深遠、 무량 無礙力 무
無量 無礙力 無

所畏 禪定 解脫 三昧 深

入無際、 成就일체 미증
成就一切 未曾

有法。 舍利弗、 如來ㅣ능
如來能

드럽고 연하여 가히 많은 이의 마음을 기쁘
게 하느니라.

사리불이여, 요긴한 것을 취하여 말하면,
헤아릴 수 없고 가도 없으며 일찍이 있지 아
니한 법을 부처님은 다 성취하였느니라.

그만두어라. 사리불이여, 다시 말할 필요
가 없느니라. 까닭은 무엇인가 하면, 부처님
이 성취한 바는 제일 드물게 있고 알기가 어
려운 법이니, 오직 부처님과 더불어 부처님
만이 이에 능히 모든 법의 실상을 헤아림을
다할 수 있기 때문이니라.

이른바 모든 법은 이와 같은 형상이며,

종종분별 교설제법、 언
種種分別 巧說諸法。言

사유연、 열가중심。 사리
辭柔軟 悅可衆心。舍利

불、 취요언지、 무량무
弗、 取要言之、無量無

변—미증유법 불실성취。
邊—未曾有法 佛悉成就。

지。 사리불、 불수부설。
止。 舍利弗、 不須復說。

소이자하、 불소성취 제일
所以者何 佛所成就 第一

희유 난해지법、 유불여
希有 難解之法。唯佛與

불 내능구진—제법실상。
佛 乃能究盡。諸法實相。

소위제법 여시상 여시성
所謂諸法 如是相 如是性

제 이 방편품

이와 같은 성품이며, 이와 같은 바탕이며,

이와 같은 힘이며, 이와 같은 작용이며,

이와 같은 원인이며, 이와 같은 연이며,

이와 같은 결과이며, 이와 같은 갚음이며,

이와 같은 처음과 끝의 궁극에는 같음이니라.』

『모든 부처님 세존께옵서는 중생으로 하여금 부처님의 지견을 열어서 맑고 깨끗함을 얻게 하시고자 하시는 까닭으로 세상에 나오시어 나타나시며, 중생에게 부처님의 지견을 보이시고자 하시는 까닭으로 세상에 나오시어 나타나시며, 중생으로 하여금 부처님의

여시체 여시력 여시작
如是體 如是力 如是作

여시보 여시본말구경등』
如是報 如是本末究竟等』

여시인 여시연 여시과
如是因 如是緣 如是果

『제불세존, 욕령중생개—
諸佛世尊 欲令衆生 開

불지견 사득청정고 출현
佛知見 使得清淨故 出現

어세, 욕시—중생 불지
於世 欲示—衆生 佛之

지견고 출현어세
知見故 出現於世

중생 오—불지견고 출현
衆生 悟—佛知見故 出現

어세, 욕령중생 입—불
於世 欲令衆生 入—佛

지견을 깨우쳐 주시고자 하시는 까닭으로 세
상에 나오시어 나타나시며, 중생으로 하여금
부처님의 지견의 길에 들어가도록 하시고자
하시는 까닭으로 세상에 나오시어 나타나시
느니라.

사리불이여, 이것을 위하여 모든 부처님께
옵서 하나의 큰 일의 인연의 까닭으로써 세
상에 나오시어 나타나시느니라.」

시방의 부처님 나라 가운데
오직 일승법만이 있고,
이승이 없고 또한 삼승이 없으되,
부처님께옵서 방편으로 설하신 것은

지견도고 출현어세.
知見道故 出現於世。 舍사

리불、 시위제불 이―일
利弗、 是爲諸佛 以―일

대사인연고 출현어세.」
大事因緣故 出現於世」

시방불토중
十方佛土中

유유일승법、
唯有一乘法、

무이역무삼、
無二亦無三、

제불방편설。
除佛方便說。

아본립서원、
我本立誓願、

욕령일체중
欲令一切衆

여아등무이。
如我等無異。

제 이 방편품

제외되느니라.

내가 본래 맹세하여 세운 원은

일체 중생으로 하여금 나와 등급을

같게 하여 다름이 없게 하고자 함이니라.

내가 옛적에 원하던 것과 같이

지금 이미 만족하느니라.

모든 법은 본래로부터 오면서

항상 스스로 고요하고 멸한 형상이니,

부처님의 아들이 도를 행하기를 마치면

오는 세상에는 부처님 지음을 얻느니라.

나에게 방편의 힘이 있어

삼승법을 열어서 보이나,

如여 我아 昔석 所소 願원
今금 我아 已이 滿만 足족。
諸제 法법 從종 本본 來래
常상 自자 寂적 滅멸 已이、
佛불 子자 行행 道도 已이
來내 世세 得득 作작 佛불。
我아 有유 方방 便편 力력
開개 示시 三삼 乘승 法법、
一일 切체 諸제 世세 尊존
皆개 說설 一일 乘승 道도。

일체 모든 세존께옵서는
모두 일승도를 설하시느니라.
이제 이 모든 대중은 모두 응당
의심하고 미혹함을 버릴지니,
모든 부처님의 말씀은 다름이 없어
오직 일승이요, 이승은 없느니라.
만약 법을 듣는 자가 있으면
부처님을 이루지 못함이 하나도 없으리라.
모든 부처님의 본래 맹세하신 원은,
내가 행한 바 부처님의 도를
널리 중생으로 하여금 또한 같이
이 도를 얻게 하고자 함이니라.

衆금 今차 此제 諸대 大중
皆개 應응 除제 疑의 惑혹,
諸제 佛불 語어 無무 異이
唯유 一일 無무 二이 乘승.
若약 有유 聞문 法법 者자
無무 一일 不불 成성 佛불.
諸제 佛불 本본 誓서 願원,
我아 所소 行행 佛불 道도
普보 欲욕 令령 衆중 生생
亦역 同동 得득 此차 道도.

미래세에 모든 부처님께옵서

비록 백천억의 수없는

모든 법문을 설하실 것이나,

그 실상은 일승을 위하심이니라.

양가지가 흡족하시고 높으신

모든 부처님께옵서는

법이 항상 성품이 없음을 아시건마는,

부처님의 종자는

인연으로부터 일어남이니,

이런 까닭으로 일승을 설하시느니라.

이 법은 법의 위치에 머물며

세간 형상에도 항상 머무느니라.

未미 來래 世세 諸제 佛불

雖수 說설 百백 千천 億억 ㅡ

無무 數수 諸제 法법 門문,

其기 實실 爲위 一일 乘승。

諸제 佛불 兩양 足족 尊존

知지 法법 常상 無무 性성、

佛불 種종 從종 緣연 起기、

是시 故고 說설 一일 乘승。

是시 法법 住주 法법 位위

世세 間간 相상 常상 住주。

[묘법연화경 제 이 권]

묘법연화경 제 삼 비유품

삼계가 편안함이 없는 것은

마치 불난 집과 같으며,

많은 괴로움이 가득 차서

가히 심히 겁나고 두려우니라.

항상 나고 늙으며 병들고 죽는 것과

근심 걱정이 있으며,

이와 같은 것들의 불이

치성하게 타올라서 쉬지를 아니하느니라.

[묘법연화경 권 제이
妙法蓮華經 卷 第二]

묘법연화경 비유품 제삼
妙法蓮華經 譬喩品 第三

삼계무안 유여화택,
三界無安　猶如火宅

중고충만 심가포외.
衆苦充滿　甚可怖畏

상유생로 병사우환,
常有生老　病死憂患

여시등화 치연불식.
如是等火　熾然不息

여래이리ー삼계화택,
如來已離ー三界火宅

여래는 이미 삼계의 불난 집을 떠나서
고요하고 한가하게 살며
편안하게 숲이나 들판에 사느니라.
지금 이 삼계는 모두 바로 나의 것이며,
그 가운데의 중생은
모두 바로 나의 아들이거늘,
그러나 지금 이곳은
모든 근심과 난리가 많으니,
오직 나 한 사람만이 능히
구원하고 보호할 수 있느니라.
너 사리불도 오히려 이 경에서는
믿음으로써 들어옴을 얻게 되었거늘,

적연한거 안처림야
寂然閑居 安處林野。

금금차삼계 개시아유、
今此三界 皆是我有、

기중중생 실시오자、
其中衆生 悉是吾子、

이금차처 다제환난、
而今此處 多諸患難、

유아일인 능위구호。
唯我一人 能爲救護。

여사리불 상어차경
汝舍利弗 尚於此經

이신득입、 황여성문。
以信得入、 況餘聲聞。

약인불신 훼방차경、
若人不信 毀謗此經、

하물며 다른 성문이랴.

만약 사람이 믿지 않고

이 경을 헐뜯고 비방하면,

곧 일체 세간의 부처님 종자를

끊는 것이니라.

혹은 다시 얼굴을 찡그리며

너는 마땅히 이 사람의

죄보를 설하는 것을 들을지니라.

만약 부처님께옵서 세상에 계시거나

만약 멸도하신 뒤에,

그가 이와 같은 경전을 비방함이 있거나、

즉단일체—세간불종.
則斷一切世間佛種。

혹부빈축 이회의혹、
或復嚬蹙 而懷疑惑、

여당청설—차인죄보。
汝當聽說 此人罪報。

약불재세 약멸도후、
若佛在世 若滅度後、

기유비방—여사경전、
其有誹謗 如斯經典、

견유독송—서지경자、
見有讀誦 書持經者、

경천증질 이회결한、
輕賤憎嫉 而懷結恨、

차인죄보 여금부청。
此人罪報 汝今復聽。

제 삼 비유품

경을 읽고 외우며 쓰고 가지는
어떤 자를 보고 가벼이 여겨
천대하거나 미워하고 질투하며
이에 원한 맺음을 품으면,
이 사람의 죄보를 너는
지금 다시 들을지니라.

그 사람이 명을 마치면 아비지옥에
들어가서 일 겁을 흡족하게 채우고,
겁이 다하고는 다시 태어나며,
이와 같이 되풀이하기를
수없는 겁에 이르러고,
지옥으로부터 나와서는

其人命終　入阿鼻獄
기인명종　입아비옥

具足一劫、　劫盡更生
구족일겁、　겁진갱생

如是展轉　至無數劫
여시전전　지무수겁

從地獄出　當墮畜生
종지옥출　당타축생

若狗野干―其形頝瘦
약구야간―기형굴수

羸虩疥癩　人所觸嬈、
이담개라　인소촉요、

又復爲人　之所惡賤、
우부위인　지소오천、

常困飢渴　骨肉枯竭
상곤기갈　골육고갈、

45

마땅히 축생에 떨어져서

만약 개나 야간이가 되면,

그 형상이 대머리이고 파리하며

검으면서 누렇고 옴과 문둥병에 걸리고

사람이 찌르고 어지럽게 할 것이며,

또 다시 사람이 가서 미워하고

천대할 것이고, 항상 피곤하고 굶주리며

목말라 뼈와 살이 야위고 마르며,

살아서는 회초리로 독하게 맞고

죽어서는 기와나 돌에 덮여지나니,

부처님의 종자를 끊은 까닭으로

이런 죄의 보를 받느니라.

水受楚毒死被瓦石、
生受楚毒　死被瓦石
단불종고　수사죄보。
斷佛種故　受斯罪報

묘법연화경 제 사 신해품

『저희들이 지금 부처님 앞에서 성문에게도
「위없이 높고 바르며 크고도 넓으며 평등한
깨달음」의 수기 주심을 듣자옵고는、마음으
로 심히 기뻐하고 즐거워하며 일찍이 있지
아니한 것을 얻었나이다。 생각지도 못한 지
금에 홀연히 드물게 있는 법을 얻어듣자옵
고、깊이 스스로 경사스럽고 다행스럽게도
크고도 좋은 이익을 얻었으며、헤아릴 수 없
는 진귀한 보배를 구하지 아니하여도 저절로
얻었나이다。』

묘법연화경 신해품 제사
妙法蓮華經 信解品 第四

『아등 금어불전 문ㅡ수성
我等 今於佛前 聞ㅡ授聲

문 아뇩다라삼먁삼보리
聞 阿耨多羅三藐三菩提

기、심심환희 득ㅡ미증
記、心甚歡喜 得ㅡ未曾

유。불위어금 홀연득문ㅡ
有。不謂於今 忽然得聞

희유지법、심자경행 획ㅡ
希有之法、深自慶幸 獲ㅡ

대선리、무량진보 불구
大善利、無量珍寶 不求

자득。』
自得。』

독 송 편

세존의 크신 은혜는 드물게 있는 일로써,
가엾고 불쌍히 여기시와 가르쳐 교화하시어
저희들을 이익되게 하시옵나니, 헤아릴 수
없는 억겁엔들 누가 능히 갚을 자이뇨.

〔묘법연화경 제 삼 권〕

묘법연화경 제 오 약초유품

『지금 세상에는 편안하게 의지하고, 뒤에
는 좋은 곳에 나서 도로써 즐거움을 받고,
또한 법을 얻어들으며, 이미 법 듣기를 마치
면 모든 막히고 걸리는 것에서 떠나느니라.

世尊大恩　이희유사,
以希有事

憐愍教化　이익아등,
利益我等

無量億劫　수능보자.
誰能報者

〔묘법연화경 권 제삼
妙法蓮華經 卷 第三〕

묘법연화경 약초유품 제오
妙法蓮華經 藥草喩品 第五

『현세안은 후생선처
現世安隱 後生善處

이도수락, 역득문법,
以道受樂 亦得聞法

48

오직 여래만이 있어서 이 중생의 종류와

형상과 본체와 성품과, 어떤 일을 염하며,

어떤 일을 헤아리며, 어떤 일을 염하며, 어

떻게 염하며, 어떻게 헤아리며, 어떻게 닦으

며, 어떤 법으로써 염하며, 어떤 법으로써

헤아리며, 어떤 법으로써 닦으며, 어떤 법으

로써 어떤 법을 얻는 지를 알기 때문이니

라.」

나는 양가지가 흡족하고 높은 여래이라.

세간에 나옴은 마치 큰 구름이

일체를 가득히 적시는 것과 같거늘

야위고 마른 중생을

기문법이 이—제장애.
旣 聞 法 已 離 諸障礙。

유유여래 지—차중생 종
唯 有 如 來 知 此衆生 種

상체성、 염하사 사하사
相 體 性 念何事 思何事

수하사、 운하념 운하사
修何事 云何念 云何思

운하수、 이하법념 이하
云何修 以何法念 以何

법사 이하법수 이하법득
法思 以何法修 以何法得

하법」.
何法

아위여래—양족지존、
我爲如來 兩足之尊、

독송편

모두 괴로움에서 떠나게 하고,
편안하게 의지하는 즐거움과
세간의 즐거움과 그리고 또
열반의 즐거움을 얻게 하느니라.
세간을 가득케 하고 흡족케 함이
비에 널리 젖어들게 하는 것과 같아서,
귀하거나 천하거나, 위나 아래나,
계를 가졌거나 계를 무너뜨렸거나,
위의를 흡족하게 갖추었거나 그리고 또
흡족하게 갖추지 아니하였거나,
바른 견해거나 삿된 견해거나,
날카로운 근기거나 둔한 근기거나,

출우세간 유여대운ㅡ
出于世間 猶如大雲

충윤일체、 고고중생
充潤一切、枯槁衆生

개령리고、 득안은락ㅡ
皆令離苦、得安隱樂ㅡ

세간지락 급열반락。
世間之樂 及涅槃樂。

충족세간 여우보윤
充足世間 如雨普潤

귀천상하 지계훼계、
貴賤上下 持戒毀戒

위의구족 급불구족、
威儀具足 及不具足

정견사견 이근둔근、
正見邪見 利根鈍根

등우법우、 이무해권。
等雨法雨、而無懈倦。

똑같이 법비를 내리되,
싫증이나 게으름이 없느니라.

묘법연화경 제 육 수기품

『그 나라의 보살은 헤아릴 수 없는 천억이
며, 모든 성문의 많은 이도 또한 다시 수없
고, 마의 일은 있음이 없으며, 비록 마와 그
리고 또 마의 백성이 있다 할지라도 모두 부
처님의 법을 두호할 것이니라.』
감로를 뿌려서 열을 없애고
맑고 서늘함을 얻는 것과 같으오리다.
굶주리는 나라로부터 와서

묘법연화경 수기품 제육
妙法蓮華經 授記品 第六

『기국보살 무량천억、
其國菩薩 無量千億

제성문중 역부무수、
諸聲聞衆 亦復無數

무유마사、수유ㅡ
無有魔事、雖有ㅡ

마급마민 개호불법。』
魔及魔民 皆護佛法

여이감로쇄
如以甘露灑

제열득청량。
除熱得清涼

여종기국래ㅡ
如從飢國來

홀우대왕선、
忽遇大王饍

문득 대왕의 음식을 만나도

마음에는 오히려 의심과 두려움을 품고

감히 곧 선뜻 먹지 못하나, 만약 다시

왕의 명령을 얻은 그러한 뒤에야

이에 감히 먹는 것과 같나이다.

묘법연화경 제 칠 화성유품

큰 성인께옵서는 법의 바퀴를 굴리시어

모든 법의 형상을 나타내어 보이시고,

괴롭고 뇌로운 중생을 제도하사

큰 기쁨과 즐거움을 얻게 하옵소서.

중생이 이 법을 들으면

묘법연화경 화성유품 제 칠
妙法蓮華經 化城喩品 第七

大대 聖성 轉전 法법 輪륜
顯현 示시 諸제 法법 相상、
度도 苦고 惱뇌 衆중 生생
令영 得득 大대 歡환 喜희。
衆중 生생 聞문 此차 法법

心심 猶유 懷회 疑의 懼구
未미 敢감 卽즉 便변 食식、
若약 復부 得득 王왕 敎교
然연 後후 乃내 敢감 食식。

도를 얻거나 또는 하늘에 나서,
모든 악도는 줄어서 적어지고,
착해지려고 마음을 억제하는 자는
더욱 많아지리이다.
「세존이시여, 법의 바퀴를 굴리시옵소서.
감로의 법북을 치시어
괴롭고 뇌로운 중생을 제도하시고,
열반의 길을 열어 보이시옵소서.
오직 원하옵건대, 저희의 청을 받으시어
크고도 미묘하옵신 소리로써
슬피 불쌍히 여기시어 헤아릴 수 없는
겁에 익히신 법을 널리 펴시옵소서.」

得득 道도 若약 生생 天천、
諸제 惡악 道도 減감 少소。
忍인 善선 者자 增증 益익。
世세 尊존 轉전 法법 輪륜。
擊격 甘감 露로 法법 鼓고
度도 苦고 惱뇌 衆중 生생、
開개 示시 涅열 槃반 道도。
唯유 願원 受수 我아 請청
以이 大대 微미 妙묘 音음、
哀애 愍민 而이 敷부 演연─
無무 量량 劫겁 習습 法법。

모든 부처님께옵서는 방편의 힘으로
분별하시어 삼승을 설하시나니,
오직 일불승만 있지마는 쉽게 할
거처 때문에 둘을 설하시느니라.
이제 너희를 위하여 실상을 설하노니,
너희가 얻은 것은 멸이 아니니라.
부처님의 일체지혜를 위하여
마땅히 큰 정진을 일으킬지니라.
너희는 일체지혜와 열 가지 힘 들의
부처님 법을 증하여,
서른두 가지 형상을 갖추어야만
이에 이것이 진실한 멸이니라.

諸제佛불方방便편力력
分분別별說설三삼乘승、
唯유有유一일佛불乘승、
息식處처故고說설二이。
今금爲위汝여說설實실、
汝여所소得득非비滅멸。
爲위佛불一일切체智지
當당發발大대精정進진。
汝여證증一일切체智지ㅣ
十십力력等등佛불法법、
具구三삼十십二이相상

제 팔 오백제자수기품

모든 부처님인 인도하시는 스승께옵서는 쉽게 하기 위하여 열반을 설하시고, 이미 이렇게 쉽기를 마친 것을 아시고는, 부처님 지혜에 이끌고서 들게 하시느니라.

[묘법연화경 제 사 권]

묘법연화경 제 팔 오백 제자 수기품

『그 나라의 중생은 항상 두 가지를 먹나니, 하나는 법의 기쁨이 먹는 것이요, 둘은 선정의 즐거움이 먹는 것이니라.』

안으로는 은밀히 보살행을 하고,

乃是眞實滅。
諸佛之導師
爲息說涅槃、
既知是息已、
引入於佛慧。

[묘법연화경 권 제사]
妙法蓮華經 卷 第四

묘법연화경
妙法蓮華經
오백제자수기품 제팔
五百弟子受記品 第八

『기국중생 상이이식、일
其國衆生 常以二食 一
자 법희식、이자 선열식。
者 法喜食、二者 禪悅食』

밖으로는 바로 성문이라고 나타내어

작은 것을 하고자 하여

나고 죽음을 싫어하나,

실상은 스스로 부처님의 나라를

깨끗하게 하느니라.

중생에게 삼독이 있음을 보이고

또 삿된 견해의 모양을 나타내느니라.

나의 제자는 이와 같이

방편으로 중생을 제도하느니라.

가난한 사람이 이 구슬을 보고

그 마음에 크게 기뻐하고 즐거워하며,

모든 재물이 넉넉히 있어

內내 祕비 菩보 薩살 行행 、

外외 現현 是시 聲성 聞문

少소 欲욕 厭염 生생 死사 、

實실 自자 淨정 佛불 土토 。

示시 衆중 有유 三삼 毒독 、

又우 現현 邪사 見견 相상 。

我아 弟제 子자 如여 是시

方방 便편 度도 衆중 生생 。

貧빈 人인 見견 此차 珠주

其기 心심 大대 歡환 喜희 、

富부 有유 諸제 財재 物물

다섯 가지 욕심을 이에
스스로 마음대로 하였나이다.

묘법연화경 제 구 수학무학인기품

『원하는 바가 흡족하게 갖추어져서 마음에
크게 기뻐하고 즐거워하며, 일찍이 있지 아
니한 것을 얻었느니라.』

세존께옵서는 지혜의 밝은 등불이시라,
저희는 수기 주시는 소리를 듣자옵고
마음에 기쁨과 즐거움이 가득 차서,
감로를 뿌려 주심과 같사옵니다.

五欲而自恣。
오욕이자자。

묘법연화경
妙法蓮華經
수학무학인기품 제구
授學無學人記品 第九

『소원 구족 심대환희、
所願 具足 心大歡喜
득미증유。
得未曾有』

세존혜등명、
世尊慧燈明、
아문수기음
我聞授記音
심심환희충만、
心心歡喜充滿、
여감로견관。
如甘露見灌。

묘법연화경 제 십 법사품

『여래가 멸도한 뒤에, 만약 어떤 사람이 묘법화경을 듣되, 이에 한 게송이나 한 구절에 이르러서 한 생각으로 따라 기뻐하는 자에게는, 내가 또한 더불어 「위없이 높고 바르며 크고도 넓으며 평등한 깨달음」의 수기를 주리라.

만약 다시 어떤 사람이 묘법화경의 이에 한 게송에 이를지라도 받아서 가지고 읽고 외우며 풀어서 말하고 써서 베끼면서, 이 경권을 공경하되 부처님과 같이 보고, 꽃과 향

묘법연화경 법사품 제십
妙法蓮華經 法師品 第十

『여래멸도지후、약유인
如來滅度之後、 若有人

문ㅣ묘법화경、내지ㅣ일
聞ㅣ妙法華經 乃至ㅣ일

게일구ㅣ일념수희자、아
偈一句 一念隨喜者 我

역여수ㅣ아뇩다라삼먁삼
亦與授 阿耨多羅三藐三

보리기。
菩提記。

약부유인 수지독송해
若復有人 受持 讀誦 解

설 서사ㅣ묘법화경 내지
說 書寫ㅣ妙法華經 乃至

일게、어차경권 경시여
一偈、於此經卷 敬視如

불、종종공양ㅣ화향영
佛、種種供養ㅣ華香瓔

제 십 법사품

과 영락과 가루향과 바르는 향과 사르는 향
과 비단일산과, 「장대 끝에 용머리 모양을
만들고 깃발을 단 것」과, 「부처님과 보살의
위엄과 덕을 표시하는 장엄도구인 깃발」과,
의복과 재주와 음악으로 가지가지로 공양하
고, 이에 합장하고 공손히 공경하는데 이르
러면, 약왕이여, 마땅히 알지니라.

이러한 모든 사람들은 이미 일찍이 십만억
부처님께 공양하고, 모든 부처님의 거처에서
큰 원을 성취하였으되, 중생을 불쌍히 여긴
까닭으로 이 인간에 난 것이니라.

약왕이여, 만약 어떤 사람이 묻되, 「어떠

珞 抹香 塗香 燒香 繒蓋
幢幡 衣服 伎樂, 乃至
合掌恭敬, 藥王, 當知。
是諸人等 已曾供養─十
萬億佛、於諸佛所 成就
大願、愍衆生故 生此人
間。
藥王、若有人 問─何等
衆生 於未來世 當得作
佛、應示─是諸人等 於
未來世 必得作佛。

59

독송편

한 중생들이 미래 세상에 마땅히 부처님 지음을 얻겠는가.」 하면, 응당히 이러한 모든 사람들이 미래 세상에 반드시 부처님 지음을 얻으리라고 가리켜라.

만약 악한 사람이 있어 착하지 못한 마음으로써 일 겁 동안에 부처님 앞에 나타나서 항상 부처님을 헐뜯고 욕할지라도, 그 죄는 오히려 가볍거니와, 만약 사람이 한 마디의 악한 말로써 집에 있는 이나 출가한 이의 법화경을 읽고 외우는 자를 헐뜯고 비방하면, 그 죄는 심히 무겁느니라.

잠깐 동안 들을지라도, 곧 궁극의 「위없이

약유악인 이불선심, 어
若有惡人 以不善心 於
일겁중 현어불전 상훼매
一劫中 現於佛前 常毀罵
불, 기죄상경, 약인 이
佛、其罪尙輕、若人 以
일악언, 훼자─재가출가
一惡言 毀呰─在家出家
독송법화경자, 기죄심중.
讀誦法華經者、其罪甚重
수유문지, 즉득─구경아
須臾聞之、即得─究竟阿
뇩다라삼먁 삼보리고.
耨多羅三藐 三菩提故
약욕주불도─
若欲住佛道─
성취자연지,
成就自然智、
상당근공양─
常當勤供養─
수지법화경자.
受持法華經者。

제 십 법사품

높고 바르며 크고도 넓으며 평등한 깨달음

을 얻기 때문이니라.』

만약 부처님의 도에 머물러서

자연지혜를 성취하고자 하면,

항상 마땅히 부지런히,

법화를 받아 가진 자에게 공양할지니라.

그 어떤 이가 일체 가지가지

사리에 밝은 지혜를 빨리 얻고자 하면,

마땅히 이 경을 받아서 가질 것이며,

아울러 가진 자에게 공양할지니라.

만약 능히 묘법화경을 받아서

가지고 있는 자는, 마땅히 알지니,

捨사	妙묘	諸제	愍민	當당	妙묘	若약	幷병	當당	一일	其기
於어	法법	有유	念념	知지	法법	有유	供공	受수	切체	有유
淸청	華화	能능	諸제	佛불	華화	能능	養양	持지	種종	欲욕
淨정	經경	受수	衆중	所소	經경	受수	持지	是시	智지	疾질
土토	者자	持지	生생	使사	者자	持지	者자	經경	慧혜	得득

61

부처님의 심부름꾼인 바로서
모든 중생을 불쌍히 생각함이니라.
능히 묘법화경을 받아서 가지고 있는 자는
모두 맑고 깨끗한 나라를 버리고 중생을
불쌍히 여기는 까닭으로 여기에 나느니,
마땅히 알지니라. 이와 같은 사람은
나고자 하는 바를 마음대로 하느니라.
능히 이 악한 세상에 널리 위없는
법을 설하나니, 응당 하늘의 꽃과 향과
그리고 또 하늘의 보배의 복과
하늘 위의 묘한 보배 무더기로써
법을 설하는 자에게 공양을 할지니라.

憫민 衆중 故고 生생 此차、
當당 知지 如여 是시 人인
自자 在재 所소 欲욕 生생。
能능 於어 此차 惡악 世세
廣광 說설 無무 上상 法법、
應응 以이 天천 華화 香향
及급 天천 寶보 衣의 服복
天천 上상 妙묘 寶보 聚취
供공 養양 說설 法법 者자。
吾오 滅멸 後후 惡악 世세
能능 持지 是시 經경 者자

제 십 법사품

내가 멸한 뒤 악한 세상에
능히 이 경을 가지는 자에게는
마땅히 합장하고 절을 하며 공경하되,
세존께 공양함과 같이 할지니라.
약왕이여, 이제 너에게 이르노니,
내가 설한 바의 모든 경과
이 경 가운데에서 법화가 가장 제일이니라.
『내가 설한 바의 경전은 헤아릴 수 없는
천만억이니, 이미 설하였고, 지금 설하며,
미래에도 설할 것이니와, 그러나 그 가운데
에서도 이 법화경이 가장 믿기 어렵고 이해
하기 어려움이 되느니라.』

당ー합장예경、
當合掌禮敬。

여공양세존。
如供養世尊、

약왕금고여、
藥王今告汝、

아소설제경
我所說諸經

이어차경중
而於此經中

법화최제일。
法華最第一。

『아소설경전 무량천만억、
我所說經典 無量千萬億

이설ー금설ー이어
已說 今說 當說、而於

기중차ー법화경최위ー
其中 此 法華經 最爲

난신난해。
難信難解。

약경권소주처、개응기ー
若經卷所住處、皆應起

『만약 경권이 머무는 바의 곳에는, 모두 응당히 일곱 가지 보배로 된 탑을 일으켜 극히 높고 넓게 하여 아름답게 꾸미되, 모름지기 다시 사리를 모시지 말지니라. 까닭은 무엇인가 하면, 이 가운데에는 이미 여래의 온 몸이 있기 때문이니라.

일체 보살의 「위없이 높고 바르며 크고도 넓으며 평등한 깨달음」은 모두 이 경에 속함이니라.

이 경은 방편의 문을 열어서 진실한 형상을 보인 것이니라.』

만약 사람이 이 경을 설하려면

칠보탑 극령고광 엄식、
七寶塔 極令高廣 嚴飾

불수부안사리。 소이자하
不須復安舍利。 所以者何

차중 이유ー여래전신。
此中 已有 如來全身。

일체보살 아뇩다라삼먁
一切菩薩 阿耨多羅三藐

삼보리 개속ー차경。 차경
三菩提 皆屬 此經。 此經

개ー방편문、시ー진실상。』
開ー方便門、示ー真實相。』

약인설차경、
若人說此經、

응입여래실
應入如來室

착어여래의
著於如來衣

이좌여래좌、
而坐如來座、

처중무소외
處衆無所畏

응당히 여래의 방에 들어가서,
여래의 옷을 입고, 여래의 자리에 앉아야,
많은 이와 살아도 두려울 바 없어서,
널리 분별하여 설하게 되느니라.
대자비가 방이 되며, 부드럽고 온화하며
욕되는 것을 참는 것은 옷이 되고,
모든 법이 공한 것이 자리가 되니,
여기에 살면서 법을 설할지니라.
만약 내가 멸도한 뒤에
능히 이 경을 설하는 자에게는,
내가 변화한 사중인 비구 비구니와
그리고 또 청신사녀를 보내어

廣광 爲위 分분 別별 說설.
大대 慈자 悲비 爲위 室실,
柔유 和화 忍인 辱욕 爲위 衣의,
諸제 法법 空공 爲위 座좌、
處처 此차 爲위 說설 法법.
若약 我아 滅멸 度도 後후
能능 說설 此차 經경 者자、
我아 遣견 化화 四사 衆중ㅡ
比비 丘구 比비 丘구 尼니
及급 淸청 信신 士사 女녀
供공 養양 於어 法법 師사、

법사를 공양하게 하고、 모든 중생을
인도하여 모아서 이에 법을 듣게 하리라。
만약 사람이 악하게 칼과 막대기와
그리고 또 기와나 돌로 때리려고 하면、
곧 변화한 사람을 보내어 그를 위하여
지키고 두호하게 하리라。

묘법연화경 제 십일 견보탑품

이 때에 보배탑 가운데에서 큰 음성이 나
와서 찬탄하시어 말씀하시되、 『거룩하시고
거룩하시옵니다。 석가모니 세존이시여、 능
히 평등한 큰 지혜로써、 보살을 가르치는 법

인도제중생 引導諸衆生
집지령청법 集之令聽法。
약인욕가악— 若人欲加惡—
도장급와석、 刀杖及瓦石、
즉견변화인 則遣變化人
위지작위호。 爲之作衛護。

묘법연화경 견보탑품 제십일
妙法蓮華經 見寶塔品 第十一
이시 보탑중 출—대음성 爾時 寶塔中 出—大音聲
탄언、 『선재선재、 석가 歎言、 『善哉善哉、 釋迦

제 십일 견보탑품

이며, 부처님께옵서 생각하시어 두호하시는
바이신 묘법화경을 대중을 위하여 설하시나
니, 그와 같고 그와 같으나이다. 석가모니
세존께옵서 말씀하신 바와 같은 것은 모두
바로 진실이옵나이다.』

모든 나머지 경전의 수가 항하사 같으나
비록 이런 것들을 설할지라도
가히 어려움이 되지는 않거니와,
만약 수미를 잡아서 다른 방위의 수없는
부처님 국토에 던져두기는
또한 어려움이 되지는 않거니와、
만약 발가락으로 대천세계를 움직여

모니세존、 능이ー평등대
牟尼世尊、 能以ー平等大
혜 교보살법 불소호념
慧 敎菩薩法 佛所護念

묘법화경、 위대중설、 여
妙法華經、 爲大衆說、 如

시여시。 석가모니세존
是如是 釋迦牟尼世尊

여소설자 개시진실』
如所說者 皆是眞實』

제여경전 수여항사
諸餘經典 數如恒沙

수설차등 미족위난、
雖說此等 未足爲難

약접수미 척치타방ー
若接須彌 擲置他方ー

멀리 다른 나라에 던지기는 또한
어려움이 되지는 않거니와,
만약 유정에 서서 중생을 위하여
헤아릴 수 없는 나머지 경을 설명하여
말하기는 또한 어려움이 되지는 않거니와,
만약 부처님 멸하신 뒤 악한 세상
가운데에서 능히 이 경을 설하는
이것이 곧 어려움이 되느니라.
가령 하여금 어떤 사람이 손으로 허공을
잡아 쥐고 그리고는 놀러 다니는 것은
또한 어려움이 되지는 않거니와,
내가 멸한 뒤에 만약 스스로 써서 가지거나

무수불토 無數佛土
역미위난、 亦未爲難

약이족지 若以足指
동대천계 動大千界

원척타국 遠擲他國
역미위난、 亦未爲難

약립유정 若立有頂
위중연설— 爲衆演說—

무량여경 無量餘經
역미위난、 亦未爲難

약불멸후— 若佛滅後—
어악세중 於惡世中

능설차경 能說此經
시즉위난。 是則爲難。

가사유인 假使有人
수파허공 手把虛空

제 십일 견보탑품

만약 사람을 시켜서 쓰게 하면,
이것이 곧 어려움이 되느니라.
만약 큰 땅을 발톱 위에 올려놓고
범천에 올라가는 것은
또한 어려움이 되지는 않거니와,
부처님이 멸도한 뒤에
악한 세상 가운데에서 잠깐이라도
이 경을 읽는 이것이 곧 어려움이 됨이며,
가령 하여금 겁이 타는데
마른 풀을 짊어지고 가운데 들어가서
타지 않게 하기는
또한 어려움이 되지는 않거니와,

이이유행 而以遊行　역미위난 亦未爲難、
어아멸후 於我滅後　약자서지 若自書持
약사인서 若使人書　시즉위난 是則爲難。
약이대지 若以大地　치족갑상 置足甲上
승어범천 昇於梵天　역미위난 亦未爲難、
불멸도후 佛滅度後　어악세중 於惡世中
잠독차경 暫讀此經　시즉위난 是則爲難、
가사겁소 假使劫燒　담부건초 擔負乾草

독송편

내가 멸도한 뒤에 만약 이 경을 가지고

한 사람을 위하여 설하면,

이것이 곧 어려움이 되느니라.

만약 팔만 사천 법의 곳집과

십이부경을 가지고 사람을 위하여

설명하고 말하여, 모든 듣는 자로 하여금

여섯 가지 신통을 얻게 하는,

비록 능히 이와 같이 하기는

또한 어려움이 되지는 않거니와,

내가 멸한 뒤에 이 경을 듣고 받아서

그 뜻이 향하는 바를 묻는

이것이 곧 어려움이 되느니라.

입중불소
入中不燒
역미위난、
亦未爲難

아멸도후ㅣ약지차경
我滅度後　若持此經

위지팔만
若持八萬
사천법장
四千法藏

위일인설
爲一人說
시즉위난。
是則爲難

십이부경、위인연설
十二部經　爲人演說

영제청자
令諸聽者
득육신통
得六神通

수능여시
雖能如是
역미위난、
亦未爲難

어아멸후ㅣ청수차경
於我滅後　聽受此經

제 십일 견보탑품

만약 사람이 법을 설하여
천만억의 헤아릴 수 없고
수없는 항하사의 중생으로 하여금
아라한을 얻게 하고,
여섯 가지 신통을 갖추게 하는,
비록 이러한 이익이 있어도
또한 어려움이 되지는 않거니와,
내가 멸한 뒤에 만약 능히
이와 같은 경전을 받들어 가지는
이것이 곧 어려움이 되느니라.
내가 부처님의 도를 위하여
헤아릴 수 없는 국토에서,

문기의취
問其義趣
시즉위난.
是則爲難

약인설법
若人說法
영천만억
令千萬億

무량무수
無量無數
항사중생、
恒沙衆生

득아라한
得阿羅漢
구육신통
具六神通

수유시익
雖有是益
역미위난、
亦未爲難

어아멸후─약능봉지─
於我滅後 若能奉持

여사경전
如斯經典
시즉위난.
是則爲難

아위불도
我爲佛道
어무량토、
於無量土

71

처음으로부터 지금에 이르도록
널리 모든 경을 설하였으나,
그러나 그 가운데에서 이 경이 제일이니,
만약 능히 가지고 있으면,
곧 부처님의 몸을 가짐이니라.

묘법연화경 제 십이 제바달다품

뜻은 묘법에 있었던 까닭으로
몸과 마음에 게으르고
싫증냄이 없었느니라.
널리 모든 중생을 위하여
부지런히 큰 법을 구하였느니라.

從始至今
廣說諸經
而於其中
此經第一、
若有能持
則持佛身。

묘법연화경
妙法蓮華經
제바달다품 제십이
提婆達多品 第十二

情存妙法故
身心無懈倦。
普爲諸衆生、
勤求於大法。

72

『제바달다 선지식으로 말미암아 나로 하여금 「여섯 가지로써 나고 멸하는 이쪽에서 나고 멸함이 없는 저쪽에 이르럼」과, 자비희사와, 서른두 가지 형상과, 팔십 종류의 좋은 것과, 자마금빛과, 열 가지 힘과, 네 가지 두려울 바 없는 것과, 네 가지 거두어들이는 법과, 열여덟 가지 같지 않는 것과, 신통도력을 흡족하게 갖추게 하였고, 평등하고 바른 깨달음을 이루어서 널리 중생을 제도하게 하니, 모두 제바달다 선지식으로 말미암은 까닭이니라.

제바달다는 헤아릴 수 없는 겁이 물러가

『유ー제바달다 선지식고,
由 提婆達多 善知識故

영아구족ー육바라밀자
令我具足 六波羅蜜 慈

비희사 삼십이상 팔십
悲喜捨 三十二相 八十

종호 자마금색 십력사
種好 紫磨金色 十力 四

무소외 사섭법 십팔불
無所畏 四攝法 十八不

공 신통도력, 성ー등정
共 神通道力、 成ー等正

각 광도중생, 개인ー제
覺 廣度衆生、 皆因ー提

바달다 선지식고.
婆達多 善知識故。

제바달다 각후과ー무량
提婆達多 却後過ー無量

겁 당득성불, 호왈ー천
劫 當得成佛、 號曰ー天

지난 뒤에 마땅히 부처님 이름을 얻으리니,
호는 가로되, 천왕 여래 응공 정변지 명행족
선서 세간해 무상사 조어장부 천인사 불 세
존이요, 세계의 이름은 천도이니라.』

『미래 세상 가운데 만약 어떤 착한 남자,
착한 여인이 묘법화경의 제바달다품을 듣고
깨끗한 마음으로 믿고 공경하며 의심과 미혹
함을 내지 않는 자는, 지옥·아귀·축생에
떨어지지 아니하고, 시방의 부처님 앞에 나
며, 나는 바의 곳에서 항상 이 경을 들을 것
이며, 만약 사람이나 하늘 가운데 나면 뛰어
나게 묘한 즐거움을 받을 것이며, 만약 부처

왕 여래 응공 정변지
王 如來 應供 正徧知

명행족 선서 세간해 무
明行足 善逝 世間解 無

상사 조어장부 천인사
上士 調御丈夫 天人師

불 세존、세계명ㅡ천도。
佛 世尊、世界名「天道」

『미래세중 약유선남자
未來世中 若有善男子

선여인문ㅡ묘법화경제
善女人 聞ㅡ妙法華經提

바달다품、정심신경 불
婆達多品、淨心信敬 不

생ㅡ의혹자、불타ㅡ지옥
生 疑惑者、不墮 地獄

아귀축생、생ㅡ시방불
餓鬼畜生、生 十方佛

전、소생지처 상문ㅡ차
前、所生之處 常聞ㅡ此

제 십이 제바달다품

님 앞에 있으면 연꽃에 화하여 나느니라.」

큰 지혜와 덕이며 용맹하시고 굳셈이시여,

헤아릴 수 없는 중생을 교화하시어

제도하심을 지금 이 모든 큰 모임과

그리고 또 저와 모두는 이미 보았소이다.

실상의 뜻을 설명하여 펴고

일승의 법을 열어 밝히시어,

널리 모든 중생을 인도하시어

빨리 깨달음을 이루게 하셨소이다.

문수사리께서 말씀하시되, 『저는 바다 가

운데에서 오직 항상 묘법화경을 펴서 설하였

소이다.』

경, 약생-인천중, 수-
經, 若生-人天中, 受

승묘락, 약재불전 연화
勝妙樂, 若在佛前 蓮華

화생.
化生。』

대지덕용건,
大智德勇健、

화도무량중,
化度無量衆、

금차제대회
今此諸大會

급아개이견.
及我皆已見。

연창실상의
演暢實相義

개천일승법,
開闡一乘法、

광도제중생
廣導諸衆生

속성보리.
速成菩提。

지적보살께서 말씀하시되, 『제가 석가여래를 뵈오니, 헤아릴 수 없는 겁 동안 어려운 행과 괴로운 행을 하시고, 공을 쌓으시고 덕을 쌓으시어 깨달음의 길을 구하시되, 일찍이 그치거나 쉬지 아니하셨으며, 삼천대천세계를 살펴보아도, 이에 겨자씨만한 곳에 이르기까지 이 보살께서 몸과 목숨을 버리시지 아니한 곳은 있음이 없었습니다. 중생을 위하시는 까닭으로 그렇게 하신 뒤에야 겨우 깨달음의 길 이룸을 얻으셨거늘, 이 여자가 잠깐 사이에 문득 바른 깨달음을 이루었다고 하는 것은 믿지 못하겠나이다.』

문수사리언、『아어해중
文殊師利言、『我於海中

유상선설 ― 묘법화경.
唯常宣說 妙法華經』

지적보살 언、『아견 ―
智積菩薩 言『我見 ―

석가여래、어무량겁、난
釋迦如來、於無量劫、難

행고행、적공누덕 구―보
行苦行、積功累德 求 菩

리도、미증지식、관―삼
提道、未曾止息、觀 三

천대천세계、내지무유―
千大千世界、乃至無有

여개자허 비―시보살사
如芥子許 非 是菩薩捨

신명처。위중생고 연후
身命處。爲衆生故 然後

내득성―보리도、불신―
乃得成 菩提道、不信

차녀 어수유경 변성정
此女 於須臾頃 便成正

말씀 논하시기를 끝내지도 아니하셨는데,

때에 용왕의 딸이 문득 앞에 나타나서 머리

와 얼굴로 공경히 절을 하고, 물러나 한 쪽

에 머물러 게송으로써 찬탄하여 가로되,

죄와 복의 형상을 깊이 통달하시어

시방에 두루 비추시며,

미묘하시고 깨끗하신 법의 몸에

서른두 가지의 형상을 갖추셨으며,

팔십 종류의 좋은 것으로써 법의 몸을

꾸미시고 치장하시는데 쓰셨으며,

하늘과 사람이 우러러 받드는 바이시며,

용과 신도 다 공손히 공경하오며,

覺각』言언論론未미訖흘、時시 龍용王왕

女녀忽홀現현於어前전頭두面면禮례敬경、

却住一面以偈讚曰

深심達달罪죄福복相상

偏편照조於어十시方방、

微미妙묘淨정法법身신

具구相상三삼十십二이、

以이八팔十십種종好호

用용莊장嚴엄法법身신、

天천人인所소戴대仰앙、

龍용神신咸함恭공敬경、

독송편

일체 중생의 종류는 높이

받들지 아니하는 자가 없음이로소이다.

또 듣고 깨달음을 이루는 것은 오직

부처님만이 마땅히 증험하시어 아시오리다.

제가 대승의 가르침을 열어서

괴로워하는 중생을 제도하여

벗어나게 하오리이다.

그 때 용녀에게는 한 보배구슬이 있었으

니, 가치가 삼천대천세계만한 것이었소이다.

가져다가 부처님께 올리니, 부처님께옵서는

곧 이를 받으시거늘, 용녀가 지적보살과 존

자 사리불께 일러 말하되, 『제가 드리는 보

一切衆生類류
無무不불宗종奉봉者자.
又우聞문成성菩보提리
唯유佛불當당證증知지.
我아闡천大대乘승教교
度도脫탈苦고衆중生생.

爾이時시龍녀有유一보寶珠주、
價가直―삼천대천세계.
持이상불, 佛즉수지, 지이상불、佛즉수지、
龍녀謂위―지적보살尊존者자
舍사利리弗불언, 『我아獻헌寶주珠

78

제 십이 제바달다품

배구슬을 세존께옵서 받아들이시니, 이 일이 빠르나이까. 아니오이까.

답하여 말씀하오되, 『심히 빠르도다.』

여자가 말하되, 『그대의 신력으로써 저의 부처님 이룸이 다시 이보다도 빠름을 보시옵소서.』

그러할 때에 모인 무리가 모두 용녀를 보니, 문득 그러할 사이에 변하여 남자를 이루어서 보살행을 갖추고, 곧 남방 무구세계로 가서, 보배연꽃에 앉으시어 평등하고 바른 깨달음을 이루시나니, 서른두 가지 형상이요, 팔십 종류의 좋은 것이라, 널리 시방의

세존납수、시사질。부.
世尊納受、是事疾 不。

답언、『심질。여언、『이
答言、『甚疾』女言、『以

어차。
於此。

여신력관―아성불부속
汝神力觀―我成佛 復速

당시 중회 개견―용녀、
當時 衆會 皆見 龍女、

홀연지간 변성남자구―
忽然之間 變成男子 具

보살행、즉왕―남방무
菩薩行、卽往―南方 無

구세계、좌―보련화성―
垢世界、坐―寶蓮華 成

등정각、삼십이상 팔십
等正覺、三十二相 八十

일체 중생을 위하여 묘법을 설명하시어 말씀
하시더이다.

묘법연화경 제 십삼 권지품

『세존이시여, 저희들도 여래께옵서 멸하신
뒤에, 시방세계에 두루 왔다갔다 돌아다니며
능히 중생으로 하여금 이 경을 써서 베끼며
받아서 가지며 읽고 외우게 하며, 그 뜻을
풀어서 말하며, 법과 같이 닦아 행하며, 바
르게 기억하여 생각하게 하오리다. 모두 이
것은 부처님의 위력이옵니다.』
흐린 겁의 악한 세상 가운데에는

종호、보위ㅡ시방 일체
種好 普爲 十方 一切

중생 연설ㅡ묘법。
衆生 演說 妙法

묘법연화경 권지품 제십삼
妙法蓮華經 勸持品 第十三

『세존, 아등 어여래멸후
世尊 我等 於如來滅後

주선왕반ㅡ시방세계, 능히
周旋往返 十方世界 能

령ㅡ중생 서사ㅡ차경 수
令ㅡ衆生 書寫 此經 受

지독송、해설기의、여법
持讀誦 解說其義 如法

수행、정억념。개시ㅡ불
修行 正憶念 皆是ㅡ佛

지위력。』
之威力』

제 십삼 권지품

모든 무섭고 두려운 것이 많이 있으며,
악한 귀신이 그 몸에 들어서
저희를 욕설하고 꾸짖으며
험담하며 수치당하게 할지라도,
저희들은 부처님을 공경히 믿으므로
마땅히 욕되는 것을 참는 갑옷을 입고,
이 경을 설하기 위한 까닭으로
이 모든 어려운 일을 참으며,
저희는 몸과 목숨을 사랑하지 아니하고
다만 위없는 도를 아끼오리다.

〔묘법연화경 제 오 권〕

濁탁 劫겁 惡악 世세 中중
多다 有유 諸제 惡악 恐공 怖포、
惡악 鬼귀 入입 其기 身신
罵매 詈리 毀훼 辱욕 我아、
我아 等등 敬경 信신 佛불
當당 著착 忍인 辱욕 鎧개、
爲위 說설 是시 經경 故고
忍인 此차 諸제 難난 事사、
我아 不불 愛애 身신 命명
但단 惜석 無무 上상 道도。

묘법연화경 제 십사 안락행품

『만약 보살마하살이 욕되는 것을 참는 지위에 머물러서, 부드럽고 온화하며 착하고 순하며 그리고는 불끈 일어나는 성을 내지 아니하며, 마음이 또한 놀라지 아니하며, 또 다시 법에 행한다고 하는 바가 없어야 하며, 모든 법을 실상과 같이 관하되, 또한 행하지 않고 분별하지도 아니하면, 이것을 보살마하살의 행할 곳이라 이름하느니라.』

『만약 입으로 베풀어서 설하거나, 만약 경을 읽을 때에는, 사람과 그리고 또 경전의

［묘법연화경 권 제오
妙法蓮華經 卷第五］

묘법연화경 안락행품 제십사
妙法蓮華經 安樂行品 第十四

『약보살마하살 주-인욕
若菩薩摩訶薩 住 忍辱

지、유화선순 이부졸폭
地, 柔和善順 而不卒暴

심역불경、우부어법 무
心亦不驚, 又復於法 無

소행, 이관-제법 여실
所行, 而觀 諸法 如實

상、역불행 불분별、시
相、亦不行 不分別、是

명-보살마하살 행처。
名 菩薩摩訶薩 行處』

허물을 말하기를 즐기지 말며, 또한 다른 모
든 법사를 가벼이 여겨 업신여기지 말며, 다
른 사람의 좋고 나쁜 것과 잘한 것과 못한
것을 말하지 말지니라.』

『마땅히 일체 중생에게 크게 불쌍히 여기
는 생각을 일으키고, 모든 여래께는 사랑해
주시는 아버지라는 생각을 일으키며, 모든
보살에게는 큰 스승이란 생각을 일으키고,
시방의 모든 큰 보살에게는 항상 응당히 깊
은 마음으로 공손히 공경하며 예배할지니
라.』

『그 사람이 비록 이 경을 묻지도 아니하

『약구선설 약독경시、불
若口宣說 若讀經時 不

락설ㅡ인급경전과、역불
樂說 人及經典過、 亦不

경만ㅡ제여법사、불설ㅡ
輕慢 諸餘法師、 不說

타인 호악장단。
他人 好惡長短』

『당어일체중생기ㅡ대비
當於一切衆生起 大悲

상、어제여래기ㅡ자부
想、於諸如來起 慈父

상、어제보살기ㅡ대사
想、於諸菩薩起 大師

상、어시방제대보살
想、於十方諸大菩薩

상응심심 공경예배。
常應深心 恭敬禮拜』

며, 믿지도 아니하고, 이해하지도 못하나,
내가 〔위없이 높고 바르며 크고도 넓으며 평
등한 깨달음〕을 얻을 때에는, 어떤 곳에 있
을지라도 좇아서 신통의 힘과 사리에 밝은
지혜의 힘으로써 그를 이끌어서 이 법 가운
데 머묾을 얻게 하리라.」

모든 하늘이 밤낮으로 항상 법을 위한 까
닭으로 이에 호위하고 두호하여, 능히 듣는
자로 하여금 모두 기뻐하고 즐거워함을 얻게
하느니라. 까닭은 무엇인가 하면, 이 경은
바로 일체 과거와 미래와 현재의 모든 부처
님의 신력으로 두호하시는 바이기 때문이니

『기인 수ー불문 불신 불
其人雖 不問 不信 不

해ー시경, 아득ー아뇩
解ー是經 我得ー阿耨

다라삼먁삼보리 시, 수
多羅三藐三菩提 時、隨

재하지 이ー신통력지
在何地 以ー神通力 智

혜력, 인지 영득주ー시
慧力、 引之 令得住 是

법중.
法中。

제천 주야 상위법고 이
諸天 晝夜 常爲法故 而

위호지, 능령청자 개득
衛護之、 能令聽者 皆得

환희. 소이자하, 차경ー
歡喜。 所以者何、 此經ー

제 십사 안락행품

라。

문수사리여、 이 법화경은 헤아릴 수 없는 나라 가운데에서 이에 이름자만이라도 가히 얻어듣지 못함에 이르거늘、 어찌 하물며 얻어 보고 받아서 가지며 읽고 외움이겠느냐。

이 법화경이 중생으로 하여금 능히 일체 지혜에 이르게 하지만、 일체 세간에서는 원망이 많고 믿기 어려움이라、 먼저 설하지 아니하였던 것을 지금 설하느니라。』

이 경을 읽는 자는 항상 근심과 번뇌로움이 없고、 또 병과 아픔이 없으며、

시 ─ 일체
是 一切 과거미래현재
　　　過去未來現在

제불신력 소호고。
諸佛神力 所護故

문수사리、 시 ─ 법화경
文殊師利、 是 ─ 法華經

어무량국중 내지 ─ 명자
於無量國中 乃至 ─ 名字

불가득문、 하황득견 수
不可得聞、 何況得見 受

지독송。
持讀誦

차 ─ 법화경 능령중생
此 ─ 法華經 能令衆生

지 ─ 일체지、 일체세간
至 ─ 一切智、 一切世間

다원난신、 선소미설이
多怨難信、 先所未說 而

85

얼굴빛이 곱고 희며、

가난하고 궁하거나 낮고 천하거나

추하고 더러운 데에 나지 않으며、

중생이 좋아하여 보되、

어질고 거룩한 이를

사모하는 것과 같이 하며、

하늘의 모든 동자가 심부름꾼이 되며、

칼과 막대기로 치지 못하며、

독이 능히 해롭게 하지 못하며、

만약 사람이 악하게 욕을 하면

입이 곧 닫히고 막히며、 노닐며 다님에

두려움 없기는 사자왕과 같으며、

今說之。
『금설지。

讀是經者
독시경자

常無憂惱
상무우뇌、

又無病痛
우무병통

顏色鮮白
안색선백、

不生貧窮
불생빈궁ー

卑賤醜陋
비천추루、

衆生樂見
중생요견

如慕賢聖
여모현성、

天諸童子
천제동자

以爲給使
이위급사、

刀杖不加
도장불가

毒不能害
독불능해、

若人惡罵
약인악매ー

口則閉塞
구즉폐색、

遊行無畏
유행무외

如師子王、
여사자왕、

사리에 밝은 지혜의 빛이 밝음은
해가 비침과 같으니라.
만약 꿈 가운데에는
다만 묘한 일만 보느니라.

묘법연화경 제 십오 종지용출품

이 때에 사중은 또한 부처님의 신력의 까
닭으로써 모든 보살이 헤아릴 수 없는 백천
만억 국토의 허공에 두루 가득함을 보았소이
다.

이 보살의 많은 이 가운데에는 네 분의 인
도하는 스승이 계시니、

지혜광명 여일지조。
智慧光明 如日之照。

약어몽중 단견묘사。
若於夢中 但見妙事。

묘법연화경
妙法蓮華經
종지용출품 제십오
從地涌出品 第十五

이시 사중 역이불신력고
爾時 四衆 亦以佛神力故

견ー제보살 편만ー무량
見ー諸菩薩 偏滿ー無量

백천만억 국토허공。시
百千萬億 國土虛空。是

보살중중 유ー사도사、
菩薩衆中 有ー四導師、

독송편

첫째 이름은 상행이시고,

둘째 이름은 무변행이시며,

셋째 이름은 정행이시고,

넷째 이름은 안립행이시었소이다.

이 네 분 보살께서는 그 많은 이 가운데에 서 가장 높은 우두머리로서 창도의 스승이시 었소이다.

『너희들은 마땅히 같이 한마음으로 정진의 갑옷을 입고 굳고 단단한 뜻을 일으킬지니 라. 여래는 지금 모든 부처님의 사리에 밝은 지혜와, 모든 부처님의 마음대로 되는 신통 의 힘과, 모든 부처님의 사자가 분발하여 빠

일명ㅣ상행、 이명ㅣ무변
一名 上行 二名 無邊
행、 삼명ㅣ정행、 사명ㅣ
行 三名 淨行 四名
안립행。 시ㅣ사보살ㅣ어
安立行。 是 四菩薩 於
기중중 최위상수ㅣ창도
其衆中 最爲上首 唱導
지사。
之師。

『여등 당공일심 피ㅣ정진
汝等 當共一心 被 精進
개、 발ㅣ견고의。 여래금
鎧 發 堅固意。 如來今
욕ㅣ현발선시ㅣ제불지혜
欲 顯發宣示 諸佛智慧
제불자재신통지력 제불
諸佛自在神通之力 諸佛
사자분신지력 제불위맹
師子奮迅之力 諸佛威猛

88

름과 같은 힘과, 모든 부처님의 위엄스럽고 용맹하시며 큰 세력의 힘을 나타냄을 일으켜 서 펴 보이고자 하느니라.』

묘법연화경 제 십육 여래수량품

이 때에 부처님께옵서 모든 보살과 그리고 또 일체 대중에게 이르시되, 『모든 착한 남자여, 너희들은 마땅히 여래의 참된 이치의 말을 믿고 이해할지니라.』 다시 대중에게 이르시되, 『너희들은 마땅히 여래의 참된 이치의 말을 믿고 이해할지니라.』 또 다시 모든 대중에게 이르시되, 『너희들은 마땅히 여래

대세지력.
大勢之力.』

묘법연화경
妙法蓮華經
여래수량품 제십육
如來壽量品 第十六

이시 불고ㅡ제보살 급
爾時 佛告 諸菩薩 及
일체대중, 『제선남자, 여
一切大衆, 『諸善男子, 汝
등 당신해ㅡ여래 성제지
等 當信解ㅡ如來 誠諦之
어. 부고ㅡ대중, 『여등
語』. 復告ㅡ大衆, 『汝等
당신해ㅡ여래 성제지어.
當信解ㅡ如來 誠諦之語』.
당신해ㅡ여래 성제지어.』
當信解ㅡ如來 誠諦之語』

의 참된 이치의 말을 믿고 이해할지니라.』

이 때에 보살 대중에서 미륵께서 우두머리가 되어 합장하시고 부처님께 아뢰어 말씀하시되, 『세존이시여, 오직 원하옵건대, 설하시옵소서. 저희들은 마땅히 부처님의 말씀을 믿어서 받으오리다.』 이와 같이 세 번이나 아뢰기를 마치고는 다시 말씀하시되, 『오직 원하옵건대, 설하시옵소서. 저희들은 마땅히 부처님의 말씀을 믿어서 받으오리다.』

이 때 세존께옵서는 모든 보살이 세 번이나 청하며 그치지 아니하는 것을 아시고, 이에 일러서 말씀하시되, 『너희들은 여래의 비

우부고ㅡ제대중、『여등
又復告 諸大衆 『汝等

당신해ㅡ여래 성제지어.
當信解ㅡ如來 誠諦之語』

시시 보살대중 미륵 위
是時 菩薩大衆 彌勒 爲

수 합장 백불언、『세존、세존、
首 合掌 白佛言 『世尊、 世尊、

유원、설지. 아등 당신
唯願 說之. 我等 當信

수ㅡ불어. 여시삼백이
受ㅡ佛語』 如是三白已

부언、『유원、설지. 아
復言 『唯願 說之. 我

등 당신수ㅡ불어』
等 當信受ㅡ佛語』

이시 세존 지ㅡ제보살
爾時 世尊 知 諸菩薩

삼청부지、이고지언、『여
三請不止、而告之言 『汝

제 십육 여래수량품

밀한 신통의 힘을 잘 들을지니라. 일체 세간의 하늘과 사람과 그리고 또 아수라는 모두, 지금의 석가모니 부처님이 석씨 궁궐을 나와서 가야성 가기가 멀지 않은 도량에 앉아서, 「위없이 높고 바르며 크고도 넓으며 평등한 깨달음」을 얻었다고 생각하느니라.

그러나 착한 남자여, 내가 진실로는 부처님을 이루어 이미 옴은 헤아릴 수도 없고 가도 없는 백천만억 나유타 겁이니라.

비유할 것 같으면, 오백천만억 나유타 아승지의 삼천대천세계를 가령 어떤 사람이 갈아서 미진을 만들어서, 동방으로 오백천만억

等等 제청ㅡ여래비밀 신통
諦聽 之力. 일체세간 천인급
如來祕密 神通
之力. 一切世間 天人及

阿修羅, 개위ㅡ금석가모
阿修羅 皆謂 今釋迦牟

尼佛 출ㅡ석씨궁, 거가
尼佛 出 釋氏宮 去伽

耶城 불원 좌어도량 득ㅡ
耶城 不遠 坐於道場 得ㅡ

阿耨多羅三藐三菩提
아뇩다라삼먁삼보리.

然 선남자, 아실ㅡ성불
然 善男子 我實 成佛

已來 무량무변 백천만억
已來 無量無邊 百千萬億

那由他劫.
나유타겁.

나유타 아승지 나라를 지나면서 이에 한 미
진을 떨어뜨리며, 이와 같이 동쪽으로 가면
서 이 미진이 다한다면, 모든 착한 남자여,
뜻에는 어떠하겠느냐. 이 모든 세계를 가히
깊이 생각하여 산술로 헤아림을 할지라도 그
수를 알겠느냐. 모르겠느냐.』

미륵보살 들께서 함께 부처님께 아뢰어 말
씀하시되, 『세존이시여, 이 모든 세계는 헤
아릴 수 없고 가이 없어서 산수로써 알 바가
아니오며, 또한 마음의 힘으로도 미칠 바가
아니오며, 일체 성문 벽지불이 새는 것이 없
는 지혜로써 깊이 생각하여도 그 한정의 수

비여、오백천만억나유
譬如 五百千萬億 那由

他 아승지 삼천대천세
他 阿僧祇 三千大千世

界계、가사유인 말위미진、
界 假使有人 抹爲微塵

과ㅣ어동방 오백천만억
過 於東方 五百千萬億

나유타 아승지국、내하
那由他 阿僧祇國 乃下

일진、여시동행 진시미
一塵 如是東行 盡是微

塵진、제선남자、어의운
塵 諸善男子 於意云

하。시제세계 가득사유
何 是諸世界 可得思惟

校計지ㅣ기수。부
校計 知 其數 不』

제 십육 여래수량품

는 능히 알지를 못하오며, 저희들이 돌아서
서 물러나지 아니하는 지위에 머물지라도,
이 일 가운데서는 또한 통달하지 못할 바이
옵나이다. 세존이시여, 이와 같은 모든 세계
는 헤아릴 수도 없고 가도 없사옵니다.』

이 때에 부처님께옵서 큰 보살 많은 이에
게 이르시되, 『모든 착한 남자여, 이제 마땅
히 너희들에게 분명히 펴서 말하리라. 이 모
든 세계에 만약 미진을 둔 것과 그리고 또
두지 아니한 것을 모두 미진을 만들어서, 한
미진을 한 겁이라고 하여도, 내가 부처님을
이루어서 이미 옴은 다시 이보다도 백천만억

미륵보살등 구백불언、
彌勒菩薩等 俱白佛言

『세존、시제세계 무량무
『世尊、是諸世界 無量無

변비ー산수소지、역비ー
邊非ー算數所知、亦非ー

심력소급、일체성문벽지
心力所及、一切聲聞辟支

불이무루지、불능ー사
佛以無漏智、不能ー思

유지기한수、아등ー주ー
惟知其限數、我等ー住ー

아비발치지 어시사중 역
阿鞞跋致地 於是事中 亦

소부달。세존、여시제세
所不達。世尊、如是諸世

계 무량무변』
界 無量無邊』

나유타 아승지 겁을 지나느니라. 이로부터
스스로 오면서 내가 항상 이 사바세계에 있
으면서 법을 설하여 가르쳐 교화하였으며,
또한 나머지 곳인 백천만억 나유타 아승지
나라에서도 중생을 인도하여 이롭게 하였느
니라.

모든 착한 남자여, 이런 중간에 내가 연등
부처님들을 말하였으며, 또 다시 그가 열반
에 들었다고 말하였으나, 이와 같은 것은 모
두 방편으로 분별한 것이니라.

모든 착한 남자여, 만약 어떤 중생이 나의
거처에 와서 이르러면, 내가 부처님 눈으로

이시 불고 ㅡ대보살중、
爾時 佛告 大菩薩衆

『제선남자、금당분명 선
諸善男子、 今當分明 宣

어여등。 시제세계 약착
語汝等。 是諸世界 若著

미진 급불착자 진이위진、
微塵 及不著者 盡以爲塵

일진ㅡ일겁、 아ㅡ성불이
一塵一劫、 我成佛已

래부과어차ㅡ백천만억
來復過於此 百千萬億

나유타 아승지겁。 자종
那由他 阿僧祇劫。 自從

시래 아상재ㅡ차사바세
是來 我常在 此娑婆世

界계 설법교화、 역어여처
界說法教化、 亦於餘處

제 십육 여래수량품

써 그의 믿음 들인 모든 근기가 날카롭고 둔함을 관하여, 응당 제도할 바를 따라서 곳곳마다에서 이름자를 같지 않게 하고, 나이의 연대도 많고 적게 하여 스스로 설하였으며, 또한 다시 마땅히 열반에 듦을 나타내어 말하기도 하고, 또 가지가지 방편으로써 미묘한 법을 설하여, 능히 중생으로 하여금 기뻐하고 즐거워하는 마음을 일으키게 하였느니라.

모든 착한 남자여, 여래는 모든 중생이 작은 법을 즐기며, 덕이 엷고 때가 무거운 자를 보면, 이러한 사람을 위하여 말하되, 「나

백천만억 나유타 아승
百千萬億 那由他 阿僧

지국 도리중생.
祇國 導利衆生。

제선남자, 어시중간 아
諸善男子、 於是中間 我

설ㅡ연등불등, 우부언ㅡ
說ー燃燈佛等、 又復言ー

기 입어열반, 여시 개이
其 入於涅槃、 如是 皆以

방편 분별. 제선남자、
方便 分別。 諸善男子、

약유중생 내지아소, 아
若有衆生 來至我所、 我

이불안관ㅡ기신등 제근
以佛眼觀ー其信等 諸根

이둔, 수소응도 처처자
利鈍、 隨所應度 處處自

독 송 편

는 젊어서 출가하여 「위없이 높고 바르며 크
고도 넓으며 평등한 깨달음」을 얻었노라.」
하였느니라.
　그러나 내가 진실로는 부처님을 이루어 이
미 오는 것이 멀고 오래됨은 이와 같지마는,
다만 방편으로써 중생을 가르쳐 교화하여 부
처님의 도에 들게 하려고 이와 같은 말을 하
였느니라.
　모든 착한 남자여, 여래가 설명한 바 경전
은 모두 중생을 제도하여 벗어나게 하기 위
함이니, 혹은 자기의 몸을 설하고, 혹은 남
의 몸을 설하며, 혹은 자기의 몸을 보이고,

설―명자부동、
說―名字不同、
亦復現言　當入涅槃　又
역부현언―당입열반、우

이종종방편　설―미묘법。
以種種方便　說―微妙法
能令衆生　發　歡喜心
능령중생　발―환희심。

제선남자、여래견―제
諸善男子、如來見―諸
衆生　樂於小法　德薄垢
중생　낙어소법　덕박구
重者、　爲是人說、「我少
중자、위시인설、「아소
出家　得―阿耨多羅三藐
출가득―아뇩다라삼먁
三菩提」　然　我實　成佛
삼보리」。연 아실―성불
已來　久遠若斯、但以方
이래　구원약사、단이방

96

제 십육 여래수량품

혹은 남의 몸을 보이며, 혹은 자기의 일을
보이고, 혹은 남의 일을 보이되, 모든 설한
바의 말은 모두 진실하여 헛되지 아니하느니
라.

까닭은 무엇인가 하면, 여래는 삼계의 형
상을 실상과 같이 보고 알아, 나거나 죽거나
만약 물러남과 만약 나옴도 없고, 또
한 세상에 있는 것과 그리고 또 멸도한 것도
없으며, 참된 것도 아니요, 헛된 것도 아니
며, 같은 것도 아니요, 다른 것도 아니며,
삼계에서 보는 삼계와는 같지 않느니라.

이와 같은 일을 여래는 밝게 보아 그릇되

편 교화중생 영입불도、
便 教化衆生 令入佛道、

작여시설。
作如是說。

제선남자、여래 소연경
諸善男子、如來 所演經

전 개위ー도탈중생、혹
典 皆爲 度脫衆生 或

설기신 혹설타신 혹시기
說己身 或說他身 或示己

신 혹시타신 혹시기사
身 或示他身 或示己事

혹시타사、제소언설 개
或示他事、諸所言說 皆

실불허。
實不虛。

소이자하、여래 여실지
所以者何、如來 如實知

견ー삼계지상、무유ー생
見 三界之相、無有 生

독 송 편

어 어긋남은 있음이 없건마는, 모든 중생은
가지가지의 성품과, 가지가지의 욕심과, 가
지가지의 행과, 가지가지를 기억하고 생각하
며 분별함이 있는 까닭으로, 모든 착한 근본
을 내게 하고자 하여, 약간의 인연과 비유와
말로써 가지가지의 법을 설하되, 부처님을
짓는 바의 일을 일찍이 잠깐이라도 폐하지
않았느니라.

이와 같이 하여 내가 부처님을 이루어서
이미 오는 것은 심히 많이 오래되고 멀어서,
수명은 헤아릴 수 없는 아승지 겁이라, 항상
머물러서 멸하지 아니하느니라.

死若退若出、亦無—재
사 약퇴약출、역무—재
若退若出 亦無在

世及滅度者 非實非虛
세 급멸도자、비실비허

非如非異 不如—三界
비여비이、불여—삼계

見於三界
견어삼계。

如斯之事 如來明見無
여사지사 여래명견무
有錯謬 以諸衆生有
유—착류、이제중생유

種種性 種種欲 種種行
종종성 종종욕 종종행

種種憶想分別故 欲令
종종억상분별고、욕령

生—諸善根、以若干
생—제선근、이—약간

因緣 譬喻言辭 種種說法
인연 비유언사 종종설법、

98

모든 착한 남자여, 내가 본래 보살의 도를 행하여 이룬 바 수명은 지금도 아직 다하지 못하였으며, 다시 위의 수보다 배이니라. 그러나 지금 진실은 멸도가 아니면서 이에 문득 「마땅히 멸도를 취하겠다.」고 소리 높여 말하노니, 여래는 이런 방편으로써 중생을 가르쳐 교화하느니라.

까닭은 무엇인가 하면, 만약 부처님이 세상에 오래 머무르면, 덕이 엷은 사람은 착한 근본을 심지 않고 빈궁하고 낮고 천하며, 다섯 가지 욕심에만 탐착하여 기억과 생각이 허망한 견해의 그물 가운데에 들 것이니라.

소작불사 미증잠폐.
所作佛事　未曾暫廢。

여시 아ー성불이래 심대
如是　我　成佛已來　甚大

구원、수명ー무량아승지
久遠、壽命ー無量阿僧祇

겁、상주불멸.
劫、常住不滅。

제선남자、아본행ー보살
諸善男子、我本行ー菩薩

도 소성수명 금유미진、
道　所成壽命　今猶未盡

부배상수。연 금 비실멸
復倍上數。然　今　非實滅

도 이변창언ー「당취멸도.」
度　而便唱言ー「當取滅度」

여래 이시방편 교화중생.
如來　以是方便　教化衆生。

소이자하、약불 구주어
所以者何、若佛　久住於

만약 여래가 항상 멸하지 않고 있는 것을 보면, 오로지 교만하고 방자한 것만 일으켜서 이에 싫증냄과 게으름을 품고, 능히 만나기 어렵다는 생각과 공손히 공경하는 마음을 내지 아니하리라. 이러한 까닭으로 여래는 방편으로써 설하되, 「비구여, 마땅히 알지니라. 모든 부처님께옵서 세간에 나오시는 것을 가히 만남을 마주치기가 어렵다.」 하느니라. 까닭은 무엇인가 하면, 모든 덕이 엷은 사람은 헤아릴 수 없는 백천만억겁을 지나도록, 혹은 부처님을 뵈오며, 혹은 뵈옵지도 못하는 자가 있나니, 이러한 일의 까닭으로

세、박덕지인 부종ー선
世、薄德之人 不種ー善

근、빈궁하천 탐착ー오
根、貧窮下賤 貪著ー五

욕、입어억상 망견망중。
欲、入於憶想 妄見網中。

약견ー여래 상재불멸、
若見ー如來 常在不滅、

변기ー교자 이회염태、
便起ー憍恣 而懷厭怠

불능생ー난조지상 공경
不能生ー難遭之想 恭敬

지심。시고여래 이방편
之心。是故如來 以方便

설、「비구、당지。제불
說、「比丘、當知。諸佛

출세난가치우。소이
出世難可值遇」。所以

자하、제박덕인 과ー
者何、諸薄德人 過ー

써 내가 이런 말을 하되, 「모든 비구여, 여래는 가히 뵈옴을 얻기가 어렵다.」 하느니라.

이 중생들이 이와 같은 말을 들으면, 반드시 마땅히 만나기 어렵다는 생각을 내어 마음에 사랑하여 그리워함을 품고, 부처님을 목 마르게 우러르며 문득 착한 근본을 심느니라. 이러한 까닭으로 여래는 비록 실상으로는 멸하지 아니하나 그러나 멸도한다고 말함이니라.

또 착한 남자여, 모든 부처님 여래의 법도 모두 이와 같아서 중생을 제도하기 위함이

무량 백천만억겁、혹유ー
無量百千萬億劫、或有ー

견불 혹불견자、이차사
見佛 或不見者、以此事

고 아작시언、「제비구、
故我作是言、「諸比丘、

여래난가득견」。
如來難可得見」。

사중생등 문ー여시어、필
斯衆生等 聞ー如是語、必

당생어ー난조지상 심회
當生於ー難遭之想 心懷

연모、갈앙어불 변종ー
戀慕、渴仰於佛 便種ー

선근。시고 여래수불실
善根。是故 如來雖不實

멸 이언멸도。
滅 而言滅度。

우ー선남자、제불여래
又ー善男子、諸佛如來

니, 모두 참되어 헛되지 아니하느니라.

비유할 것 같으면, 좋은 의원이 사리에 밝은 지혜가 총명하고 통달해서, 처방과 약을 밝게 다루어 많은 병을 잘 다스렸느니라. 그 사람에게는 여러 자식이 많아 만약 열이며 스물로 이에 백의 수에 이르러며, 어떤 일의 인연으로써 멀리 다른 나라에 이르렀는데, 모든 자식은 뒤에 다른 독약을 마시고 약으로 속이 답답하고 어지러움이 일어나서 땅에 꼬부라져서 뒹굴고 있었느니라.

이때 그 아버지는 되돌아서 집으로 돌아오니, 모든 자식은 독한 것을 먹었으되, 혹

법개여시 위도중생, 개
法皆如是
為度衆生
皆

실불허.
實不虛

비여, 양의 지혜총달,
譬如
良醫 智慧聰達、

명련방약 선치중병. 기
明練方藥 善治衆病 其

인 다제자식, 약십이십
人 多諸子息 若十二十

내지백수, 이유사연원
乃至百數 以有事緣遠

지여국, 제자어후 음타
至餘國 諸子於後 飲他

독약 약발민란 완전우지
毒藥 藥發悶亂 宛轉于地

시시 기부 환래귀가, 제
是時 其父 還來歸家 諸

자음독, 혹실본심 혹불
子飲毒、 或失本心 或不

제 십육 여래수량품

은 본마음을 잃었으며 혹은 잃지 아니한 자
가 멀리서 그 아버지를 보고, 모두 크게 기
쁘고 즐거워서 무릎을 꿇고 절을 하며 문안
을 여쭙되, 「안은하시게 잘 돌아오셨나이까.
저희들은 어리석고 바보라서 그릇되게 독한
약을 먹었나이다. 원하옵건대, 보시고는 치
료하시어 구원하사 다시 수명을 주시옵소
서」.

아버지는 자식들의 괴로움과 뇌로움이 이
와 같음을 보고 모든 처방을 실은 책을 의지
하여, 빛과 향기와 좋은 맛을 모두 다 흡족
하게 갖춘 좋은 약초를 구하여, 찧고 체로

失者 遙見其父、 皆大歡
喜 拜跪問訊、「善安隱歸。
我等 愚癡 誤服毒藥。願、
見救療 更賜壽命。」
父見ㅡ子等 苦惱如是、
依諸經方、 求ㅡ好藥草
色香美味 皆悉具足、
擣篩和合 與子令服、而
作是言、「此大良藥 色香
美味 皆悉具足、 汝等可

독 송 편

쳐서 고루 합하여 자식에게 주어서 먹게 하
고는 이런 말을 하되, 「이 아주 좋은 약은
빛과 향기와 좋은 맛이 모두 다 흡족하게 갖
취졌으니, 너희들이 옳게 먹으면 괴롭고 뇌
로움이 빨리 없어지고 다시는 많은 병이 없
으리라.」

　그 모든 자식 가운데에 마음을 잃지 아니
한 자는 이 길한 약의 빛과 향기가 함께 좋
은 것을 보고 곧 문득 이를 먹으니, 병이 다
없어져 나았느니라.
　나머지의 마음을 잃은 자도 그의 아버지가
오는 것을 보고는, 비록 또한 기뻐하고 즐거

복、 속제고뇌 무부중환。
服、 速除苦惱 無復眾患」

기제자중 불실심자ㅡ 見
其諸子中 不失心者 見

차양약색향구호、 즉변
此良藥 色香俱好、 即便

복지、 병진제유。 여실심
服之 病盡除愈。 餘失心

자견ㅡ기부래、 수역환
者見ㅡ其父來、 雖亦歡

희문신 구색치병、 연
喜問訊 求索治病 然

여ㅡ기약 이불긍복、 소
與ㅡ其藥 而不肯服 所

이자하、 독기심입 실본
以者何 毒氣深入 失本

심고、 어차호색향약이
心故 於此好色香藥 而

위ㅡ불미。
謂ㅡ不美。

제 십육 여래수량품

워하며 문안을 여쭙고 병을 다스려 주기를 구하고 찾았으나, 그러나 그 약을 주어도 기꺼이 먹지 아니하나니, 까닭은 무엇인가 하면, 독한 기운이 깊이 들어가서 본마음을 잃은 때문으로, 이 좋은 빛의 향기로운 약을 이에 좋지 않다고 생각하였느니라.

아버지는 이런 생각을 하되, 「이 자식은 가히 불쌍하도다. 독에 맞힌 바로 마음이 모두 꺼꾸로 되어, 비록 나를 보고 기뻐하며 치료해서 구원해 주기를 구하고 찾으나, 이와 같이 좋은 약을 기꺼이 먹지 아니하나니, 내가 지금 마땅히 방편을 베풀어서 이 약을

父作是念、「此子可愍。爲毒所中、心皆顚倒、雖見我喜、求索救療、如是好藥、而不肯服。我今當設方便、令服此藥」。卽作是言、「汝等當知。我今衰老、死時已至、是好良藥、今留在此、汝可取服、勿憂不差。」作是教已、復至他國遣

먹게 하리라.」 하고, 곧 이런 말을 하되,

「너희들은 마땅히 알지니라. 내가 이제 약하고 늙어서 죽을 때가 이미 이르렀으므로, 이 좋고 길한 약을 이제 여기에 놓아두노니, 너희가 가히 가져서 먹되, 병이 낫지 아니할까 근심하지 말지니라.」

이런 가르침을 하여서 마치고는, 다시 다른 나라에 이르러서 심부름꾼을 보내어 정반대로 이르라고 하되, 「너희 아버지는 이미 죽었다.」 하였느니라.

이때 모든 자식은 아버지가 죽어서 잃었음을 듣고 마음으로 크게 근심하고 뇌로워하

사환고、「여부이사。
使還告、「汝父已死」

시시 제자 문 부배상、
是時 諸子 聞 父背喪

심대우뇌 이작시념、「약
心大憂惱 而作是念 「若

부재자、자민아등 능견
父在者、慈愍我等 能見

구호、금자사아 원상타
救護、今者捨我 遠喪他

국、자유고로 무부시호。
國、自惟孤露 無復恃怙。

상회비감、심수성오、
常懷悲感、心遂醒悟、

내지—차약 색향미미、
乃知—此藥 色香美味、

즉취복지、독병개유。기
卽取服之、毒病皆愈。其

부문—자 실이득차、심
父聞—子 悉已得差、尋

며 이에 이런 생각을 하되, 「만약 아버지께
서 계시면, 우리들을 사랑하시고 불쌍히 여
기시어 능히 보시면 구원하시고 두호하실 것
이나, 지금에는 우리를 버리시고 멀리 다른
나라에서 돌아가셨으니, 스스로 생각하면 외
로움만 드러나고 다시는 믿고 의지할 곳이
없다.」 하고, 항상 슬픈 느낌을 품다가 마음
이 드디어 깨어나서 깨닫고, 이 약의 빛과
향기와 맛이 좋음을 알고, 곧 가져다 먹으
니, 독한 병이 모두 나았느니라.

그 아버지는 자식이 다 이미 잘 나았다는
것을 듣고는, 찾아 문득 돌아와서 모두에게

변래귀 함사견지. 제선
便來歸 咸使見之 諸善

남자, 어의운하. 파유인
男子 於意云何 頗有人

능설ー차양의 허망죄오부.
能說ー此良醫 虛妄罪 不

『불야. 세존.』
不也. 世尊

불언, 『아역여시, 성불
佛言 『我亦如是 成佛

이래ー무량무변 백천만
已來ー無量無邊 百千萬

억 나유타 아승지겁, 위
億 那由他 阿僧祇劫 爲

중생고 이방편력언,
衆生故 以方便力 言

「당멸도. 역무유ー능여
「當滅度 亦無有 能如

법설ー아 허망과자.』
法說ー我 虛妄過者

보이게 하였느니라.

모든 착한 남자여, 뜻에는 어떠하느냐. 자못 어떤 사람이 능히 이 좋은 의원을 허망한 죄가 있다고 말하겠느냐. 아니 하겠느냐.

『아니옵니다. 세존이시여.』

부처님께옵서 말씀하시되, 『나도 또한 이와 같아서, 부처님을 이루어서 이미 오는 것은 헤아릴 수 없고 가없는 백천만억 나유타 아승지 겁이건마는, 중생을 위하는 까닭으로 방편의 힘으로써 「마땅히 멸도한다.」고 말하였으며, 또한 능히 법을 순종하고서 나의 허망한 허물을 말할 자는 있을 수 없느니라.』

이시 세존 욕 - 중선차의
爾時 世尊 欲 - 重宣此義
이설게언,
而說偈言

자아 득불 래
自我 得佛 來

소경 제겁 수
所經 諸劫 數

무량 백천 만
無量 百千 萬

억재 아승 지.
億載 阿僧祇。

상설 법교화 -
常說 法教化 -

무수 억중 생、
無數 億衆 生、

영입 어불 도、
令入 於佛 道、

이래 무량 겁。
爾來 無量 劫。

제 십육 여래수량품

그 때에 세존께옵서 거듭 이 뜻을 펴시고자
하시어 이에 게송으로 설하시어 말씀하시되、

내가 부처님을 얻어 옴으로부터

지나는 바의 모든 겁수는 헤아릴 수 없는

백천만억재 아승지이니라。

항상 법을 설하여 수없는

억의 중생을 가르쳐 교화하여

부처님 도에 들게 하였으며、

그리하여 옴은 헤아릴 수도 없는 겁이니라。

중생을 제도하기 위한 까닭으로

방편으로 열반을 나타내었으나、

이에 진실로는 멸도하지 아니하고

爲위	方방	而이	常상	我아	以이	令영	雖수	衆중	廣광
度도	便편	實실	住주	常상	諸제	顚전	近근	見견	供공
衆중	現현	不불	此차	住주	神신	倒도	而이	我아	養양
生생	涅열	滅멸	說설	於어	通통	衆중	不불	滅멸	舍사
故고	槃반、	度도	法법。	此차	力력、	生생	見견。	度도、	利리、

109

독 송 편

항상 여기에 머물면서 법을 설하느니라.

내가 항상 여기에 머무르면서

모든 신통의 힘으로써,

꺼꾸로 된 중생으로 하여금

비록 가까우나 보지 못하게 하느니라.

중생이 나의 멸도한 것을 보고는

널리 사리에 공양하며,

모두 다 사랑하여 그리워함을 품고

목마르게 우러러는 마음을 내느니라.

중생이 이미 믿고 복종하며

바탕이 곧고 뜻이 부드럽고 연하여

한마음으로 부처님을 뵙고자 하되,

咸함	而이	衆중	質질	一일	不부	時시	俱구	我아	常상	以이
皆개	生생	生생	直직	心심	自자	我아	出출	時시	在재	方방
懷회	渴갈	旣기	意의	欲욕	惜석	及급	靈영	語어	此차	便편
戀연	仰앙	信신	柔유	見견	身신	衆중	鷲취	衆중	不불	力력
慕모	心심。	伏복	軟연	佛불、	命명、	僧승	山산、	生생、	滅멸	故고

110

제 십육 여래수량품

스스로 몸과 목숨을 아끼지 아니하면,

때에 나와 그리고 또 많은 승려가

함께 영취산에 나와서,

내가 때에 중생에게 말하되,

「항상 여기에 있으며 멸하지 아니하건만,

방편의 힘인 까닭으로써 멸함과 멸하지

않음이 있음을 나타내노라」 하느니라.

다른 나라 중생도 공손히 공경하며

믿고 좋아하는 자가 있으면, 내가 다시

그 가운데에서 위없는 법을 설하게 되니,

너희들은 이를 듣지 못하므로

다만 내가 멸도하였다고 생각하느니라.

現현有유滅멸不불滅멸,

餘여國국有유衆중生생ㅡ

恭공敬경信신樂요者자,

我아復부於어彼피中중

爲위說설無무上상法법,

汝여等등不불聞문此차

但단謂위我아滅멸度도。

我아見견諸제衆중生생

沒몰在재於어苦고惱뇌。

故고不불爲위現현身신

令영其기生생渴갈仰앙、

독 송 편

내가 보니, 모든 중생이
괴로움과 뇌로움에 빠져 있음이라.
그러므로 위하여 몸을 나타내지 아니하고
그로 하여금 목마르게 우러름을 내게 하고,
그 마음으로 인하여 사랑하고
그립게 하고는 이에 나와서
위하여 법을 설하느니라.
신통의 힘이 이와 같아서
아승지 겁에 항상 영취산과 그리고 또
다른 모든 곳에 머물고 있느니라.
중생이 겁이 다하여
큰불에 타는 바가 됨을 볼 때에도,

因인 其기 心심 戀연 慕모
乃내 出출 爲위 說설 法법。
神신 通통 力력 如여 是시
於어 阿아 僧승 祇지 劫겁
常상 在재 靈영 鷲취 山산 —
及급 餘여 諸제 住주 處처。
衆중 生생 見견 劫겁 盡진 —
大대 火화 所소 燒소 時시,
我아 此차 土토 安안 隱은,
天천 人인 常상 充충 滿만、
園원 林림 諸제 堂당 閣각

112

제 십육 여래수량품

나의 이 땅은 편안하게 의지하여
하늘과 사람이 항상 가득하고、
동산의 수풀과 모든 사는 집과 충집에는
가지가지 보배로 꾸며서 치장되고、
보배나무에는 꽃과 과실이 많아서
중생이 즐겁게 노니는 바이니라。
모든 하늘은 하늘북을 쳐서
항상 많은 재주와 음악을 지으며、
만다라꽃을 비오듯이 하여
부처님과 그리고 또 대중에게 흩나니、
나의 깨끗한 나라는 헐어지지 아니하건만
중생은 불이 타서 다한 것으로 보고、

種종種종寶보莊장嚴엄、
寶보樹수多다華화菓과
衆중生생所소遊유樂락。
諸제天천擊격天천鼓고
常상作작衆중伎기樂악、
雨우曼만陀다羅라華화
散산佛불及급大대衆중、
我아淨정土토不불毀훼、
而이衆중見견燒소盡진、
憂우怖포諸제苦고惱뇌
如여是시悉실充충滿만。

근심과 두려움과 모든 괴로움과 뇌로움,

이와 같은 것이 모두 가득 찼느니라.

이 모든 죄의 중생은 악한 업의

인연으로써 아승지 겁이 지나도록

삼보의 이름도 듣지 못하느니라.

모든 공덕을 닦음이 있어서

부드럽고 온화하며 바탕이 곧은 자는,

곧 내 몸이 여기에 있으면서

법을 설하는 것을 모두 보느니라.

혹은 때에 이 많은 이를 위하여

부처님의 수명이 헤아릴 수 없다고 말하고,

오래되어야 겨우

是시 諸제 罪죄 衆중 生생

以이 惡악 業업 因인 緣연

過과 阿아 僧승 祇지 劫겁

不불 聞문 三삼 寶보 名명。

諸제 有유 修수 功공 德덕

柔유 和화 質질 直직 者자、

則즉 皆개 見견 我아 身신 ㅣ

在재 此차 而이 說설 法법。

或혹 時시 爲위 此차 衆중

說설 佛불 壽수 無무 量량、

久구 乃내 見견 佛불 者자

제 십육 여래수량품

부처님을 뵈옵는 자를 위하여서는
부처님 만나기가 어렵다고 설하느니라.
나의 지혜의 힘은 이와 같나니,
지혜의 빛이 비춤은 헤아릴 수 없고,
수없는 겁의 수명은
오래 업을 닦아 얻은 것이니라.
너희들 지혜 있는 자는
이를 의심을 내지 말고 마땅히 끊어서
영원히 다하게 할지니라.
부처님의 말씀은 진실하여
헛되지 아니하느니라.
마치 의원이 좋은 방편으로

爲위 說설 佛불 難난 値치。
我아 智지 力력 如여 是시、
慧혜 光광 照조 無무 量량、
壽수 命명 無무 數수 劫겁。
久구 修수 業업 所소 得득。
汝여 等등 有유 智지 者자、
勿물 於어 此차 生생 疑의。
當당 斷단 令령 永영 盡진。
佛불 語어 實실 不불 虛허。
如여 醫의 善선 方방 便편、
爲위 治치 狂광 子자 故고、

독송편

미친 자식을 치료하기 위한 까닭으로,
진실로는 있으나
그러나 죽었다고 말하나니,
능히 허망한 것을 설했다고 할 수 없듯이,
나도 또한 세상의 아버지가 되어서
모든 괴롭고 아픈 자를 구원하되,
범부의 꺼꾸로 된 것을 위하여 사실은
있으나 그러나 멸한다고 말하느니라.
항상 나를 보는 까닭으로써
이에 교만하고 방자한 마음을 내어,
편안히 놀며 다섯 가지 욕심에
착을 하여 악도 가운데 떨어지니,

實실 在재 而이 言언 死사、

無무 能능 說설 虛허 妄망、

我아 亦역 爲위 世세 父부

救구 諸제 苦고 患환 者자、

爲위 凡범 夫부 顚전 倒도

實실 在재 而이 言언 滅멸。

以이 常상 見견 我아 故고

而이 生생 憍교 恣자 心심、

放방 逸일 著착 五오 欲욕

墮타 於어 惡악 道도 中중、

我아 常상 知지 衆중 生생 ―

116

제 십칠 분별공덕품

내가 항상 중생이 도를 행하고
도를 행하지 않는 것을 알아,
응당 가히 제도할 바를 따라
위하여 가지가지 법을 설하느니라.
매양 스스로 이런 뜻을 짓되,
「어떻게 하여야 중생으로 하여금
위없는 지혜에 들어감을 얻게 하여
속히 부처님의 몸을
성취하게 할 것인가。」하느니라.

묘법연화경 제 십칠 분별공덕품

『여래가 멸한 뒤에、만약 이 경을 듣고는

묘법연화경
妙法蓮華經
분별공덕품 제십칠
分別功德品 第十七

速속 成성 就취 佛불 身신。
速成就佛身。

得득 入입 無무 上상 慧혜
得入無上慧

「이 何하 令령 衆중 生생
「以何令衆生

每매 自자 作작 是시 意의、
每自作是意、

爲위 說설 種종 種종 法법。
爲說種種法。

隨수 應응 所소 可가 度도
隨應所可度

行행 道도 不불 行행 道도、
行道不行道、

그리고는 헐뜯고 비방하지 아니하며, 따라서
기뻐하는 마음을 일으키면, 마땅히 알지니
라. 이미 깊이 믿어 이해하는 형상이 되거
늘, 어찌 하물며 읽고 외우며 받아서 가지는
자이겠느냐. 이 사람은 곧 여래를 이마에 인
것이 되느니라.

「여래가 멸한 뒤에, 만약 받아서 가지며
읽고 외우며, 다른 사람을 위하여 설하며,
만약 자기가 쓰거나, 만약 사람을 가르쳐 쓰
게 하여 경권에 공양함이 있으면, 다시 탑사
를 일으킴과 그리고 또 승방을 지어서 많은
승려에게 공양함이 필요하지 않다.」 하였는

『여래멸후、시경
如來滅後、 若聞ー是經

이불훼자기ー수희심、
而不毁訾 起ー隨喜心

당지、이위ー심신해상、
當知、이위ー深信解相、
已爲 深信解相

하황ー독송수지지자。사
何況ー讀誦受持之者。 斯

인즉위ー정대여래。
人인 則爲ー頂戴如來。

「여래멸후、약유ー수지
如來滅後、 若有ー受持

독송 위타인설 약자서
讀誦 爲他人說 若自書

약교인서 공양ー경권、
若敎人書 供養ー經卷、

불수ー부기탑사 급조승
不須ー復起塔寺 及造僧

제 십칠 분별공덕품

데、하물며 다시 어떤 사람이 능히 이 경을
가지고、겸하여 베풀어 줌과、계를 가짐과、
욕되는 것을 참음과、정진과、일심과、사리
에 밝은 지혜를 행함이랴。그 덕은 가장 수
승하여 헤아릴 수 없고 가없느니라。
비유하건대、허공이 동서남북과 네 모퉁이
와 위와 아래가 헤아릴 수 없고 가없는 것과
같이、이 사람의 공덕도 또한 다시 이와 같
아서 헤아릴 수 없고 가이 없으니、빨리 일
체 가지가지 지혜에 이르느니라。」

〔묘법연화경 제 육 권〕

坊供養衆僧」。況復有人
能持是經、兼行—布施
持戒 忍辱 精進 一心 智
慧。其德最勝 無量無邊。
譬如—虛空 東西南北 四
維上下 無量無邊、是人
功德 亦復如是 無量無
邊、疾至—一切種智」

〔묘법연화경 권 제육
妙法蓮華經 卷 第六〕

독송편

묘법연화경 제 십팔 수희공덕품

부처님께옵서 미륵에게 이르시되, 『내가 지금 너에게 분명히 말하리라. 이 사람이 일체의 풍류하는 데 갖추는 것으로써, 사백만억 아승지 세계의, 여섯 곳으로 나아가는 데의 중생에게 베풀고, 또 아라한과를 얻게 할지라도, 얻은 바의 공덕은 이 오십 번째 사람의 법화경 한 게송을 듣고 따라 기뻐하는 공덕만 같지 못하니, 백분, 천분, 백천만억 분의 그 하나에도 미치지 못하며, 이에 산수 비유로써는 능히 알지 못할 것에 이르느니

묘법연화경
妙法蓮華經
수희공덕품 제십팔
隨喜功德品 第十八

불고미륵, 『아금 분명어
佛告彌勒, 『我今 分明語
여。시인 이일체악구시―
汝。是人 以一切樂具 施
어사백만억 아승지세계
於四百萬億 阿僧祇世界
육취중생、 우령득―아라
六趣衆生、 又令得― 阿羅
한과、 소득공덕 불여―
漢果 所得功德 不如
시제오십인 문―법화경
是第五十人 聞―法華經
일게 수희공덕、 백분천
一偈 隨喜功德、 百分千
분백천만억분 불급기일、
分百千萬億分 不及其一

120

제 십팔 수회공덕품

라.

또 아일다여, 만약 사람이 이 경을 위하는 까닭으로 승방을 향하여 나아가서, 만약 앉거나, 만약 서서 잠깐이라도 들어서 받으면, 이 공덕으로 인연하여 몸을 변하여 나는 곳에는, 좋고도 가장 묘한 코끼리와 말과 타는 수레와 진귀한 보배와 궁전가마와 그리고 또 하늘 궁궐에 오름을 얻으리라.

만약 다시 어떤 사람이 법을 강론하는 곳에 앉았는데, 다시 어떤 사람이 오거든 권하여 앉아서 듣게 하되, 만약 자리를 나누어 앉게 하면, 이 사람의 공덕은 몸이 변하면,

내지—산수비유 소불능지.
乃至─算數譬喩 所不能知。

우—아일다, 약인 위시
又—阿逸多 若人 爲是

경고 왕예승방, 약좌약
經故 往詣僧坊 若坐若

립 수유청수, 연시공덕
立 須臾聽受 緣是功德

전신소생, 득—호상묘 상
轉身所生 得 好上妙象

마거승 진보연여 급승천
馬車乘 珍寶輦輿 及乘天

궁. 약부유인 어강법처
宮。若復有人 於講法處

좌, 갱유인래 권령좌청,
坐 更有人來 勸令坐聽、

약분좌 령좌, 시인공덕
若分座 令坐 是人功德

전신득—제석좌처 약범
轉身得─帝釋坐處 若梵

독 송 편

제석이 앉는 곳이거나, 만약 범왕이 앉는 곳
이거나, 만약 전륜성왕이 앉는 바의 자리를
얻느니라.

아일다여, 만약 다시 어떤 사람이 나머지
의 사람에게 일러 말을 하되, 「경이 있으되
이름은 법화인데, 가히 함께 가서 듣자.」하
고는, 곧 그 가르침을 받게 하여 이에 잠깐
사이에 들음에 이를지라도, 이 사람의 공덕
은 몸이 변하면 다라니보살과 더불어 함께
한 곳에 나는 것을 얻느니라.」

묘법연화경 제 십구 법사공덕품

왕좌처 약전륜성왕 소좌
王坐處 若轉輪聖王 所坐
지처.
之處。

아일다, 약부유인 어여
阿逸多 若復有人 語餘
인언, 「유경 명—법화、
人言 「有經 名 法華
가공왕청。 즉수기교내
可共往聽」 即受其教 乃
지—수유간문, 시인공덕
至 須臾間聞 是人功德
전신 득—여다라니보살
轉身 得—與陀羅尼菩薩
공생일처。
共生一處」

묘법연화경
妙法蓮華經
법사공덕품 제십구
法師功德品 第十九

122

제 이십 상불경보살품

『만약 착한 남자, 착한 여인이 이 법화경을 받아서 가지고, 만약 읽거나, 만약 외우거나, 만약 풀어서 말하거나, 만약 써서 베끼면, 이 사람은 마땅히 팔백의 눈의 공덕과, 천이백의 귀의 공덕과, 팔백의 코의 공덕과, 천이백의 혀의 공덕과, 팔백의 몸의 공덕과, 천이백의 뜻의 공덕을 얻으리니, 이 공덕으로써 여섯 뿌리를 꾸미고 치장하여 모두 맑고 깨끗하게 되리라.』

묘법연화경 제 이십 상불경보살품

『약선남자 선여인 수지ㅡ
若善男子 善女人 受持
시법화경, 약독 약송 약
是法華經, 若讀 若誦 若
해설 약서사, 시인 당
解說 若書寫, 是人 當
득ㅡ팔백안공덕 천이백
得ㅡ八百眼功德 千二百
이공덕 팔백비공덕 천이
耳功德 八百鼻功德 千二
백설공덕 팔백신공덕 천
百舌功德 八百身功德 千
이백의 공덕, 이시공덕
二百意功德, 以是功德
장엄육근 개령청정.
莊嚴六根 皆令淸淨』

묘법연화경
妙法蓮華經
상불경보살품 제이십
常不輕菩薩品 第二十

「나는 당신들을 깊이 공경하여 감히 가볍
게 여겨 업신여기지를 아니하노니, 까닭은
무엇인가 하면, 당신들은 모두 보살도를 행
하여 마땅히 부처님 지음을 얻을 것이기 때
문이오.」

억억만겁에 가히 논의하지도 못함에
이르도록, 때에야 겨우
이 법화경을 얻어들으며,
억억만겁에 가히 논의하지도 못함에
이르도록, 모든 부처님 세존께옵서
때에야 이 경을 설하시나니,
이런 까닭으로 행하는 자는

「아 심경여등 불감경만,
我 深敬汝等 不敢輕慢

소이자하, 여등 개행보
所以者何 汝等 皆行菩

살도 당득작불.」
薩道 當得作佛

억억만겁 지불가의,
億億萬劫 至不可議

억억만겁 지불가의,
億億萬劫 至不可議

시내득문―시법화경,
時乃得聞 是法華經

억억만겁 지불가의,
億億萬劫 至不可議

제불세존 시설시경,
諸佛世尊 時說是經

시고행자 어불멸후
是故行者 於佛滅後

문여시경 물생의혹,
聞如是經 勿生疑惑

부처님 멸한 뒤에, 이와 같은 경을 듣고
의심하여 미혹하는 것을 내지 말며,
응당 마땅히 한마음으로
널리 이 경을 설하면,
세세에 부처님을 만나서
빨리 부처님의 도를 이루느니라.

묘법연화경 제 이십일 여래신력품

이 때 부처님께옵서 상행 들의 보살 대중
에게 이르시되, 『모든 부처님의 신력은 이와
같이 헤아릴 수 없고 가없으며, 가히 생각으
로 논의하지 못하느니라. 만약 내가 이 신력

응당일심 應當一心　광설차경 廣說此經

세세치불 世世值佛　질성불도 疾成佛道

묘법연화경 妙法蓮華經

여래신력품 제이십일 如來神力品 第二十一

이시 불고 — 상행등 보살
爾時 佛告 上行等 菩薩

대중, 『제불신력 여시
大衆, 『諸佛神力 如是

무량무변 불가사의. 약
無量無邊 不可思議。若

아 이시신력, 어무량무
我 以是神力, 於無量無

변 백천만억 아승지겁
邊 百千萬億 阿僧祇劫

으로써, 헤아릴 수 없고 가없는 백천만억 아
승지 겁에서 누우이 부탁하기 위한 까닭으
로, 이 경의 공덕을 설할지라도 오히려 능히
다하지를 못하느니라.

요긴한 것으로써 이를 말할진대, 여래의
일체의 있는 바의 법과, 여래의 일체의 마음
대로 되는 신비스러운 힘과, 여래의 일체의
비밀되고 요긴한 곳집과, 여래의 일체의 심
히 깊은 일을, 모두 이 경에서 펴서 보이고
나타내어서 말하였느니라.

이러한 까닭으로 너희들은 여래가 멸한 뒤
에, 응당히 한마음으로 받아서 가지고 읽고

위촉루고、설ㅣ차경공덕
為囑累故。 說ㅣ此經功德
유불능진。
猶不能盡。

이요언지、여래일체ㅣ
以要言之、如來一切ㅣ

소유지법、여래일체ㅣ
所有之法、如來一切ㅣ

자재신력、여래일체ㅣ
自在神力、如來一切ㅣ

비요지장、여래일체ㅣ
祕要之藏、如來一切ㅣ

심심지사、개어차경
甚深之事、皆於此經
선시현설。
宣示顯說。

시고 여등 어여래멸후、
是故 汝等 於如來滅後、
응일심 수지독송
應一心 受持讀誦
해설서사 여설수행。
解說書寫 如說修行。

제 이십일 여래신력품

외우며 풀어서 말하고 써서 베끼며, 설함과
같이 닦아 행할지니라.

만약 어떤 이가 있는 바 국토에서, 받아서
가지고 읽고 외우며 풀어서 말하고 써서 베
끼며, 설함과 같이 닦아 행하여, 만약 경권
이 머무는 바의 곳이면, 만약 동산 가운데거
나, 만약 수풀 가운데거나, 만약 나무 아래
거나, 만약 승방이거나, 만약 흰옷 입은 이
의 집이거나, 만약 궁궐에 있거나, 만약 산
골이나 빈 들이라도, 이 가운데에는 모두 응
당히 탑을 일으켜서 공양을 할지니라. 까닭
은 무엇인가 하면, 마땅히 알지니, 이곳은

소재국토 약유 수지독송
所在國土 若有 受持讀誦

해설서사 여설수행、若약
解說書寫 如說修行、若

경권소주지처、약어원중
經卷所住之處、若於園中

약림중 약어수하 약어
若林中 若於樹下 若於

승방 약백의사 약재전당
僧坊 若白衣舍 若在殿堂

약산곡광야、시중개응
若山谷曠野、是中皆應

기탑공양。소이자하、당
起塔供養。所以者何 當

지、시처 즉시도량。
知、是處 卽是道場。

제불어차 득—아뇩다라
諸佛於此 得—阿耨多羅

삼먁삼보리、제불어차
三藐三菩提、諸佛於此

전우법륜、제불어차
轉于法輪、諸佛於此

독송편

곧 바로 도량이기 때문이니라.

모든 부처님께옵서는 여기에서 「위없이 높
고 바르며 크고도 넓으며 평등한 깨달음」을
얻으시며, 모든 부처님께옵서는 여기에서 법
륜을 굴리시며, 모든 부처님께옵서는 여기에
서 이에 열반에 옮기시느니라.」

그때에 세존께옵서 거듭 이 뜻을 펴시고
자 하시어 이에 게송으로 설하시어 말씀하시
되,

모든 부처님께옵서는 세상을 구원하시는
분이시니, 큰 신통에 머무시어
중생을 기쁘게 하기 위한 까닭으로

이반열반
而般涅槃」。

이시세존욕—중선차의
爾時世尊欲—
重宣此義

이설게언、
而說偈言、

제불구세자、
諸佛救世者、

주어대신통
住於大神通

위열중생고
爲悅衆生故

현무량신력、
現無量神力、

설상지범천、
舌相至梵天、

신방무수광。
身放無數光。

위구불도자
爲求佛道者

현차희유사。
現此希有事。

제 이십일 여래신력품

헤아릴 수 없는 신력을 나타내시되,
혀의 형상은 범천까지 이르시고,
몸에서는 수없는 빛을 놓으시느니라.
부처님의 도를 구하는 자를 위하여
이렇게 드물게 있는 일을 나타내시느니라.
모든 부처님의 큰 기침 소리와
그리고 또 손가락을 튀기시는 소리가
두루 시방 나라에 들리니,
땅은 모두 여섯 가지로 움직였느니라.
부처님께옵서 멸도하신 뒤에
능히 이 경을 가진 까닭으로써,
모든 부처님께옵서 모두

諸제 佛불 聲성 欬해 聲성
及급 彈탄 指지 之지 聲성
周주 聞문 十시 方방 國국、
地지 皆개 六육 種종 動동。
以이 佛불 滅멸 度도 後후、
能능 持지 是시 經경 故고、
諸제 佛불 皆개 歡환 喜희
現현 無무 量량 神신 力력。
囑촉 累루 是시 經경 故고、
讚찬 美미 受수 持지 者자、
於어 無무 量량 劫겁 中중

독 송 편

기뻐하시고 즐거워하시어

헤아릴 수 없는 신력을 나타내시느니라.

이 경을 누우이 부탁하신 까닭으로

받아 가진 자를 아름답다고 찬탄하되,

저 헤아릴 수 없는 겁 가운데에서도

오히려 그러므로 능히 다하지 못하느니라.

이 사람의 공덕은 가도 없고

마침도 있음이 없으니,

시방의 허공과 같아서

가히 가와 끝을 얻지 못하느니라.

능히 이 경을 가진 자는

곧 이미 나를 본 것이 되며,

教교 化화 諸제 菩보 薩살。

又우 見견 我아 今금 日일 ㅣ

及급 諸제 分분 身신 者자,

亦역 見견 多다 寶보 佛불 ㅣ

則즉 爲위 已이 見견 我아,

能능 持지 是시 經경 者자

不불 可가 得득 邊변 際제。

如여 十시 方방 虛허 空공

無무 邊변 無무 有유 窮궁,

是시 人인 之지 功공 德덕

猶유 故고 不불 能능 盡진。

제 이십일 여래신력품

또한 다보 부처님과 그리고 또
모든 분신을 뵈온 것이며,
또 내가 오늘날 가르쳐 교화한
모든 보살을 본 것이니라.
능히 이 경을 가진 자는,
나와 그리고 또 분신과
멸도하신 다보 부처님과
일체로 하여금 모두 기쁘고 즐겁게 하며,
시방에 나타나 계시는 부처님과 아울러
지난 예전과 미래에도 또한 뵈옵고,
또한 공양하며, 또한 기쁘고
즐거움을 얻게 한 것이니라.

能능 持지 是시 經경 者자
슈영 我아 及급 分분 身신
滅멸 度도 多다 寶보 佛불
一일 切체 皆개 歡환 喜희、
十시 方방 現현 在재 佛불
幷병 過과 去거 未미 來래
亦역 見견 亦역 供공 養양、
亦역 슈령 得득 亦역 歡환 喜희。
諸제 佛불 坐좌 道도 場량
所소 得득 祕비 要요 法법、
能능 持지 是시 經경 者자

모든 부처님께옵서 도량에 앉으시어
얻으신 바의 비밀되고 요긴한 법을,
이 경을 능히 가진 자는
오래지 않아 또한 마땅히 얻느니라.
능히 이 경을 가진 자는,
모든 법의 뜻과 이름하는 글자와
그리고 또 말씀을, 하고자 하는 대로
설함이 다하거나 마침이 없으되,
바람이 허공 가운데서 일체 막히거나
걸릴 것이 없는 것과 같으니라.
여래가 멸한 뒤에,
부처님이 말한 바의 경의 인연과

不불 久구 亦역 當당 得득。

能능 持지 是시 經경 者자

於어 諸제 法법 之지 義의

名명 字자 及급 言언 辭사

樂요 說설 無무 窮궁 盡진、

如여 風풍 於어 空공 中중—

一일 切체 無무 障장 礙애。

於어 如여 來래 滅멸 後후、

知지 佛불 所소 說설 經경—

因인 緣연 及급 次차 第제、

隨수 義의 如여 實실 說설、

제 이십일 여래신력품

그리고 또 차례차례를 알아서
뜻을 따라 실상과 같이 설하되,
해와 달의 밝은 빛이 능히 모든 깊숙한
어두움을 없애는 것과 같으니라.
이 사람이 세간에서 행하여
능히 중생의 어둠을 멸하고,
헤아릴 수 없는 보살을 가르쳐서
필경에 일승에 머무르게 하느니라.
이런 까닭으로 지혜 있는 자는
이 공덕의 이익을 듣고, 내가 멸도한 뒤에,
응당 이 경을 받아서 가질지니라.
이런 사람은 부처님의 도에

如여 日일 月월 光광 明명 —
能능 除제 諸제 幽유 冥명。
斯사 人인 行행 世세 間간,
能능 滅멸 衆중 生생 闇암,
教교 無무 量량 菩보 薩살
畢필 竟경 住주 一일 乘승。
是시 故고 有유 智지 者자
聞문 此차 功공 德덕 利리,
於어 我아 滅멸 度도 後후、
應응 受수 持지 斯사 經경。
是시 人인 於어 佛불 道도

133

독 송 편

결정코 의심은 있을 수 없느니라.

묘법연화경 제 이십이 촉루품

『내가 헤아릴 수 없는 백천만억 아승지 겁
에, 이 얻기 어려운 「위없이 높고 바르며 크
고도 넓으며 평등한 깨달음」의 법을 닦고 익
혀서, 이제 너희들에게 청하여 부탁하노니,
너희들은 응당 마땅히 한마음으로 이 법을
퍼져 나가게 펴서, 널리 더욱 이익되게 할지
니라.』

『미래 세상에 만약 착한 남자, 착한 여인
이 있어, 여래의 사리에 밝은 지혜를 믿는

결정무유의.
決定無有疑.

묘법연화경
妙法蓮華經
촉루품 제이십이
囑累品 第二十二

『아어무량 백천만억아
我於無量 百千萬億 阿
승지겁 수습ー시난득 아
僧祇劫 修習 是難得 阿
녹다라삼먁삼보리법、금
耨多羅三藐三菩提法、今
이부촉여등、여등 응당
以付囑汝等、汝等 應當
일심 유포ー차법、광령
一心 流布 此法、廣令
증익.
增益.』

『어미래세 약유ー선남자
於未來世 若有 善男子

134

제 이십삼 약왕보살 본사품

자에게는 마땅히 이 법화경을 설명하고 말할
지니라.』

묘법연화경 제 이십삼 약왕보살 본사품

『만약 다시 어떤 사람이 일곱 가지 보배로
써 삼천대천세계에 가득하게 하여, 부처님과
그리고 또 큰 보살과 벽지불과 아라한에게
공양을 할지라도, 이 사람이 얻은 바의 공덕
은 이 법화경의 이에 네 구절의 한 게송에
이르러서 받아서 가지는 것만 같지 못하니,
그 복이 가장 많으니라.
부처님께옵서 모든 법의 왕이 되시는 것과

선여인、신—여래지혜자、
善女人 信 如來智慧者
당위연설—차법화경。
當爲演說「此法華經」

묘법연화경
妙法蓮華經
약왕보살본사품 제이십삼
藥王菩薩本事品 第二十三

『약부유인 이칠보만—삼
若復有人 以七寶滿—三
천대천세계、공양—어불
千大千世界、供養 於佛
급대보살 벽지불 아라한、
及大菩薩 辟支佛 阿羅漢
시인 소득공덕 불여—수
是人 所得功德 不如 受
지—차법화경 내지일사
持 此法華經 乃至一四

같이, 이 경도 또한 다시 이와 같아서, 모든 경 가운데 왕이니라.

수왕화여, 이 경은 능히 일체 중생을 구원하는 것이며, 이 경은 능히 일체 중생으로 하여금 모든 괴로움과 뇌로움을 떠나게 하며, 이 경은 능히 일체 중생을 크게 넉넉히 이익되게 하여 그 원을 가득 채우게 하느니라.

횃불이 어둠을 없애는 것과 같이, 이 법화경도 또한 다시 이와 같아서, 능히 중생으로 하여금 일체 괴로운 것과 일체 병의 아픔을 떠나게 하고, 능히 일체의 나고 죽음의 묶임

구게、기복 최다.
句偈、 其福 最多。

여—불 위제법왕、차경
如 佛 爲諸法王、此經

역부여시 제경중 왕。
亦復如是 諸經中 王。

수왕화、차경 능구—일
宿王華、此經 能救一

체중생자、차경 능령일
切衆生者、此經 能令一

체중생 이—제고뇌、차
切衆生 離—諸苦惱、此

경 능대요익—일체중생
經 能大饒益—一切衆生

충만기원。
充滿其願。

여—거제암、차—법화경
如—炬除闇、此 法華經

역부여시、 능령중생이—
亦復如是、 能令衆生—

능령衆生 이—
能令衆生 離

제 이십삼 약왕보살 본사품

을 풀게 하느니라.

「착하고 착하도다. 착한 남자여, 너는 능히 석가모니 부처님의 법 가운데에서, 이 경을 받아서 가지고 읽고 외우며 깊이 생각하고, 다른 사람을 위하여 설하였느니, 얻은 바의 복과 덕은 헤아릴 수 없고 가이 없어서, 불이 능히 태우지 못하고, 물도 능히 빠지게 하지 못할 것이니, 너의 공덕은 일천 부처님께옵서 함께 설하시어도 능히 다하지를 못하느니라.

너는 지금 이미 능히 모든 마적을 멸망시키고, 나고 죽는 것의 군사를 무너뜨리고,

일체고 일체병통、능해ㅡ
一切苦 一切病痛 能解ㅡ

일체 생사지박。
一切 生死之縛。

「선재선재。선남자、여
「善哉善哉。善男子 汝

능 어석가모니불법중
能 於釋迦牟尼佛法中

수지독송 사유ㅡ시경、
受持讀誦 思惟ㅡ是經

위타인설、소득복덕 무
爲他人說、所得福德 無

량무변、화불능분 수불
量無邊、火不能焚 水不

능표、여지공덕 천불공
能漂、汝之功德 千佛共

설불능영진。여금이능
說不能令盡。汝今已能

파ㅡ제마적、괴ㅡ생사군、
破ㅡ諸魔賊、壞ㅡ生死軍、

모든 나머지 원한의 적을 모두 다 꺾어 없애
었느니라.

착한 남자여, 백천의 모든 부처님께옵서 신
통의 힘으로써 함께 너를 지키고 두호하나니,
일체 세간의 하늘과 사람 가운데에서 너와 같
은 자는 없느니라. 오직 여래를 제외하고는
그 모든 성문이나 벽지불이며, 이에 보살의
사리에 밝은 지혜와 선정에 이르기까지라도,
너와 더불어 견줄 자는 있을 수 없느니라.」

내가 멸도한 뒤의 후오백세 가운데에서,
널리 베풀어 펴져 나가게 하여, 염부제에
서 하여금 끊어지고 끊어져서 악한 마와 마

제여원적 개실최멸
諸餘怨敵　皆悉摧滅。

선남자、백천제불　이신
善男子、百千諸佛　以神

통력　공수호여、어일체세
通力　共守護汝、於一切世

간　천인지중　무여여자。
間　天人之中　無如汝者

유제여래ー기제성문　벽지
唯除如來　其諸聲聞　辟支

불내지ー보살　지혜선정、
佛乃至ー菩薩　智慧禪定

무유ー여여등자。
無有　與汝等者」

아멸도후ー후오백세중、
我滅度後　後五百歲中、

광선유포、어염부제무
廣宣流布、於閻浮提無

령ー단절　악마마민　제천
令ー斷絕　惡魔魔民　諸天

의 백성과 모든 하늘과 용과 야차와 구반다
들이 그 편의를 얻음이 없게 할지니라.
이 경은 곧 염부제 사람의 병에 좋은 약이
되느니라. 만약 사람이 병이 있어 이 경을
얻어들으면, 병이 곧 사라져 없어지고 늙지
도 않고 죽지도 아니하느니라.』

[묘법연화경 제 칠 권]

묘법연화경 제 이십사 묘음보살품

『세존이시여, 제가 지금 사바세계에 나아
가는 것은 모두 바로 여래의 힘이시오며, 여

룡야차 구반다등 득기편
龍夜叉 鳩槃茶等 得其便
也야.

차경즉위ㅡ염부제인 병
此經則爲ㅡ閻浮提人 病
지양약. 약인유병 득문시
之良藥。 若人有病 得聞是
경, 병즉소멸 불로불사.』
經, 病卽消滅 不老不死』

[묘법연화경 권 제칠]
[妙法蓮華經 卷 第七]

묘법연화경
妙法蓮華經
묘음보살품 제이십사
妙音菩薩品 第二十四

『세존, 아금예ㅡ사바세
世尊, 我今詣ㅡ娑婆世

래의 신통으로 즐겁게 노니는 것이오며, 여
래의 공덕과 사리에 밝은 지혜로 꾸미고 치
장함이옵니다.』

『화덕이여, 이 묘음보살은 능히 사바세계
의 모든 중생을 구원하고 두호하는 자이니
라. 이 묘음보살은 이와 같이 가지가지의 변
화로 몸을 나타내어서 이 사바국토에 있으면
서, 모든 중생을 위하여 이 경전을 설하되,
신통 변화와 사리에 밝은 지혜는 줄거나 감
하는 바가 없느니라.

이 보살이 약간의 사리에 밝은 지혜로써
밝게 사바세계를 비추어서 일체 중생으로 하

界、개시 여래지력 여래
界、皆是 如來之力 如來
神通遊戲、여래공덕 지
神通遊戲、如來功德 智
혜장엄。
慧莊嚴』

『화덕、시 묘음보살 능
華德、是 妙音菩薩 能
구호-사바세계 제중생
救護-娑婆世界 諸衆生
者。시-묘음보살 여시
者。是-妙音菩薩 如是
종종 변화현신、재-차
種種 變化現身、在-此
사바국토 위제중생 설
娑婆國土 爲諸衆生 說
시경전、어신통변화지
是經典、於神通變化智
혜 무-소손감。
慧 無-所損減。
시보살 이약간지혜 명
是菩薩 以若干智慧 明

여금 각각 아는 것을 얻게 하며, 시방의 항

하사 세계 가운데에서도 또한 다시 이와 같

으니라.』

『현일체색신삼매를 얻게 하였나이다.』

법화삼매를 얻으셨더이다.

묘법연화경 제 이십오 관세음보살 보문품

곧 때에 관세음보살께서는 모든 사중과 그

리고 또 하늘과 용과 인비인 들을 불쌍히 여

기시고, 그 영락을 받으시어 나누어 두 몫을

만드시어, 나눈 하나는 석가모니 부처님께

조—사바세계、영—일체
照—娑婆世界、令—一切

중생 각득소지、어시방
衆生 各得所知、於十方

항하사 세계중 역부여시。
恒河沙 世界中 亦復如是

『득—현일체색신삼매。
『得—現一切色身三昧』

득—법화삼매。
得—法華三昧

묘법연화경
妙法蓮華經

관세음보살보문품 제이십오
觀世音菩薩普門品 第二十五

즉시 관세음보살 민—제
即時 觀世音菩薩 愍—諸

사중 급어천룡 인비인등、
四衆 及於天龍 人非人等

수—기영락 분작이분、
受—其瓔珞 分作二分、

독 송 편

바치시고, 나눈 하나는 다보 부처님 탑에 바
치셨소이다.
중생이 곤란과 재액을 입고
헤아릴 수도 없는 괴로움이
몸에 닥칠지라도,
관음의 묘한 지혜의 힘이
능히 세간의 괴로움을 구원하느니라.
신통의 힘을 흡족하게 갖추고
지혜의 방편을 널리 닦아서,
시방의 모든 국토에 몸을
나타내지 아니하는 세계가 없느니라.
슬픔을 몸으로 하여 죄악을

一일분봉—석가모니불、 一分奉—釋迦牟尼佛、
一일분봉—다보불탑. 一分奉—多寶佛塔.
중생피곤액 衆生被困厄
무량고핍신 無量苦逼身
관음묘지력 觀音妙智力
능구세간고. 能救世間苦。
구족신통력、 具足神通力、
광수지방편、 廣修智方便、
시방제국토 十方諸國土
무찰불현신、 無刹不現身、
비체계뢰진、 悲體戒雷震、

142

묘법연화경 제 이십육 다라니품

저지르지 못하도록 우레가 진동하며,
사랑하는 뜻은 묘한 큰 구름이 되어
감로의 법비로써 적시어서,
번뇌의 불꽃을 꺼서 없애느니라.
일체의 공덕을 갖추고
사랑스런 눈으로 중생을 보며,
복 무더기의 바다는 헤아릴 수 없나니,
이런 까닭으로 응당 이마로 절할지니라.

慈자 意의 妙묘 大대 雲운、
澍주 甘감 露로 法법 雨우。
滅멸 除제 煩번 惱뇌 燄염。
具구 一일 切체 功공 德덕
慈자 眼안 視시 衆중 生생、
福복 聚취 海해 無무 量량、
是시 故고 應응 頂정 禮례。

묘법연화경 제 이십육 다라니품

안니 만니 마녜 마마녜 지례 자리제 샤마 샤리다위 선제
목제 목다리 사리 아위사리 상리 사리 사예 아사예 아기니

선제 샤리 다라니 아로가바사파자박사니 녜비제 아변다라

녜리제 아단다파례수지 구구례 모구례 아라례 파라례 수가

차 아삼마삼리 붓다비기리질제 달마파리차뎨 승가녈구사녜

바사바사수지 만다라 만다라사야다 우루다 우루다교사랴

악사라 악사야다야 아바로 아마야나다야 (약왕보살 다라니주)

자례 마하자례 우지 목지 아례 아라바제 녈례제 녈례다바

제 이지니 위지니 지지니 녈례지니 녈리지바지 (용시보살 다라니주)

아리 나리 노나리 아나로 나리 구나리 (비사문천왕 다라니주)

아가녜 가녜 구리 건다리 전다리 마등기 상구리 부루사니

알디 (지국천왕 다라니주)

제 이십육 다라니품

이제리 이제민 이제리 아제리 이제리 니리 니리 니리
니리 루혜 루혜 루혜 루혜 다혜 다혜 다혜 도혜 로혜
（십나찰녀 귀자모신 다라니주）

『차라리 저의 머리 위에 오르게 할지언정
법사를 뇌롭게 하는 것을 없애오리다.』
만약 제 주문을 따르지 않고,
법을 설하시는 자를 뇌롭게 하고
어지럽게 하는 자는
머리를 깨어서 일곱으로 조각을 내어
아리수 가지와 같이 하리며,
부모를 죽인 죄와 같이 하고,
또한 기름 짤 때의 허물과, 말과 저울로

法師
법사.

『영상—아두상 막뇌—어
寧上 我頭上 莫惱 於

若약 不불 順순 我아 呪주

惱뇌 亂란 說설 法법 者자、

頭두 破파 作작 七칠 分분

如여 阿아 梨리 樹수 枝지、

如여 殺살 父부 母모 罪죄、

亦역 如여 壓압 油유 殃앙—

독송편

사람에게 거짓말하거나 속이는 것과,
조달이가 승가를 깨뜨린 죄와 같이 하리니、
이 법사를 범하는 자는 마땅히
이와 같은 벌 내림을 얻으리이다.
『착하고 착하도다. 너희들이 다만 능히 법
화의 이름만 받아서 가지는 자를 호위하고 보
호하여도 복은 가히 헤아리지 못하거늘、 어찌
하물며 흡족하게 갖추어 받아서 가지고 경권
에 공양하는 자를 호위하고 보호함이랴.』

묘법연화경 제 이십칠 묘장엄왕 본사품

『선지식이란 자는 바로 큰 인연이니、 이른

斗稱기光人인
稱기光人인
調達파승죄、
達破僧罪、
犯此法師者
此法師者
當獲여시앙。
獲如是殃。

『선재선재。 여등단능옹
善哉善哉。 汝等但能擁

호ー수지 법화명자、복
護ー受持 法華名者 福

불가량、 하황용호ー구족
不可量、 何況擁護ー具足

수지 공양경권。
受持 供養經卷』

묘법연화경
妙法蓮華經
묘장엄왕본사품 제이십칠
妙莊嚴王本事品 第二十七

146

제 이십칠 묘장엄왕 본사품

바 교화하고 인도하여 부처님 뵈옴을 얻게 하고, 「위없이 높고 바르며 크고도 넓으며 평등한 깨달음」의 마음을 일으키게 하느니라.

모든 부처님의 거처에서 법화경을 받아서 가지고, 삿되게 보는 중생을 불쌍히 생각하여 바르게 보는 것에 머물게 하였느니라.

「세존이시여, 일찍이 있지 아니함이로소이다. 여래의 법으로, 가히 생각으로 논의하지 못할 미묘한 공덕을 흡족하게 갖춤을 성취하였으므로, 가르치심의 계로써 행하는 바는 편안하게 의지하여 시원하며 좋사옵니다.

『선지식자 시대인연, 소위—화도 영득견불, 발— 謂—化導 令得見佛、發

아뇩다라삼먁삼보리심. 阿耨多羅三藐三菩提心。

어제불소 수지—법화경、 於諸佛所 受持 法華經、

민념—사견중생、 영주정 愍念 邪見衆生、 令住正

견. 見。

「세존、미증유야。 여래 「世尊、未曾有也。 如來

지법 구족성취—불가사 之法 具足成就—不可思

議의 미묘공덕、교계소행 議의 微妙功德、教戒所行

『선지식자 시대인연、소 『善知識者 시대인연、所

독 송 편

저는 오늘날부터 다시는 스스로의 마음을
따라서 행하지 아니하고, 삿되게 보는 것과
교만함과 거만함과 성냄과 분내는 모든 악한
마음을 내지 아니하오리다.」

묘법연화경 제 이십팔 보현보살 권발품

『네 가지의 법을 성취하여야, 여래가 멸한
뒤에 마땅히 이 법화경을 얻느니라.
첫째는 모든 부처님께옵서 생각하시어 두
호하심이 됨이요, 둘째는 많은 덕의 근본을
심음이요, 셋째는 바른 것의 정해진 것이 쌓
임에 듦이요, 넷째는 일체 중생을 구원할 마

안은쾌선。아종금일불불
安隱快善。我從今日不

부ー자수심행、불생ー사
復ー自隨心行、不生ー邪

견 교만진에 제악지심。
見ー憍慢瞋恚ー諸惡之心」

묘법연화경
妙法蓮華經

보현보살권발품 제이십팔
普賢菩薩勸發品 第二十八

『성취ー사법、어여래멸후
成就ー四法、於如來滅後

당득ー시법화경。일자
當得ー是法華經。一者

위ー제불호념、이자 식ー
爲ー諸佛護念、二者 植

중덕본、삼자 입ー정정
衆德本、三者 入ー正定

148

제 이십팔 보현보살 권발품

음을 일으킴이니라.

착한 남자, 착한 여인이 이와 같은 네 가지의 법을 성취하여야, 여래가 멸한 뒤에 반드시 이 경을 얻느니라.』

그 때에 보현보살께서 부처님께 아뢰어 말씀드리되, 『세존이시여, 후오백세의 흐리고 악한 세상 가운데서, 이 경전을 받아서 가지는 그러한 자가 있으면, 제가 마땅히 지키고 두호하여 그의 쇠약함과 병듦을 없애며, 편안하게 의지함을 얻게 하고, 그 편리를 엿보아 구하여 얻는 자가 없게 할 것이되, 만약 마와, 만약 마의 아들이나, 만약 마의 딸이

취、사자발ー구일체중
聚 四者 發 救一切衆

생지심。
生之心。善男子 善女人

여시성취ー사법、어여래
如是成就 四法、於如來

멸후 필득시경。
滅後 必得是經』

이시 보현보살 백불언、
爾時 普賢菩薩 白佛言

『세존、어후오백세 탁악
世尊、於後五百歲 濁惡

세중、기유ー수지 시경
世中、其有 受持 是經

전자、아당수호 제ー기
典者、我當守護 除其

쇠환、영득안은、사무ー
衰患、令得安隱、使無

사구득기편자、약마 약
伺求得其便者、若魔 若

독 송 편

나, 만약 마의 백성이나, 만약 마가 붙은 바
가 된 자나, 만약 야차나, 만약 나찰이나,
만약 구반다나, 만약 비사사나, 만약 길자
나, 만약 부단나나, 만약 위타라 들의, 사람
을 뇌롭게 하는 모든 자에게 모두 편리를 얻
지 못하게 하오리다.

　곧 삼매와 그리고 또 다라니를 얻으오니,
이름이 선다라니며, 백천만억 선다라니며,
법음방편다라니인 이와 같은 것들의 다라니
를 얻으오리다.」

아단지 단다바지 단다바제 단다구사례 단다수다례 수다례

마자 약마녀 약마민 약
魔子 若魔女 若魔民 若

위 마소착자、 약야 약
爲 魔所著者、 若夜叉 若

약비사사
羅刹 若鳩槃茶 若毘舍闍

약길자 약부단나 약위타
若吉蔗 若富單那 若韋陀

라등、 제뇌인자 개부득편。
羅等、 諸惱人者 皆不得便。

즉득 ― 삼매 급다라니、
卽得 ― 三昧 及陀羅尼

명위 ― 선다라니 백천만
名爲 ― 旋陀羅尼 百千萬

억선다라니 법음방편다
億旋陀羅尼 法音方便陀

라니、 득 ― 여시등 다라니』
羅尼、 得 ― 如是等 陀羅尼』

제 이십팔 보현보살 권발품

수다라바지 붓다파선녜 살바다라니아바다니 살바바사아바
다니 수아바다니 싱가바리사니 싱가녈가다니 아싱기 싱가
파가지 제례아다싱가도랴아라제파라제 살바싱가삼마지가란
지 살바달마수파리찰제 살바살타루타교사라아로가지 신아
비기리지제 (보현보살 다라니주)

『이 사람이 명을 마치면, 천 부처님께옵서
위하여 손을 주시어 두렵고 겁나지 않게 하
시며, 악취에 떨어지지 않게 하리다.』

『보현이여, 만약 이 법화경을 받아서 가지
고 읽고 외우며, 바르게 기억하고 생각하며,
닦고 익히며, 써서 베끼는 자가 있으면, 마
땅히 알지니라. 이 사람은 곧 석가모니 부처

『시인명종 위천불수수、
是人命終 爲千佛授手』

영－불공포 불타악취。
－不恐怖。
수－불공포

『보현、약유－수지독송
普賢 若有 受持讀誦

정억념 수습 서사－시법
正憶念 修習 書寫 是法

화경자、당지、시인 즉
華經者 當知 是人 則

견－석가모니불、여－종
見 釋迦牟尼佛 如 從

151

님을 봄이며, 부처님의 입으로부터 이 경전
을 듣는 것과 같으니라. 마땅히 알지니라.
이 사람은 석가모니 부처님께 공양함이며,
마땅히 알지니라. 이 사람은 부처님이 착하
다고 칭찬함이며, 마땅히 알지니라. 이 사람
은 석가모니 부처님이 손으로 그의 머리를
어루만져줌이 됨이며, 마땅히 알지니라. 이
사람은 석가모니 부처님이 옷으로 덮어주는
바가 되느니라.

보현이여, 만약 여래가 멸한 뒤 후오백세
에, 만약 어떤 사람이 법화경을 받아서 가지
고 읽고 외우는 자를 보거든, 응당히 이런

佛口 문차경전.
聞此經典. 당지、

시인 공양ー석가모니불、
是人 供養 釋迦牟尼佛

당지、시인 불찬선재、
當知、是人 佛讚善哉

당지、시인ー석가모
當知、是人 爲 釋迦牟

니불 수마기두、당지、
尼佛 手摩其頭、當知、

시인 위ー석가모니불
是人 爲 釋迦牟尼佛

의지소부.
衣之所覆.

보현、약여래멸후ー후오
普賢、若如來滅後 後五

백세、약유인 견ー수지
百歲、若有人 見ー受持

독송 법화경자、응작시
讀誦 法華經者、應作是

제 이십팔 보현보살 권발품

생각을 하되, 「이 사람은 오래지 아니하여서 마땅히 도량에 나아가서 모든 마의 무리를 깨뜨리고, 「위없이 높고 바르며 크고도 넓으며 평등한 깨달음」을 얻어서, 법의 바퀴를 굴리며, 법북을 치며, 법소라를 불며, 법비를 비오듯이 하며, 마땅히 하늘과 사람의 대중 가운데서 사자법자리 위에 앉으리라.」할지니라。

보현이여, 만약 이 경전을 받아서 가지는 자를 보거든, 마땅히 일어나 멀리서 맞이하되, 마땅히 부처님을 공경하는 것과 같이 할지니라。」

념, 「차인불구 당예도량
念 「此人不久 當詣道場

파ㅡ제마중, 득ㅡ아뇩다
破 諸魔衆 得 阿耨多

라삼먁삼보리、 전ㅡ법
羅三藐三菩提、 轉 法

륜、 격ㅡ법고, 취ㅡ법라、
輪 擊 法鼓 吹 法螺

우ㅡ법우, 당좌ㅡ천인대
雨 法雨 當坐 天人大

중중 사자법좌상」
衆中 師子法座上」

보현、 약견ㅡ수지시경
普賢 若見 受持是經

전자、 당기원영, 당여
典者、 當起遠迎、 當如

경불。」
敬佛」

불설관보현보살행법경

대한민국 법화사문
석묘찬 대법사 옮김

『시방의 부처님께 절하고, 참회의 법을 행하며, 대승경을 외우고, 대승경을 읽으며, 대승의 뜻을 생각하고, 대승의 일을 생각하며, 대승을 가진 자를 공손히 공경하며 공양하고, 일체의 사람을 보되 오히려 부처님을 생각하는 것과 같이 하고, 모든 중생을 부모님을 생각하는 것과 같이 할지니라.

이 대승경전은 모든 부처님의 보배 곳집이

佛說觀普賢菩薩行法經

유송계빈삼장법사
劉宋罽賓三藏法師
담마밀다 역
曇摩蜜多 譯

『예시방불、행참회법、
『禮十方佛、行懺悔法、

송-대승경、독-대승경、
誦 大乘經、讀 大乘經

사-대승의、염-대승사、
思 大乘義、念 大乘事

공경공양-지대승자、시-
恭敬供養 持大乘者 視

일체인 유여불상、어제
一切人 猶如佛想、於諸

며, 시방 삼세 모든 부처님의 안목이며, 삼세의 모든 여래께옵서 출생하시는 종자이니, 이 경을 가지는 자는 곧 부처님의 몸을 가짐이며, 곧 부처님의 일을 행함이니라.

마땅히 알지니라. 이 사람은 곧 바로 모든 부처님께옵서 심부름시키신 바이며, 모든 부처님 세존의 옷으로 덮은 바이며, 모든 부처님 여래의 진실한 법의 아들이니라.

「보살의 행할 바는, 「중생의 몸과 마음을 미혹의 경계에 동여매는 번뇌」와, 「중생을 이끌고 따라다니며 마구 몰아대어 부리는 번뇌」를 끊지 아니하고, 「중생의 몸과 마음을

衆生 여─父母想.

此大乘典 諸佛寶藏、十시

方三世 諸佛眼目 出生

三世 諸如來─種、지차

經者 即持佛身、即行佛

事。當知、是人 即是 諸

佛所使、諸佛世尊 衣之

所覆、諸佛如來 眞實法

中生 여─부모상.

차대승전 제불보장、시

방삼세 제불안목、출생─

삼세 제여래─종、지차

경자 즉지불신、즉행불

사。당지、시인 즉시 제

불소사、제불세존 의지

소부、제불여래 진실법

이끌어 미혹의 세계로 마구 몰아대어 끌어넣
고 부리는 「번뇌」의 바다에 머무르지도 않으
며, 마음을 관함에 마음이 없으나 뒤집혀 거
꾸로 됨으로 좇아 생각이 일어나며, 이와 같
은 생각의 마음은 망령된 것으로 좇아 생각
이 일어남이라. 하늘 가운데의 바람이 의지
하여 머물러 사는 곳이 없는 것과 같으니,
이와 같이 법의 형상은 나지도 않고 멸하지
도 아니하느니라.

　어떠한 것이 바로 죄며, 어떠한 것이 바로
복이겠느냐. 나의 마음이 스스로 공하니, 죄
와 복도 주인이 없으며, 일체의 모든 법도

「보살소행 부단결사、부
菩薩所行 不斷結使 不

주사해、관심무심、종전도
住使海 觀心無心 從顛倒

상기、여차상심 종망상
想起 如此想心 從妄想

기。여ー공중풍 무의지
起。如ー空中風 無依止

처、여시법상 불생불멸。
處、如是法相 不生不滅。

하자시죄、하자시복。아심
何者是罪 何者是福。我心

자공、죄복무주、일체제
自空、罪福無主、一切諸

子자.

행 법 경

모두 또한 이와 같아서, 머무름도 없고 무너
짐도 없느니라.」

이와 같이 참회하면, 마음을 관함에 마음
도 없고, 법도 법 가운데 머무르지 아니하
니, 모든 법은 풀리어 벗어난 것이며, 멸함
이라는 이치이며, 고요하고 조용함이니, 이
와 같이 생각하는 것을 이름하여 큰 참회라
하느니라.」

『부처님이 멸도한 후에, 부처님의 모든 제
자가 만약 악하여 착하지 못한 업을 참회함
이 있으면, 다만 마땅히 대승경전을 읽고 외
울지니라.

법 개역여시、무주무괴。
法 皆亦如是、 無住無壞」

여시참회、관심무심、법부
如是懺悔 觀心無心 法不

주 -법중、제법-해탈
住 法中、 諸法ー解脱

멸제 적정、여시상자
滅諦 寂靜 如是想者

명 -대참회。
名ー大懺悔」

『불멸도후、불제제자、약
佛滅度後、 佛諸弟子、若

유참회 -악불선업、단당
有懺悔ー惡不善業、但當

독송 -대승경전。차방등
讀誦ー大乗經典。此方等

157

이 방등경은 바로 모든 부처님의 눈이며,

모든 부처님께옵서는 이로 인하여 다섯 가지

눈 갖추심을 얻으셨느니라.

부처님의 세 가지 종류의 몸은 방등으로부

터 났느니라.

이 큰 법도장은 열반의 바다를 찍나니, 이

와 같은 바다 가운데에서 능히 세 가지 종류

의 부처님의 맑고 깨끗한 몸이 났나니, 이 세

가지 종류의 몸은 인간과 하늘의 복밭이라,

응공 가운데 으뜸이니라.

그 어떤 이가 대방등경전을 외우고 읽으

면, 마땅히 알지니라. 이 사람은 부처님의

經 시제불안、제불안시
是 諸佛眼、 諸佛因是
得—구오안。 불삼종신종
具五眼。 佛三種身 從

방등생。 시대법인 인열
方等生。 是大法印 印涅

반해、 여차해중 능생—
槃海。 如此海中 能生

삼종 불청정신、 차삼종
三種 佛清淨身 此三種

신 인천복전、 응공중최。
身 人天福田 應供中最。

기유송독—대방등전、 당
其有誦讀—大方等典、 當

지、 차인 구불공덕、 제
知、 此人 具佛功德、 諸

158

공덕을 갖추고、 모든 악은 영원히 멸하고、

부처님의 지혜로 좇아 나느니라。』

일체 업장의 바다는

모두 망령된 생각으로 좇아 나느니、

만약 참회하고자 하는 자는

단정히 앉아서 실상을 염할지니라。

모든 죄는 서리와 이슬 같아서

지혜의 해로 능히 녹여 없애나니、

이런 까닭으로 응당 지극한 마음으로

여섯 정의 뿌리를 참회할지니라。

『이 좋으신 대사이시여、 중생을 덮어 감

싸시어 두호하시고、 저희들을 도웁고 두호하

악영멸、 종불혜생。
惡永滅、 從佛慧生』

一일切체業업障장海해

皆개從종妄망想상生생、

若약欲욕懺참悔회者자

端단坐좌念념實실相상。

衆중罪죄如여霜상露로

慧혜日일能능消소除제、

是시故고應응至지心심

懺참悔회六육情정根근。

여 주옵소서. 오늘 방등경전을 받아서 가지옵나니, 이에 목숨을 잃게 됨에 이르고 설령 지옥에 떨어져 헤아릴 수 없는 괴로움을 받을지라도 끝까지 모든 부처님의 정법을 헐어 비방하지 아니하오리다.」

대승경전을 받아서 가지고 읽고 외우는 힘인 까닭으로, 보현보살이 부지런히 행을 일으키는 까닭으로, 이는 시방의 모든 부처님의 정법의 안목이며, 이 법을 말미암음으로 인하여, 다섯으로 나눈 법의 몸인 계와 정과 지혜와 해탈과 풀리어 벗어나는 지견을 자연히 성취하느니라.

「시승대사、부호중생、
是勝大士　覆護衆生

조호아등。금일수지ー방
助護我等　今日受持　方

등경전、내지실명　설타
等經典、乃至失命　設墮

지옥　수무량고、종불훼
地獄　受無量苦、終不毀

방ー제불정법。
謗ー諸佛正法。

수지독송ー대승경전력고、
受持讀誦ー大乘經典力故

보현보살ー권발행고、시ー
普賢菩薩ー勸發行故　是

시방제불　정법안목、인
十方諸佛　正法眼目、因

유시법、자연성취ー오
由是法、自然成就ー五

행 법 경

모든 부처님 여래께옵서는 이 법으로 좇아
출생하셨으며, 대승경에서 기별 받으심을 얻
으셨느니라.

이런 까닭으로 지혜자는 만약 성문이 삼귀
와 그리고 또 오계와 팔계와 비구계와 비구
니계와 사미계와 사미니계와 식차마니계와
그리고 또 모든 위의를 헐어 파하고, 우매하
고 어리석으며 착하지 못하며 악하고 삿된
마음의 까닭으로, 모든 계와 그리고 또 위의
의 법을 많이 범하였으나, 만약 하여금 허물
과 근심할 것을 없게 하고, 멸하여 없애고,
도로 비구가 되어 사문의 법을 갖추고자 하

分분法법身신—戒계定정慧혜解해脱탈

解해脱탈知지見견。諸제佛불如여來래 從종

此차法법生생、於어大대乘승經경 得득受수

記기莂별。

是시故고智지者자、若약聲성聞문 毁훼破파—

三삼歸귀及급五오戒계 八팔戒계 比비丘구

戒계 比비丘구尼니戒계 沙사彌미戒계 沙사

彌미尼니戒계 式식叉차摩마尼니戒계 及급諸제

威위儀의、愚우癡치不불善선 惡악邪사心심

는 자는、 마땅히 부지런히 방등경전을 닦아
서 읽고、 제일의 뜻의 심히 깊은 공의 법을
생각하고、 이 공의 지혜로 하여금 마음과 더
불어 서로 응하게 할지니라。

마땅히 알지니라。 이 사람은 한 생각의 잠
깐에 일체의 죄의 때가 영원히 다하여 남음
이 없으리라。

이를 이름하여 사문의 법과 식을 흡족하게
갖추고 모든 위의를 갖추었음이라 하나니、
응당히 사람과 하늘의 일체의 공양을 받을지
니라。

만약 우바새가 모든 위의를 범하고 착하지

고、다범―제계 급위의
故、多犯―諸戒 及威儀

법、약욕제멸 영무과환、
法、若欲除滅 令無過患

환위비구―구사문법자、당
還爲比丘 具沙門法者 當

근수독―방등경전、사―
勤修讀 方等經典、思―

제일의 심심공법、영차
第一義 甚深空法 令此

공혜 여심상응。당지、
空慧 與心相應。當知、

차인 어일념경、일체죄
此人 於一念頃、一切罪

구영진무여。시명―구
垢永盡無餘。是名 具

족사문법식、구제위의
足沙門法式、具諸威儀

응수―인천 일체공양。
應受 人天 一切供養。

못한 일을 짓나니, 착하지 못한 일이란 것은
이른바, 부처님 법은 잘못된 것이며 악한 것
이라고 논하여 말하고, 사중이 범한 바 악한
일을 논하여 말하고, 훔치거나 도둑질하고
음탕하고 음란한 짓을 하면서도 수치스러워
함과 부끄러워함이 있음이 없는 것이라. 만
약 참회하여 모든 죄를 멸하고자 하는 자는
마땅히 부지런히 방등경전을 읽고 외우며,
제일의 뜻을 생각할지니라.
　만약 왕이란 자나, 대신이나, 바라문이나,
거사나, 장자나, 벼슬아치나, 이 모든 사람
들이 탐을 내어 구하기를 싫어함이 없고, 다

약우바새 범제위의 작불
若優婆塞 犯諸威儀 作不

선사、불선사자、소위
善事、不善事者 所謂

논설ー불법과악、논설ー
論說ー佛法過惡、論說ー

사중 소범악사、투도음
四衆 所犯惡事、偸盜婬

일무유참괴。약욕참회
洗 無有慚愧 若欲懺悔

멸제죄자、당근독송ー
滅諸罪者 當勤讀誦

방등경전、사ー제일의。
方等經典、思ー第一義。

약왕자 대신 바라문 거
若王者 大臣 婆羅門 居

사 장자 재관 시제인등、
士 長者 宰官 是諸人等、

탐구무염、작ー오역죄
貪求無厭、作ー五逆罪

섯 가지 역적의 죄를 짓고、 방등경을 비방하
며、 열 가지의 악업을 갖추면、 이 큰 악의
갚음으로 응당 악도에 떨어짐이 폭우보다도
지나며、 마땅히 아비지옥에 떨어짐이 반드시
정하여졌으니、 만약 이 업장을 멸하여 버리
고자 하는 자는 응당 수치와 부끄러움을 내
어 모든 죄를 뉘우쳐 고칠지니라.』

방─방등경、 구─십악업、
謗─方等經、 具 十惡業

시대악보 응타악도 과어
是大惡報 應墮惡道 過於

폭우、 필정당타─아비지
暴雨 必定當墮─阿鼻地

옥、 약욕제멸─차업장자、
獄、 若欲除滅─此業障者

응생참괴 개회제죄。
應生慚愧 改悔諸罪』

제목봉창

題目奉唱
제 목 봉 창

창제(唱題)、
창념(唱念)、
정근(精勤)
이라고도
함.

· 항상 매일 언제 어디서든지
다니면서 일하면서도 봉창할 것.
· 수행의 요체로서 근본임.
· 시간을 정하여 정좌하여 천번－
만번 할 것.(각자의 뜻에 따라
지극히 일념으로)

※ 창전요문
唱前要文

（나무 일념삼천 본인본과 본문수량의 본존 평등대혜 실상 묘법연화경）
南無 一念三千 本因本果 本門壽量 本尊 平等大慧 實相 妙法蓮華經

나무묘법연화경
南無妙法蓮華經

（힘 닿는 데까지 지극한 일념으로 받들어 부를 것）

나무묘법연화경

남무석가모니불

모니일체제불

나무다보여래불
나무상행보살
나무무변행보살

시방분신석가
나무정행보살
나무안립행보살

나무문수보살
나무미륵보살
나무묘음보살
나무용시보살

나무보현보살
나무관세음보살
나무약왕보살
나무지장보살

대지국천왕　부동명왕　대광목천왕

대비사문천왕　애염명왕　대증장천왕

사리불　용수

가섭　전교　태
가전연　현광
부루나　파야
아나율　제관

목련　세친
수보리　혜사
아난　묘락
라후라　일련
우바리　지용
의천　낭지

예적금강　천조대신　월천자　일천자　명성천자　칠원성군　아사세왕　십나찰녀
제석천왕　대월천　대일천　전륜성왕　위태천신　육색천신　대범천왕
귀자모신　비사문달다　자재천자　대룡왕　용수　사리불

〈관심본존 만다리(觀心本尊曼茶羅)〉

보 탑 게

이 경은 가지기가 어려우니,

만약 잠깐이라도 가지는 자이면,

내가 곧 기뻐하고 즐거워하며,

모든 부처님께옵서도 또한 그러함이니,

이와 같은 사람은

모든 부처님께옵서 칭찬하시는 바이며,

이것이 곧 용맹이며,

이것이 곧 정진이며,

이것을 이름하여 계를 가짐이며,

두타를 행하는 것이니,

寶보
塔탑
偈게

차경난지、
此經難持、 약잠지자、
若暫持者

아즉환희
我則歡喜 제불역연、
諸佛亦然、

여시지인
如是之人 제불소탄、
諸佛所歎、

시즉용맹
是則勇猛 시즉정진
是則精進

시명지계
是名持戒 행두타자、
行頭陀者

즉위질득ー
則爲疾得ー 무상불도。
無上佛道。

능어래세
能於來世 독지차경、
讀持此經、

독송편

곧 위없는 부처님의 도를
빨리 얻게 되느니라.
능히 오는 세상에 이 경을 읽고 가지면
이는 진실한 부처님의 아들로
순박하고 좋은 지위에 머무르며,
부처님이 멸도한 뒤에
능히 그 뜻을 풀면 이는
모든 하늘과 사람과 세간의 눈이며,
무섭고 두려운 세상에 능히
잠깐이라도 설하면 일체
하늘과 사람이 모두 응당 공양하리라.

(묘법연화경 제 십일 견보탑품)

시진불자   주순선지、
是眞佛子   住淳善地

불멸도후   능해기의、
佛滅度後   能解其義

시제천인   세간지안、
是諸天人   世間之眼

어공외세   능수유설、
於恐畏世   能須臾說

일체천인   개응공양。
一切天人   皆應供養

168

결요권지

〈※ 결요부촉(結要付囑)
혹은 오중현의(五重玄義)〉

여래의 일체의 있는 바의 법과, 여래의
일체의 마음대로 되는 신비스러운 힘과,
여래의 일체의 비밀되고 요긴한 곳집과,
여래의 일체의 심히 깊은 일을, 모두 이
경에서 펴서 보이고 나타내어서 말하였
느니라.

모든 부처님께옵서는 여기에서 「위없이
높고 바르며 크고도 넓으며 평등한 깨달
음」을 얻으시며, 모든 부처님께옵서는
여기에서 법륜을 굴리시며, 모든 부처님
께옵서는 여기에서 이에 열반에 옮기시
느니라.

(묘법연화경 제 이십일 여래신력품)

결요권지 結要勸持

如來一切所有之法, 여래일체소유지법、

如來一切自在神力, 여래일체자재신력、

如來一切祕要之藏, 여래일체비요지장、

如來一切甚深之事, 여래일체심심지사、

皆於此經宣示顯說。 개어차경선시현설。

諸佛於此得阿耨多羅三藐三菩提, 제불어차득아뇩다라삼먁삼보리、

諸佛於此轉于法輪、 제불어차전우법륜、

諸佛於此而般涅槃。 제불어차이반열반。

독송편

정대게 (경을 머리에 이는 게송)

묘법연화경 살달마분타리가께
머리를 조아려 목숨 바쳐
귀의하옵고 예를 올리나이다.

한 부질, 일곱 권, 이십팔 품,
육만 구천 삼백팔십네 자의 하나하나
문자문자가 바로 참부처님이옵고,
참부처님께옵서 법을 설하시며
중생을 이롭게 하시어, 중생은 모두
부처님의 도를 이미 이루나니,
그러므로 저희는 법화경께
이마를 조아려 절하옵니다. (절)

頂정
戴대게
偈게

稽계	首수	妙묘 法법 蓮연 華화 經경
薩살	達달 摩마	分분 陀타 利리 伽가
一일	帙질	七칠 軸축 四사 七칠 品품
六육	萬만 九구	千천 三삼 八팔 四사
一일	一일	文문 文문 是시 眞진 佛불
眞진	佛불	說설 法법 利리 衆중 生생
衆중	生생	皆개 已이 成성 佛불 道도
故고	我아	頂정 禮례 法법 華화 經경

170

회향의 글

원컨대, 이 공덕으로써
널리 일체에 미치게 하여,
저희와 더불어 일체 중생이
다 함께 부처님의 도가 이루어지이다.

제 목 삼 창

지극히 만남을 마주치기 어려운
묘법연화경께 귀의하옵니다. (절)
세세생생 만나서
묘법연화경께 귀의하옵니다. (절)
평등한 큰 지혜
묘법연화경께 귀의하옵니다. (절)

回向文 회향문

願以此功德 원이차공덕
普及於一切 보급어일체
我等與衆生 아등여중생
皆共成佛道 개공성불도

題目三唱 제목삼창

南無極難値遇 나무극난치우
妙法蓮華經 묘법연화경
南無生生値遇 나무생생치우
妙法蓮華經 묘법연화경
南無平等大慧 나무평등대혜
妙法蓮華經 묘법연화경

예불편

禮佛篇

제목삼창

1。상단 예불 (불전)

上壇禮佛 佛前

※ 새벽예불、사시마지、저녁예불 때 상단(불전)을 향하여 경건히 예를 올린다。

※ 사시마지 때는 삼보통청(법화의식집 2권)을 할 수 있다。

題目三唱 제목삼창

南無妙法蓮華經 나무묘법연화경 (절)

南無妙法蓮華經 나무묘법연화경 (절)

南無妙法蓮華經 나무묘법연화경 (절)

175

예불편

삼 경 례 (삼보님께 공경히 예를 올림)

저와 이 도량이 제석천의 구슬과 같아지고,

시방삼보께옵서 그 가운데 모습이 나타나시며,

저의 몸이 삼보 앞에 모습을 나타내어,

머리와 얼굴로 발에 맞대어 목숨 바쳐서

귀의하오며 예를 올리나이다. (절)

시방에 항상 머무시는 일체의 부처님께

일심으로 공경히 절하옵니다. (절)

시방에 항상 머무시는 일체의 법에

일심으로 공경히 절하옵니다. (절)

시방에 항상 머무시는 일체의 스님들께

일심으로 공경히 절하옵니다. (절)

三삼 敬경 禮례

我아 此차 道도 場량 如여 帝제 珠주
十시 方방 三삼 寶보 影영 現현 中중
我아 身신 影영 現현 三삼 寶보 前전
頭두 面면 接접 足족 歸귀 命명 禮례

一일 心심 敬경 禮례
十시 方방 一일 切체 常상 住주 佛불

一일 心심 敬경 禮례
十시 方방 一일 切체 常상 住주 法법

一일 心심 敬경 禮례
十시 方방 一일 切체 常상 住주 僧승

삼업공양 (몸과 입과 뜻으로 공양 올림.)

원하옵건대,

이 향과 꽃의 구름이

두루 시방 세계에 가득하여져,

일체 부처님과

묘법연화경과

보살님과 성문 대중과

그리고 또 일체 천선께

공양드리오니, 받으시어

부처님 일 지으심에 쓰시옵소서.

三업공양
業   供養

願원 此차 香향 華화 雲운

遍편 滿만 十시 方방 界계

供공 養양 一일 切체 佛불

妙묘 法법 蓮연 華화 經경

菩보 薩살 聲성 聞문 衆중

及급 一일 切체 天천 仙선

受수 用용 作작 佛불 事사

찬 경 게 (경을 찬탄하는 게송)

시방의 부처님과 원만한 최상승에
머리숙이옵니다.

본문과 적문의 두 가지 문을 열어, 법과
비유로써 진실한 비밀을 말씀하시나니,
널리 모든 권대승과 소승으로 하여금 다
부처님의 깨달음을 증득하게 하시도다.

저는 이제 맹세하여 귀의하오니,
원하옵건대、생사의 바다를
뛰어넘게 하옵소서。

찬 경 게
讚 經 偈

稽首 계수 十方 시방 佛불
圓滿 원만 最上 최상 乘승
本迹 본적 開開 이 二이 門문
法喻 법유 談談 진 眞진 祕비
普使 보사 諸제 權小 권소
悉證 실증 佛불 菩提 보리
我今 아금 誓서 歸依 귀의
願超 원초 生死 생사 海해

다 게

(※ 새벽예불 때에 한다.)
(※ 청수를 올리는 게송)

제가 지금 맑은 청정수를
감로의 차로 변하게 하여
법화삼보 존전에 받들어 올리옵나니,
원하옵건대, 애민히 여기시어
받으시옵소서. (절)
원하옵건대, 애민히 여기시어
받으시옵소서. (절)
원하옵건대, 자비를 드리우사,
애민히 여기시어 감응하여
받으시옵소서. (절)

茶偈 다게

我今淸淨水 아금청정수
變爲甘露茶 변위감로다
奉獻法華三寶尊前 봉헌법화삼보존전
願垂哀納受 원수애납수
願垂哀納受 원수애납수
願垂慈悲哀納受 원수자비애납수

예불편

공 양 게
(※ 사시마지 때에 한다.)
(※ 공양을 올리는 게송)

저는 이제 미진수의 손을 변화로 내어
향과 등과 꽃과 과일과 차와 공양미를
각각 가지고서 법화삼보 존전에
받들어 올리옵나니,
원하옵건대, 애민히 여기시어
받으시옵소서.(절)
원하옵건대, 애민히 여기시어
받으시옵소서.(절)
원하옵건대, 애민히 여기시어
받으시옵소서.(절)
원하옵건대, 자비로써 애민히 여기시어
받으시옵소서.(절)

공양게 供養偈

我아今금化화出출微미塵진數수手수
各각執집香향燈등花화菓과茶다米미
奉봉獻헌法법華화三삼寶보尊존前전
願원垂수哀애納납受수
願원垂수哀애納납受수
願원垂수哀애納납受수
願원垂수慈자悲비哀애納납受수

180

오분향례 (※ 저녁예불 때에 한다.) (※ 다섯 부분의 향을 올림.)

계율의 향, 선정의 향,
지혜의 향, 해탈의 향,
해탈지견의 향이여,
광명의 구름대가 온 법계에 두루하사,
시방 법계 한량없는 불·법·승
삼보님전에 공양 올리옵니다.

헌향진언 (※ 저녁예불 때에 한다.) (※ 향공양을 올리는 진언.)

묘법연화경 옴 바아라 도비야 훔 (3번)

오분향례 五分香禮

계향 정향 혜향　戒香 定香 慧香
해탈향 해탈지견향　解脫香 解脫知見香
광명운대 주편법계　光明雲臺 周偏法界
공양시방 무량불법승　供養十方 無量佛法僧

헌향진언 獻香眞言

묘법연화경 옴 바아라 도비야 훔 (3번)

예 불

(※ 사시마지 때에는 「목숨 바쳐 귀의하오며」를 「공양 올리오며」로 한다.)

지극한 마음으로 구원겁 전에 진실로 성불하신 사생의 자비로우신 아버지이시며 저희들의 근본 스승이신 석가모니 부처님께 목숨 바쳐 귀의하오며 절하옵니다. (절)

지극한 마음으로 영산회상 법화를 증명하신 보정세계 다보여래 부처님께 목숨 바쳐 귀의하오며 절하옵니다. (절)

지극한 마음으로 법화경 가운데 오시어 운집하신 석가모니 부처님의 시방 분신 일체 모든 부처님께 목숨 바쳐 귀의하오며

禮佛 예불

至心歸命禮 지심귀명례 久遠實成 구원실성
迦牟尼佛 가모니불
四生慈父 사생자부
是我本師 시아본사 釋석

至心歸命禮 지심귀명례 靈山會上 영산회상
證明法華 증명법화 寶淨世界 보정세계 多다
寶如來佛 보여래불

至心歸命禮 지심귀명례 法華經中 법화경중
來詣雲集 내예운집 釋迦牟尼 석가모니 十시
方分身 방분신 一切諸佛 일체제불

예 불

지극한 마음으로 시방 삼세 하늘그물의 바
다 같은 세계에 항상 머물러 계시는 일
체의 부처님들께 목숨 바쳐 귀의하오며
절하옵니다. (절)

지극한 마음으로 일승의 원만한 가르침, 평등
한 대지혜이며, 보살을 가르치는 법, 부처
님께옵서 호념하시는 바인 실상 묘법연화
경께 목숨 바쳐 귀의하오며 절하옵니다. (절)

지극한 마음으로 시방 삼세 하늘그물의 바
다 같은 세계에 항상 머물러 계시는 일
체의 법보님들께 목숨 바쳐 귀의하오며
절하옵니다. (절)

至心歸命禮 시방삼세 제
帝網刹海 상주일체 佛불
陀耶衆 타야중

至心歸命禮 일승원교
平等大慧 教菩薩法 佛불
所護念 實相 妙法蓮華經
소호념 실상 묘법연화경

至心歸命禮 시방삼세 제
網刹海 상주일체 達摩耶衆
망찰해 상주일체 달마야중

至心歸命禮 본화지용
唱導之師 上行菩薩 無무
창도지사 상행보살

절하옵니다. (절)

지극한 마음으로 본불로부터 교화 받으시어 땅으로부터 솟아오르신 창도의 스승 상행보살, 무변행보살, 정행보살, 안립행보살 등 대천세계 미진수의 보살마하살님께 목숨 바쳐 귀의하오며 절하옵니다. (절)

지극한 마음으로 문수사리보살, 보현보살, 관세음보살, 지장보살, 미륵보살, 약왕보살 등 적불로부터 교화 받으신 팔만 항하사의 모든 대보살마하살님께 목숨 바쳐 귀의하오며 절하옵니다. (절)

지극한 마음으로 법화경 가운데의 사리불등

변행보살 정행보살 안
邊行菩薩 淨行菩薩 安

립행보살등 천세계 미
立行菩薩等 千世界 微

진수 보살마하살
塵數 菩薩摩訶薩

지심귀명례 문수사리
至心歸命禮 文殊師利

보살 보현보살 관세음
菩薩 普賢菩薩 觀世音

보살 지장보살 미륵보
菩薩 地藏菩薩 彌勒菩

살 약왕보살등 적화팔
薩 藥王菩薩等 迹化八

만항하사 제대보살마하살
萬恒河沙 諸大菩薩摩訶薩

지심귀명례 법화경중
至心歸命禮 法華經中

사리불등 십대제자 십
舍利弗等 十大弟子 十

예 불

의 십대 제자, 열여섯 성인, 오백 성인,

독수성(獨修聖)과 천이백의 모든 대아라한

과 헤아릴 수 없는 자비하신 성현님들께

목숨 바쳐 귀의하오며 절하옵니다.(절)

지극한 마음으로 법의 곳집을 부촉 받아

전하신 모든 크신 존자님과 용수보살,

천태지자대사, 묘락대사, 일련대사 등

일체의 올바른 스승, 모든 대선지식님들

께 목숨 바쳐 귀의하오며 절하옵니다.(절)

지극한 마음으로 해동의 부처님 나라, 현

광대사, 낭지법사, 파야대사, 제관법사,

의천대각국사 등 일체의 올바른 스승,

六聖 五百聖 獨修聖 乃

至 千二百 諸大阿羅漢

無量慈悲聖衆

至心歸命禮 付法藏傳

諸大尊者 龍樹菩薩 天

台智者大師 妙樂大師

日蓮大師等 一切正師

諸大善知識

至心歸命禮 海東佛國

玄光大師 朗智法師 波

모든 대선지식님들께 목숨 바쳐 귀의하
오며 절하옵니다.(절)

지극한 마음으로 시방 삼세 하늘그물의 바
다 같은 세계에 항상 머물러 계시며 법
화를 홍통하시는 일체의 승보님들께 목
숨 바쳐 귀의하오며 절하옵니다.(절)

오직 원하옵건대, 다함없는 삼보님이시여,
대자대비로 저의 지극한 예배(공양)를 받
으시어 그윽한 가피력을 내리소서.
원컨대, 법계의 모든 중생들과 나와 남
모두가 일시에 부처님의 위없는 도를 이
루게 하여지이다.。(절)

야대사 若大師 諦觀法師 義天

대각국사등 大覺國師等 一切正師

제대선지식 諸大善知識

지심귀명례 至心歸命禮 十方三世

제망찰해 帝網刹海 常住一切法

화홍통 華弘通 僧伽倻衆

유원 唯願 無盡三寶 大慈大

비수아정례(수차공양) 悲受我頂禮 受此供養

명훈가피력 冥薫加被力 願共法界

제중생 諸衆生 自他一時成佛道

파지옥진언 (지옥을 깨뜨리는 진언)

지금 이 삼계는 모두 바로 나의 것이며,
그 가운데의 중생은 모두
바로 나의 아들이거늘,
그러나 지금 이곳은 모든 근심과 난리가
많으니, 오직 나 한 사람만이
능히 구원하고 보호할 수 있느니라.

매양 스스로 이런 뜻을 짓되,
「어떻게 하여야 중생으로 하여금
위없는 지혜에 들어감을 얻게 하여
속히 부처님의 몸을 성취하게
할 것인가.」하느니라.

파지옥진언
破地獄眞言

今금此차三삼界계 皆개是시我아有유
其기中중衆중生생 悉실是시吾오子자
而이今금此차處처 多다諸제患환難난
唯유我아一일人인 能능爲위救구護호
(3번)

每매自자作작是시意의
以이何하令령衆중生생
得득入입無무上상慧혜
速속成성就취佛불身신
(3번)

예 불 편

실 상 참 회 문 (실상으로 참회하는 글)

일체 업장의 바다는

모두 망령된 생각으로 좇아나느니,

만약 참회하고자 하는 자는

단정히 앉아서 실상을 염할지니라.

모든 죄는 서리와 이슬 같아서

지혜의 해로 능히 녹여 없애느니라.

부처님께옵서 멸도하신 후에

부처님의 모든 제자가

實相懺悔文 실상참회문

一切業障海 일체업장해

皆從妄想生 개종망상생

若欲懺悔者 약욕참회자

端坐念實相 단좌념실상

衆罪如霜露 중죄여상로

慧日能消除 혜일능소제

佛滅度後 불멸도후

佛諸弟子 불제제자

188

실상참회문

만약 악하여 착하지 못한 업을
참회하고자 하면,
다만 마땅히 대승경전을
읽고 외울지니라。

시작도 없이 이미 오면서
법을 비방한 죄의 업장이 소멸되고、
지금의 몸으로부터
부처님 몸에 이르기까지
본인본과의 제목인
나무묘법연화경을
능히 받들어 가지겠나이다。

若유참회 惡불선업
有懺悔 不善業

但당독송 大대승경전
當讀誦 乘經典

無무시이래
始已來

謗방법죄장소멸
法罪障消滅

自자종금신지불신
從今身至佛身

能능봉지
奉持

本본인본과지제목
因本果之題目

南나무묘법연화경
無妙法蓮華經

189

참회요문 (※ 새벽예불 때에는 뒤의 찬불게 앞에 한다.)

지심으로 참회하옵나니,

저희(○○)들은 일체 중생과 더불어 시작도 없는 곳으로부터 오면서 참된 마음을 잃어버리고 미혹하여 생사에 돌고 돌아 흘러왔음이라, 이에 여섯 뿌리로 지은 죄장은 헤아릴 수 없고 가이 없사옵니다. 그리하여 원묘한 불승이 열려져 이해함이 없으며 일체의 소원도 현전하거나 언지를 못하였습니다.

저는 이제 묘법화경에 공경히 예를 올리옵나니, 이러한 선근으로써 과거와 현재

참회요문
懺悔要文

至心懺悔。 지심참회.
我(○○)與 아(○○)여

一切衆生 일체중생
從無始來。 종무시래.

迷失眞心 미실진심
流轉生死。 유전생사.

六根罪障 육근죄장
無量無邊。 무량무변.

圓妙佛乘 원묘불승
無以開解。 무이개해.

一切所願 일체소원
不得現前 부득현전

我今禮敬 아금예경
妙法華經 묘법화경

以此善根 이차선근
發露黑惡。 발로흑악.

190

와 미래에서 몸과 입과 뜻으로 지은 바의
가없는 중죄인 어두운 것과 악한 것을 드
러내오니, 모두 다 소멸되어, 몸과 마음이
청정하고, 미혹함과 장애가 제거되어 없어
지고, 복덕과 지혜가 장엄되고, 깨끗한 인
연이 증장하며, 저와 다른 이가 행하고 원
하는 것이 원만하게 빨리 성취되어지이다.

원하옵건대, 모든 여래께옵서는 항상
머무시어 법을 설하시옵소서. 또한 일체
에 있는 바의 모든 공덕에 따라 기뻐하는
마음을 일으키오며, 그리고 저에게 있는
모든 공덕을 보리에 회향하여 항상하고 즐
거움의 과를 증득하게 하시옵고, 저의 목

過현現未미來래 三삼業업所소造조。
無무邊변重중罪죄 皆개得득消소滅멸。
身신心심淸청淨정 惑혹障장蠲견除제。
福복智지莊장嚴엄 淨정因인增증長장。
自자他타行행願원 速속得득圓원成성。
願원諸제如여來래 常상在재說설法법。
所소有유功공德덕 起기隨수喜희心심。
廻회向향菩보提리 證증常상樂낙果과。
命명終종之지日일 正정念념現현前전。

예불편

숨이 마치는 날에는 정념이 현전하여 석가
세존과 그리고 권속인 모든 성스러운 대중
을 친견하고 받들어 일 찰나 사이에 상적
광 영산정토에 나게 하여 주옵소서.
널리 원하옵나니, 중생이 다 부처님의
도를 갖추어 성불하여지이다.
나무묘법연화경 (3번)

면봉석가세존 급제성중。
面奉釋迦世尊。及諸聖衆

일찰나경 도상적광
一刹那頃 到常寂光

영산정토。
靈山淨土。

보원중생 구성불도。
普願衆生 俱成佛道。

나무묘법연화경 (3번)
南無妙法蓮華經

법화행자 발원문

法華行者 發願文

(⇩ 부록편 법화행자 발원문 중에서 ⇩ P。229)

⇩ 사시마지 불공의식이나 기도의식 때 정중하게 상단을 향해 독송한다.

⇩ 소원하는 바에 따라 부록편의 법화행자 발원문 중에서나, 혹은 법화의식집 1권 발원문
의 법화행자 발원문 중에서 선택하여 독송한다.

상단축원

上壇祝願

상단축원

○ 원컨대 묘법연화경 위신력을 받자옵고, 우러러 구원실
威神力　　　　　　　　　　　　久遠實

성 석가모니 부처님의 가피력을 힘입사와, 영산법화회
成　　　　　　　　　　　　　　　靈山法華會

상 중중무진삼보 대자대비 자존전에 고하옵나니, 상래
上 重重無盡三寶 大慈大悲 慈尊前 告　　　　　上來

소수 인연공덕으로 시방세계(대천세계, 일천사해) 개귀묘법, 묘
所修　　　　十方世界 大千世界 一天四海 皆歸妙法 妙

법화경 광선유포、불일증휘 묘법륜상전、남북통일 불국
法華經 廣宣流布 佛日增輝 妙法輪常轉

토 속성취、세계평화 불국토 통일 속성취、세계만국만
　 速成就　　　　　　　　　　　速成就

민 법화일색만천지 되어지이다。
　 法華一色萬天地

예 불 편

○ 연후원, 이차 묘법경력 법화삼보 위신가지력으로 차 사바
然後願, 以此 妙法經力 法華三寶 威神加持力 此娑婆

세계 일사천하 남염부제 해동불국 (주소 ○○, ○○산, 본화일승법화
世界 一四天下 南閻浮提 海東佛國 山, 本化一乘法華

도량 ○○사) 불자 ○○등 보체 무시이래 진미래제 지은 법화
道場 寺 佛子 等 保體 無始已來 盡未來除 法華

비방등 일체방법 극중정업 죄장소멸, 십악오역 일체마장소
誹謗等 一切謗法 極重定業 罪障消滅, 十惡五逆 一切魔障消

멸, 법화신심견고, 다문강식 지혜명료, 육근청정 속성불
滅, 法華信心堅固, 多聞强識 智慧明瞭, 六根淸淨 速成果

과, 이도수락, 현세안은 수명장원, 복덕구족 신체강건, 현
果, 以道受樂, 現世安隱 壽命長遠, 福德具足 身體强健, 現

당이세 심중소구소원 여의원만성취하여지이다.
當二世 心中所求所願 如意圓滿成就

○ 별원, 법화도량 ○○사 불자 ○○등 복위기부 상세 선망
別願 法華道場 寺 佛子 等 伏爲記付 上世 先亡

○ 사존 부모형제 육친권속 제열위영가등, 일체 인연된
師尊 六親眷屬 諸列位靈駕等

194

2. 중단 권공 (신중전)

中壇 勸供 神衆前

제영가등、차 남섬부주 무량무변 유주무주 애고혼영가

諸靈駕等 此 南贍浮州 無量無邊 有主無主 哀孤魂靈駕

수자령영가등、철위산간 오무간지옥 팔대지옥 십육별처지

水子靈靈駕等 鐵圍山間 五無間地獄 八大地獄 十六別處地

옥 아귀축생등 수고함령、시방법계 사생칠취 일체만령 이

獄 餓鬼畜生等 受苦含靈 十方法界 四生七趣 一切萬靈 二

십오유함령식등에게 추선공양하오니、묘법경력으로 이고득

十五有含靈識等 追善供養 妙法經力 離苦得

락 후생선처 득 무생법인 증대보리 수생 영산적광보토、좌보

樂 後生善處 得 無生法忍 證大菩提 受生 靈山寂光寶土 坐寶

련화 성등정각 즉신성불 자수법락 광도중생하여지이다。

蓮華 成等正覺 即身成佛 自受法樂 廣度衆生

나무묘법연화경 나무묘법연화경 나무묘법연화경

(※ 새벽예불과 저녁예불 때에는 법미배증(法味倍增)을 위하여, 신중단을 향해 서서 「자아게」
만 독송한다. 사시마지 때는 「신중공양례」를 하고 「자아게」를 독송한 후 축원한다.)

신중공양게

(※ 사시마지 때에 한다.)
(※ 신중님께 공양을 올리는 게송)

저는 이제 미진수의 손을 변화로 내어
향과 등과 꽃과 과일과 차와 공양미를
각각 가지고서 법화의 모든 성중님 전에
받들어 올리옵나니,
원하옵건대, 애민히 여기시어
받으시옵소서. (절)
원하옵건대, 애민히 여기시어
받으시옵소서. (절)

신중공양게 神衆供養偈

아금화출미진수수 我今化出微塵數手
각집향등화과다미 各執香燈花菓茶米
봉헌법화제성중전 奉獻法華諸聖衆前
원수애납수 願垂哀納受
원수애납수 願垂哀納受

신중공양례

원하옵건대、 자비로써 애민히 여기시어
받으시옵소서。(절)

신중공양례
(※ 사시마지 때에 한다。)
(※ 신중님께 공양의 예를 올림。)

지극한 마음으로 영산 법화회상에 법화를
수호하시는 허공에 가득하고 법계에 두
루하신 미진수의、 여래께옵서 변화로
나투신 대예적금강、 부동명왕、 애염명
왕、 동진보살、 금강대사、 약왕대사、 용
시대사、 보현대사、 묘음대사、 수왕화대
사 등 일체 모든 빠짐없는 성중님들께

원수자비애납수
願垂慈悲哀納受

神衆供養禮

지심정례공양 영산 법화
至心頂禮供養 靈山 法華

회상 법화수호 만허공 편
會上 法華守護 滿虛空 遍

법계 미진수 여래화현 대
法界 微塵數 如來化現 大

예적금강 부동명왕 애염
穢跡金剛 不動明王 愛染

명왕 동진보살 금강대사
明王 童眞菩薩 金剛大士

약왕대사 용시대사 보현
藥王大士 勇施大士 普賢

대사 묘음대사 수왕화대
大士 妙音大士 宿王華大

대사
大士

엎드려 절하오며 공양 올리나이다. (절)

지극한 마음으로 영산 법화회상에 법화를
수호하시는 허공에 가득하고 법계에 두루
한 미진수의, 대범천왕, 제석천왕, 사대
천왕, 전륜성왕, 천룡팔부, 십나찰녀, 귀
자모신 등 일체 유명계와 허공계의 각각
그 권속들께 엎드려 절하오며 공양 올리
나이다. (절)

지극한 마음으로 영산 법화회상에 법화를
수호하시는 해동의 부처님 나라 단군성
조, 가람신, 토지신, 삼십번성중 등 이
곳의 부처님 법을 지키는 일체 선신과

士등 일체 제무루성중
等 一切 諸無漏聖衆

지심정례공양 영산 법화
至心頂禮供養 靈山 法華
회상 법화수호 만허공 편
會上 法華守護 滿虛空 遍
법계 미진수 대범천왕 제
法界 微塵數 大梵天王 帝
석천왕 사대천왕 전륜성
釋天王 四大天王 轉輪聖
왕 천룡팔부 십나찰녀 귀
王 天龍八部 十羅刹女 鬼
자모신 등 일체 공명 각
子母神 等 一切 冥空 各
급권속
及眷屬

지심정례공양 영산 법화
至心頂禮供養 靈山 法華
회상 법화수호 해동불국
會上 法華守護 海東佛國

신령스러운 모든 신들께 엎드려 절하오며

공양 올리나이다. (절)

오직 원하옵건대, 법화의 모든 성중들이시

여, 법화행자와 법화도량을 옹호하시옵

고, 저희들을 위하여 몸을 옹호하여 항

상 떠나지 마시고, 모든 어려운 곳에서

일체 재난을 없애 주시고, 삿됨을 파하

여 바른 것을 드러내고, 모든 마군의 무

리를 깨뜨리고, 모든 원수와 적을 다 부

수어 멸하시고, 법화경전을 영원히 유통

하시어 부처님 일 지음을 베푸시어 일체

중생을 제도하옵소서. (절)

단군성조 檀君聖祖 가람신 伽藍神 토지 土地

신 神 삼십번성중 三十番聖衆 등 等 당처 當處

일체 一切 호불법 護佛法 선신영기 善神靈祇

등중 等衆

유원법화제성중 唯願法華諸聖衆 옹호 擁護

법화행자 法華行者 법화도량 法華道場

위아 爲我 옹호불리신 擁護不離身 어제 於諸

난처 難處 무제난 無諸難 파사현정 破邪顯正

파제마군 破諸魔軍 제여원적 諸餘怨賊 개실 皆悉

최멸 摧滅 법화경전영유통 法華經典永流通

시작불사도중생 施作佛事度衆生

（자아게 독송）

自我偈 讀誦

영산 법화회상 법화수호 제천선신 대범천왕 제석천왕
靈山 法華會上 法華守護 諸天善神 大梵天王 帝釋天王

사대천왕 천용팔부、십나찰녀 귀자모신 각급권속、제
四大天王 天龍八部 十羅刹女 鬼子母神 各及眷屬 諸

천주야 상위법고 이위호지의 이익 법미배증을 위하여
天晝夜 常爲法故 以衛護之 利益 法味倍增

자아게 봉독 （내림목탁）
自我偈 奉讀

［묘법연화경 여래수량품 제십육 ……（자아게 독송）］
妙法蓮華經 如來壽量品 第十六 自我偈 讀誦

법계에 가득 찬 일체의 법화 호불법 선신들이시여、저희들을
法界 法華 護佛法 善神

옹호하여 항상 곁에서 떠나지 마시고、모든 곳에서 온갖 마장
魔障

시식문

재난 삼재팔난 관재구설 병고액란 등을 소멸시키시고, 칠복
災難 三災八難 官災口說 病苦厄亂 等　　　　　　　七福

즉생 묘법화경 광선유포등 저희들의 일체 대원이 하루 속히
卽生 妙法華經 廣宣流布 等　　　　　大願

원만성취케 하여지이다.
圓滿成就

나무묘법연화경　나무묘법연화경　나무묘법연화경

3。하단 시식 (영가단)
下壇 施食　靈駕壇

(※ 저녁예불 때에 한다. 새벽예불 때는 하지 않으며, 사시마지 때 생략 가능, 대중들은 서서 합
장한다。)

(시 식 문)
施食文

나무묘법연화경 (3번)
南無妙法蓮華經

─────────

시 식 문
(음식을 베푸는 글)

나무묘법연화경 (3번)

일체의 괴로운 것과 일체
병의 아픔을 떠나게 하고

예 불 편

離一切苦 一切病痛 能解一切 生死之縛
이일체고 일체병통 능해일체 생사지박 (3번)

如以甘露灑 除熱得清涼 如從飢國來
여이감로쇄 제열득청량 여종기국래

忽遇大王饍 心猶懷疑懼 未敢即便食
홀우대왕선 심유회의구 미감즉변식

若復得王教 然後乃敢食
약부득왕교 연후내감식 (3번)

是人舌根淨 終不受惡味
시인설근정 종불수악미

其有所食噉 悉皆成甘露
기유소식담 실개성감로 (3번)

澍甘露法雨 滅除煩惱燄
주감로법우 멸제번뇌염 (3번)

능히 일체의 나고 죽음의 묶임을 푸느니라.

감로를 뿌려서 열을 없애고 맑고 서늘함을 얻는 것과 같으오리다.

굶주리는 나라로부터 와서 문득 대왕의 음식을 만나도 마음에는 오히려 의심과 두려움을 품고 감히 곧 선뜻 먹지 못하나 만약 다시 왕의 명령을 얻은 그러한 뒤에야 이에 감히 먹는 것과 같나이다.

이 사람의 혀뿌리는 깨끗하여 끝끝내 나쁜 맛을 받지 아니하고, 그가 먹고 씹는 바 있는 것은 다 모두 감로를 이루니라.

감로의 법비로써 적시어서 번뇌의 불꽃을 꺼서 없애느니라.

시감로수진언

(四陀羅尼)
(사 다 라 니)

무량위덕 자재광명 승묘력 변식진언
無量威德 自在光明 勝妙力 變食眞言

(※ 무량한 위덕과 자재한 광명 및 뛰어난 묘력으로 음식을 갖가지로 변화시키는 진언.
※ 불보살에게는 불보살대로, 사람에게는 사람대로, 아귀에게는 아귀에 맞도록 음식의 양과 질을 변하게 한다.)

묘법연화경 나막 살바다타 아다 바로기제 옴
삼바라 삼바라 훔 (3번)

施甘露水眞言
시감로수진언 (※ 물 등 음료수를 감로수(不老不死의 淸淨水)로 되게 하는 진언.)

묘법연화경 나무 소로바야 다타아다야 다나타 옴
소로소로 바로소로 바로소로 사바하 (3번)

일자수륜관진언
一字水輪觀眞言

(※ 음식을 질서있게 중생의 성향에 따라 먹게 하는 진언。)

묘법연화경 옴 밤 밤 밤밤 (3번)

묘법연화경 나무 사만나 못다남 옴 밤 (3번)

유해진언
乳海眞言

(※ 먹는 음식이 소화가 잘 되어 젖처럼 되게 하는 진언。)

칭양성호
稱揚聖號

(※ 성스러운 부처님의 명호를 드러내 찬탄하여 가장 위없는 법의 음식이 되게 하고 영가를 해탈세계로 이끈다。)

묘법연화경 나무다보여래 나무묘색신여래
妙法蓮華經 南無多寶如來 南無妙色身如來

나무광박신여래 나무이포외여래 나무감로왕여래 (3번)
南無廣博身如來 南無離怖畏如來 南無甘露王如來

생 반 게

（※ 법계의 일체 외롭고 불쌍한 영혼과 영가들에게 법식을 베풀어주고 공양을 베푸는 진언。
※ 주가 되는 영가에게 공양을 표하는 삼배를 함。）

사바세계 이곳 사천하 남섬부주 해동

대한민국 (주소) ○○사 법당내 봉안한 위

패 열위영가와, 이 도량 안과 밖, 마을

위나 마을 아래의, 주인이 있거나 주인이

없는 일체의 슬프고 외로운 모든 영가와,

○○사 인등 공양자 (○○회 회원) 시주 화주

공덕주 등 일체의 인연 있는 불자와, ○

○사 사부대중과 기도발원재자등 복위와

生飯偈 생반게

據娑婆世界 此四天下 南
거사바세계 차사천하 남

贍部洲 海東 大韓民國
섬부주 해동 대한민국

(住所) ○○寺 堂內 奉安
(주소) ○○사 당내 봉안

位牌 列位靈駕 此道場內
위패 열위영가 차도량내

外 洞上洞下 有主無主 一
외 동상동하 유주무주 일

切 哀孤魂 靈駕
체 애고혼 영가

人燈 供養者 施主化主
인등 공양자 시주화주

功德主等 一切有緣佛子
공덕주등 일체유연불자

○○寺 四部大衆 祈禱發
○○사 사부대중 기도발

願齋者等 伏爲記付 上世
원재자등 복위기부 상세

예불편

기부의 상세에 먼저 돌아가신 존경하는 스
승, 부모형제 육친권속 등 일체의 슬프고
외로운 영가와 수자령영가 등의 무리와,
겁초이래와 단군 개국이래의 오대양 육대주
에 헤아릴 수 없고 가없는 일체 유주무주의
슬프고 외로운 혼의 영가와 수자령영가 등
의 무리와, 다섯 무간지옥, 팔대지옥, 십육
별처지옥, 아귀, 축생, 아수라 등의 시방법
계에 스물다섯 곳에 있는 모든 영식들이시
여, 법계의 모든 영혼들을 앞에, 내 이제 법
의 음식을 베풀어 이 음식이 시방에 두루하
오니, 일체의 영가들이시여, 공양하옵소서。

선망 先亡
사존부모형제 육친 師尊父母兄弟 六親
권속등 일체애고혼영가 眷屬等 一切哀孤魂靈駕
수자령영가 등중 단군개 水子靈靈駕 等衆 檀君開
국이래 오대양 육대주 겁 國以來 五大洋 六大洲 劫
초이래 무량무변 일체유 初以來 無量無邊 一切有
주무주 애고혼영가 수자 主無主 哀孤魂靈駕 水子
령영가 등중과 오무간지 靈靈駕 等衆 五無間地
옥 팔대지옥 십육별처지옥 獄 八大地獄 十六別處地獄
아귀 축생 아수라등 시방 餓鬼 畜生 阿修羅等 十方
법계 이십오유 함령식 法界 二十五有 含靈識
법계영혼전 아금시법식 法界靈魂前 我今施法食

보회향진언

묘법연화경 옴 시리시리 사바하 (3번)

시귀식진언 施鬼食眞言 (※ 귀신에게 음식을 베푸는 진언)

묘법연화경 옴 미기 미기 야야미기 사바하 (3번)

시무차법식진언 施無遮法食眞言 (※ 차별 없이 법의 음식을 베푸는 진언)

묘법연화경 옴 목역능 사바하 (3번)

보공양진언 普供養眞言 (※ 널리 공양하는 진언)

묘법연화경 옴 아아나 삼바바 바아라 훔 (3번)

보회향진언 普廻向眞言 (※ 널리 회향하는 진언)

묘법연화경 옴 사마라 사마라 미만나 사라마하

자거라 바훔 (3번)

此食遍十方 一切靈駕供
차식편시방 일체영가공

207

예 불 편

（ 독　송 ）

모든 법이 실상이니, 이른바 모든 법은
이와 같은 형상이며, 이와 같은 성품이
며, 이와 같은 바탕이며, 이와 같은 힘이
며, 이와 같은 작용이며, 이와 같은 원인
이며, 이와 같은 연이며, 이와 같은 결과
이며, 이와 같은 갚음이며, 이와 같은 처
음과 끝이 궁극에는 같음이니라.

모든 법이 실상이니, 이른바 모든 법은
이 형상이 같으며, 이 성품이 같으며, 이
바탕이 같으며, 이 힘이 같으며, 이 작용

（ 讀　誦 ）
（ 독　송 ）

諸法實相　所謂諸法
제법실상　소위제법

如是相　如是性　如是體
여시상　여시성　여시체

如是力　如是作　如是因
여시력　여시작　여시인

如是緣　如是果　如是報
여시연　여시과　여시보

如是本末究竟等。
여시본말구경등。

諸法實相　所謂諸法
제법실상　소위제법

是相如　是性如　是體如
시상여　시성여　시체여

이 같으며, 이 원인이 같으며, 이 연이
같으며, 이 결과가 같으며, 이 갚음이 같
으며, 이와 같은 처음과 끝이 궁극에는
같음이니라.

모든 법이 실상이니, 이른바 모든 법은
형상이 이와 같으며, 성품이 이와 같으
며, 바탕이 이와 같으며, 힘이 이와 같으
며, 작용이 이와 같으며, 원인이 이와 같
으며, 연이 이와 같으며, 결과가 이와 같
으며, 갚음이 이와 같으며, 이와 같은 처
음과 끝이 궁극에는 같음이니라.
모든 부처님 세존께옵서 중생으로 하여

是力如 시력여　是作如 시작여　是因如 시인여
是緣如 시연여　是果如 시과여　是報如 시보여
如是本末究竟等。 여시본말구경등.

諸法實相 제법실상　所謂諸法 소위제법
相如是 상여시　性如是 성여시　體如是 체여시
力如是 력여시　作如是 작여시　因如是 인여시
緣如是 연여시　果如是 과여시　報如是 보여시
如是本末究竟等。 여시본말구경등.

금 부처님의 지견을 열어서 맑고 깨끗함
을 얻게 하시고자 하시는 까닭으로 세상
에 나오시어 나타나시며, 중생에게 부처
님의 지견을 보이시고자 하시는 까닭으로
세상에 나오시어 나타나시며, 중생으로
하여금 부처님의 지견을 깨우쳐 주시고자
하시는 까닭으로 세상에 나오시어 나타나
시며, 중생으로 하여금 부처님의 지견의
길에 들어가도록 하시고자 하시는 까닭으
로 세상에 나오시어 나타나시느니라.
사리불이여, 이것을 위하여 모든 부처
님께옵서 하나의 큰일의 인연의 까닭으로

諸佛世尊 제불세존 欲令衆生 욕령중생
開佛知見 개불지견 使得清淨故 사득청정고
出現於世 출현어세 欲示衆生 욕시중생
佛之知見 불지지견 見故 견고 出現於世 출현어세
欲令衆生 욕령중생 悟佛知見故 오불지견고 出
現於世 현어세 欲令衆生 욕령중생 入佛知 입불지
見道故 견도고 出現於世 출현어세 舍利弗 사리불
是為諸佛 시위제불 以一大事因緣 이일대사인연
故 고 出現於世。 출현어세。

써 세상에 나오시어 나타나시느니라.

삼계가 편안함이 없는 것은 마치 불난

집과 같으며, 많은 괴로움이 가득 차서

심히 겁나고 두려우니라.

항상 나고 늙으며 병들고 죽는 것과 근

심 걱정이 있으며, 이와 같은 것들의 불

이 치성하게 타올라서 쉬지를 아니하느니

라.

여래는 이미 삼계의 불난 집을 떠나서

고요하고 한가한 데 살며 편안하게 숲이

나 들판에 사느니라.

지금 이 삼계는 모두 바로 나의 것이

三界無安 삼계무안　猶如火宅 유여화택
衆苦充滿 중고충만　甚可怖畏 심가포외
常有生老 상유생로　病死憂患 병사우환
如是等火 여시등화　熾然不息 치연불식
如來已離 여래이리　三界火宅 삼계화택
寂然閑居 적연한거　安處林野 안처림야
今此三界 금차삼계　皆是我有 개시아유
其中衆生 기중중생　悉是吾子 실시오자

며, 그 가운데의 중생은 모두 바로 나의

아들이거늘, 그러나 지금 이곳은 모든 근

심과 난리가 많으니, 오직 나 한 사람만

이 능히 구원하고 보호할 수 있느니라.

(※ 자아게 전부를 독송하거나 아래의 게송만 독송한다。)

매양 스스로 이런 뜻을 짓되, 「어떻게

하여야 중생으로 하여금 위없는 지혜에

들어감을 얻게 하여 속히 부처님의 몸을

성취하게 할 것인가。」하느니라.

(※ 신력게 전부를 독송하거나 아래의 게송만 독송한다。)

내가 멸도한 뒤에 응당 이 경을 받아서

而이
今금
此차
處처
。　다
　제
多다　환
諸제　난
患환
難난

唯유
我아
一일
人인

能능
爲위
救구
護호
。

每매
自자
作작
是시
意의

以이
何하
令령
衆중
生생

得득
入입
無무
上상
慧혜

速속
成성
就취
佛불
身신
。

於어
我아
滅멸
度도
後후

應응
受수
持지
斯사
經경

보 탑 게

가질지니라.

이런 사람은 부처님의 도 이룸에 결정

코 의심은 있을 수 없느니라.

是人於佛道 시인어불도

決定無有疑. 결정무유의.

題目奉唱 제목봉창 (※ 최소 10편 ~ 108편. 힘에 따라 많이 할 것.)

南無妙法蓮華經 나무묘법연화경 南無妙法蓮華經 나무묘법연화경 …… 南無妙法蓮華經 나무묘법연화경

寶塔偈 보탑게 (⇨우리말 번역 ⇨ P.167)

此經難持 차경난지 若暫持者 약잠지자 我則歡喜 아즉환희 諸佛亦然 제불역연 如是之人 여시지인

諸佛所歡 제불소탄 是則勇猛 시즉용맹 是則精進 시즉정진 是名持戒 시명지계 行頭陀者 행두타자

예불편

즉위질득 무상불도 능어래세 독지차경 시진불자
則爲疾得 無上佛道 能於來世 讀持此經 是眞佛子

주순선지 불멸도후 능해기의 시제천인 세간지안
住淳善地 佛滅度後 能解其義 是諸天人 世間之眼

어공외세 능수유설 일체천인 개응공양
於恐畏世 能須臾說 一切天人 皆應供養

나무묘법연화경 나무묘법연화경 나무묘법연화경
南無妙法蓮華經 南無妙法蓮華經 南無妙法蓮華經

4. 상단지송 (불전)
上壇持誦 佛前

(※ 아침, 사시, 저녁예불 때 신중단 혹은 하단시식을 하고는 다시 상단(불전)을 향하여 다음을 하고 예불의식을 마친다.

※ 새벽예불 때는 [개경게] → [자아게] → [제목봉창108] → [보탑게] → [정대게] → [참회요문] → [찬불게] → [발사홍서원] 등의 순으로 독송한다.)

(개경게)
開經偈

(※ 새벽예불 때에 한다. ⇒ P.18)

214

자 아 게

(자아게) 自我偈 (⇨우리말 번역⇨ P。109)

묘법연화경 여래수량품 제십육
妙法蓮華經 如來壽量品 第十六

이시 세존 욕중선차의 이설게언
爾時 世尊 欲重宣此義 而說偈言

자아득불래 소경제겁수 무량백천만 억재아승지
自我得佛來 所經諸劫數 無量百千萬 億載阿僧祇

상설법교화 무수억중생 영입어불도 이래무량겁
常說法教化 無數億衆生 令入於佛道 爾來無量劫

위도중생고 방편현열반 이실불멸도 상주차설법
爲度衆生故 方便現涅槃 而實不滅度 常住此說法

아상주어차 이제신통력 영전도중생 수근이불견
我常住於此 以諸神通力 令顚倒衆生 雖近而不見

중견아멸도 광공양사리 함개회연모 이생갈앙심
衆見我滅度 廣供養舍利 咸皆懷戀慕 而生渴仰心

중생기신복 질직의유연 일심욕견불 부자석신명
衆生既信伏 質直意柔軟 一心欲見佛 不自惜身命

時我及衆僧　俱出靈鷲山　我時語衆生　常在此不滅
시아급중승　구출영취산　아시어중생　상재차불멸

以方便力故　現有滅不滅　餘國有衆生　恭敬信樂者
이방편력고　현유멸불멸　여국유중생　공경신요자

我復於彼中　爲說無上法　汝等不聞此　但謂我滅度
아부어피중　위설무상법　여등불문차　단위아멸도

我見諸衆生　沒在於苦惱　故不爲現身　令其生渴仰
아견제중생　몰재어고뇌　고불위현신　영기생갈앙

因其心戀慕　乃出爲說法　神通力如是　於阿僧祇劫
인기심연모　내출위설법　신통력여시　어아승지겁

常在靈鷲山　及餘諸住處　衆生見劫盡　大火所燒時
상재영취산　급여제주처　중생견겁진　대화소소시

我此土安隱　天人常充滿　園林諸堂閣　種種寶莊嚴
아차토안은　천인상충만　원림제당각　종종보장엄

寶樹多華菓　衆生所遊樂　諸天擊天鼓　常作衆伎樂
보수다화과　중생소유락　제천격천고　상작중기악

雨曼陀羅華　散佛及大衆　我淨土不毁　而衆見燒盡
우만다라화　산불급대중　아정토불훼　이중견소진

216

자 아 게

우포제고뇌 憂怖諸苦惱
여시실충만 如是悉充滿
시제죄중생 是諸罪衆生
이악업인연 以惡業因緣

과아승지겁 過阿僧祇劫
불문삼보명 不聞三寶名
제유수공덕 諸有修功德
유화질직자 柔和質直者

즉개견아신 則皆見我身
재차이설법 在此而說法
혹시위차중 或時爲此衆
설불수무량 說佛壽無量

구내견불자 久乃見佛者
위설불난치 爲說佛難値
아지력여시 我智力如是
혜광조무량 慧光照無量

수명무수겁 壽命無數劫
구수업소득 久修業所得
여등유지자 汝等有智者
물어차생의 勿於此生疑

당단령영진 當斷令永盡
불어실불허 佛語實不虛
여의선방편 如醫善方便
위치광자고 爲治狂子故

실재이언사 實在而言死
무능설허망 無能說虛妄
아역위세부 我亦爲世父
구제고환자 救諸苦患者

위범부전도 爲凡夫顛倒
실재이언멸 實在而言滅
이상견아고 以常見我故
이생교자심 而生憍恣心

방일착오욕 放逸著五欲
타어악도중 墮於惡道中
아상지중생 我常知衆生
행도불행도 行道不行道

수응소가도
隨應所可度
위설종종법
爲說種種法
매자작시의
每自作是意
이하령중생
以何令衆生

득입무상혜
得入無上慧
속성취불신
速成就佛身

(제 목 봉 창 108번)
題目奉唱

南無妙法蓮華經
나무묘법연화경 나무묘법연화경 …… 나무묘법연화경
南無妙法蓮華經
南無妙法蓮華經

보 탑 게
寶塔偈
(⇩ 새벽예불 때에 한다. ⇩P。213)

정 대 게
(머리 위에 받드는 게송)

頂戴偈
정 대 게

稽首妙法蓮華經
계수묘법연화경

묘법연화경 살달마분타리가께

머리를 조아려 귀명례하옵니다.

정 대 게

한 부질, 일곱 권, 이십팔 품,
육만 구천 삼백팔십네 자의
하나하나 문자문자가 바로
참 부처님이옵고,
참 부처님께옵서 법을 설하시며
중생을 이롭게 하시어,
중생은 모두 부처님의 도를
이미 이루나니,
그러므로 저희는 법화경께
머리를 조아려 절하옵니다.

(※ 새벽예불 때에는 정대게에 이어서 「참회요문」을 독송한다.)

(⇩ P。190)

薩달마 薩達摩
분타 分陀
리가 利伽

一일 一帙질
七칠 七軸축
四사 四七
品품

六육 六萬만
九구 九千천
三삼 三八
四사 四

一일 一文문
一일 一文문
是시 是眞
衆생 衆生
生

眞진 眞佛불
佛불 說설
說설 法법
利리 利衆
衆생 生

衆중 衆生생
生생 皆개
皆개 已이
已이 成불
成불 佛도
佛도 道

故고 故我아
我아 頂정
頂정 禮례
禮례 法법
法법 華화
華화 經경
經

219

예불편

찬불게 (부처님을 찬탄하는 게송)

얼굴 모습은 심히 기이하시고 묘하시며

밝은 빛이 시방에 비치시옵니다.

제가 마침 일찍이 공양하였더니

지금 다시 돌아와서 친히 뵈옵나이다.

거룩한 주인이시오며,

하늘 가운데 왕께옵서는

가릉빈가의 소리로 중생을

슬피 불쌍히 여기시는 분이시라.

저희는 이제 공경히 절을 하옵니다.

세계의 미진을 마음으로 생각하여

가히 셈하여서 알고,

讚찬佛불偈게

容용顔안甚심奇기妙묘

光광明명照조十시方방

我아適적曾증供공養양

今금復부還환親친近근

聖성主주天천中중王왕

迦가陵릉頻빈伽가聲성

哀애愍민衆중生생者자

我아等등今금敬경禮례

220

큰 바다 가운데 물을 가히 다 마시고,
허공을 가히 헤아리고,
바람을 가히 잡아 멜 수 있어도,
능히 부처님의 공덕은
다 말하지 못하옵니다.

하늘 위, 하늘 아래 부처님 같으신 분
없으시고, 시방 세계에서도
또한 비교할 자 없사옵니다.
세간에 있는 바를 제가 다 보아도
일체가 부처님 같으신 분
있을 수 없사옵니다.

그러므로 저는 한마음으로
목숨을 다 바쳐 정례하옵니다.

刹찰 塵진 心심 念념 可가 數수 知지
大대 海해 中중 水수 可가 飲음 盡진
虛허 空공 可가 量량 風풍 可가 繫계
無무 能능 盡진 說설 佛불 功공 德덕

天천 上상 天천 下하 無무 如여 佛불
十시 方방 世세 界계 亦역 無무 比비
世세 間간 所소 有유 我아 盡진 見견
一일 切체 無무 有유 如여 佛불 者자
故고 我아 一일 心심 歸귀 命명 頂정 禮례

예 불 편

발사홍서원 (네 가지 큰 서원을 일으킴)

중생이 가이 없지만
맹세코 다 제도하오리다.

번뇌가 다함이 없지만
맹세코 다 끊으오리다.

법문이 헤아릴 수 없지만
맹세코 다 배우오리다.

불도가 위없지만
맹세코 다 이루오리다.

發발 **발사홍서원**
四사
弘홍
誓서
願원

衆중 중생
生생
無무
邊변 무변
誓서 서원
願원
度도 도

煩번 번뇌
惱뇌
無무
盡진 무진
誓서 서원
願원
斷단 단

法법 법문
門문
無무
量량 무량
誓서 서원
願원
學학 학

佛불 불도
道도
無무
上상 무상
誓서 서원
願원
成성 성

222

제도되지 못한 자로 하여금
제도되게 하오리다.

알지 못한 자로 하여금
알게 하오리다.

편안하지 못한 자로 하여금
편안하게 하오리다.

열반에 이르지 못한 자로 하여금
열반을 얻게 하오리다.

未미 度도 者자
令영 度도

未미 解해 者자
令영 解해

未미 安안 者자
令영 安안

未미 涅열 槃반 者자
令영 得득 涅열 槃반

예불편

회 향 문 (회향의 글)

원컨대, 이 공덕으로써

널리 일체에 미치어,

저희와 더불어 일체 중생이

다 함께 부처님의 도가

이루어지이다.

回회	願원	普보	我아	皆개
向향	以이	及급	等등	共공
文문	此차	於어	與여	成성
	功공	一일	衆중	佛불
	德덕	切체	生생	道도

제 목 삼 창

지극히 만남을 마주치기 어려운
묘법연화경께 귀의하옵니다. (절)

세세생생 만나서 묘법연화경께
귀의하옵니다. (절)

평등한 큰 지혜 묘법연화경께
귀의하옵니다. (절)

※ 예불을 마치면 각자 법화경 독송, 제목봉창, 법화참법 등 기도와 수행정진을 이어서 한다.

제목삼창 題目三唱

나무 극난치우 南無 極難値遇
묘법연화경 妙法蓮華經 (절)

나무 생생치우 南無 生生値遇
묘법연화경 妙法蓮華經 (절)

나무 평등대혜 南無 平等大慧
묘법연화경 妙法蓮華經 (절)

1。법화행자 발원문

법화기도 가피 발원문

（※ 법화행자가 법화경 독송、제목봉창 기도의 가피를 온전히 받아 소원성취를 이루게 하는 기도가피문으로 제목봉창 등을 마치고、회향축원 전에 하면 더욱 묘법연화경의 위신력과 가지력이 더해진다。）

원품의 무명을 자르는 크고도 날카로운 칼이며、생사의 긴 밤을 비추는 커다란 밝은 등불이시라.

매양 스스로 이런 뜻을 짓되、「어떻게 하여야 중생으로 하여금 위없는 지혜에 들어감

1。
법화행자발원문
法華行者發願文

법화기도 가피 발원문
法華祈禱 加被 發願文

원품의 무명을 자르는
元品의 無明을 切

대이검。
大利劍

생사의 장야를 비추는
生死의 長夜를 照

대등명。
大燈明

매자작시의 이하령중생
每自作是意 以何令衆生

을 얻게 하여 속히 부처님의 몸을 성취하게 할 것인가ㄴ하느니라.

부처님께옵서 가르치시는 문으로 삼계의 괴로움을 벗어 나오나니, 이 사람은 부처님의 도에 결정코 의심이 있을 수 없느니라.

이 경은 곧 염부제 사람의 병에 좋은 약이 되느니라.

만약 사람이 병이 있어 이 경을 얻어들으면, 병이 곧 사라져 없어지고 늙지도 않고 죽지도 아니하느니라.

범천왕, 마왕, 자재천, 대자재천이여, 내가 옛날에 원하던 것과 같이 지금 이미 만족하느니라.

득입무상혜 속성취불신
得入無上慧 速成就佛身。

이불교문 출삼계고
以佛教門 出三界苦

시인어불도 결정무유의
是人於佛道 決定無有疑。

차경즉위 염부제인
此經則爲 閻浮提人

병지양약
病之良藥。

약인유병 득문시경
若人有病 得聞是經

병즉소멸 불로불사
病卽消滅 不老不死。

범천왕마왕 자재대자재、
梵天王魔王 自在大自在、

여아석소원 금자이만족
如我昔所願 今者已滿足。

230

법화기도 가피 발원문

넓은 들과 위태롭고 험한 곳의 사자와 코끼리와 범과 이리와 들소와 물소 들과, 만약 남자 형상이나, 만약 여자 형상이나, 만약 사내아이 형상이나, 만약 계집아이의 형상이이에 꿈 가운데 이를지라도, 또한 다시 뇌롭게 하는 것이 없으오리다.

만약 제 주문을 따르지 않고, 법을 설하시는 자를 뇌롭게 하고 어지럽게 하는 자는 머리를 깨어서 일곱으로 조각을 내어 아리수가지와 같이 하오리다.

저주하는 것과 모든 독약으로 몸을 해치고자 하는 바의 것이라도, 저 묘법을 생각하는 힘으로 본인에게로 돌아가서 붙느니라.

광야험애처 사자상호랑
曠野嶮隘處 獅子象虎狼

야우수우등, 약남형
野牛水牛等, 若男形

약녀형 약동남형
若女形 若童男形

약동녀형 내지몽중
若童女形 乃至夢中

역부막뇌.
亦復莫惱。

약불순아주 뇌란설법자
若不順我咒 惱亂說法者

두파작칠분 여아리수지.
頭破作七分 如阿梨樹枝。

주저제독약 소욕해신자
呪詛諸毒藥 所欲害身者

염피묘법력 환착어본인.
念彼妙法力 還著於本人。

악한 귀신이 그 몸에 들어가서 저희를 욕
설하고 꾸짖으며 험담하며 수치 당하게 할지
라도, 저희들은 부처님을 공경히 믿으므로
마땅히 욕되는 것을 참는 갑옷을 입으리
다.

이 모든 악한 귀신이 오히려 악한 눈으로
서도 능히 보지 못할진대, 하물며 다시 해를
가하겠느냐.

일체 괴로운 것과 일체 병의 아픔을 떠나
게 하고, 능히 일체의 나고 죽음의 묶임을
풀게 하느니라.

모든 쇠약함과 병듦을 떠나게 하고, 모든
독약이 사라지게 하느니라.

惡鬼入其身 악귀입기신
罵詈毀辱我 매리훼욕아
我等敬信佛 아등경신불
當著忍辱鎧 당착인욕개
是諸惡鬼 시제악귀
尚不能以 상불능이
惡眼視之 악안시지
況復加害 황부가해
離一切苦 이일체고
一切病痛 일체병통
能解一切 능해일체
生死之縛 생사지박
離諸衰患 이제쇠환
消衆毒藥 소중독약
現世安隱 현세안은
後生善處 후생선처
以道受樂 이도수락
亦得聞法 역득문법

지금 세상에는 편안하게 의지하고, 뒤에는
좋은 곳에 나서 도로써 즐거움을 받고, 또한
법을 얻어들으며, 이미 법 듣기를 마치면 모
든 막히고 걸리는 것에서 떠나느니라.
저의 삿된 마음을 돌려서 부처님 법 가운
데서 편안히 머무름을 얻고, 세존을 친견하
오리다.
모든 나머지 원수와 적을 모두 다 꺾어 멸
하게 하느니라.
마음을 돌이켜 본래의 서원으로 원수와 적
을 물리쳐서 흩어지게 하오리다.
묘법연화경으로 많은 원수와 적을 물리쳐
흩어지게 하느니라.

旣聞法已 기문법이 이제 장애를
離諸障礙 리제장애.

轉我邪心 전아사심
令得安住 영득안주

於佛法中 어불법중
得見世尊。 득견세존.

諸餘怨敵 제여원적
皆悉摧滅。 개실최멸.

還念本誓 환념본서
怨敵退散。 원적퇴산.

妙法蓮華經 묘법연화경
衆怨悉退散。 중원실퇴산.

今此三界 금차삼계
皆是我有 개시아유

其中衆生 기중중생
悉是吾子、 실시오자、

而今此處 이금차처
多諸患難 다제환난

부 록 편

지금 이 삼계는 모두 바로 나의 것이며,

그 가운데의 중생은 모두 바로 나의 아들이거늘, 그러나 지금 이곳은 모든 근심과 난리가 많으니 오직 나 한 사람만이 능히 구원하고 보호할 수 있느니라.

법화의 이름만이라도 받아서 가지는 자의 복은 가히 헤아리지 못하느니라.

해와 달의 밝은 빛이 능히 모든 깊숙한 어두움을 없애는 것과 같이, 이 사람이 세간에서 행하여 능히 중생의 어둠을 멸하느니라.

세존께옵서 타이르시는 것과 같이 마땅히 갖추어 받들어 행하오리다.

모든 하늘이 밤낮으로 항상 법을 위한 까닭

唯我一人　能爲救護。
유아일인　능위구호。

受持法華名者　福不可量。
수지법화명자　복불가량。

如日月光明　能除諸幽冥
여일월광명　능제제유명

斯人行世間　能滅衆生闇。
사인행세간　능멸중생암。

如世尊敕　當具奉行
여세존칙　당구봉행。

諸天晝夜　常爲法故
제천주야　상위법고

而衛護之。
이위호지。

天諸童子　以爲給使
천제동자　이위급사

刀杖不加　毒不能害。
도장불가　독불능해。

234

으로 이에 호위하고 두호하느니라.

하늘의 모든 동자가 심부름꾼이 되며, 칼과 막대기로 치지 못하며, 독이 능히 해롭게 하지 못하느니라.

여래의 비밀한 신통의 힘, 이 좋고 길한 약을 이제 여기에 놓아두느니라.

처방과 약을 밝게 다루어 많은 병을 잘 다스리나니, 곧 가져다 먹으니, 독한 병이 모두 나았느니라.

찧고 체로 쳐서 고루 합하여 자식에게 주어서 먹게 하느니라.

머리와 이마로 절을 하여 공경하며, 일체의 공양을 올리고, 공경하는 마음으로 합장하며,

여래비밀 如來秘密 신통지력、神通之力、

시호양약 是好良藥 금류재차。今留在此。

명련방약 明練方藥 선치중병、善治衆病

즉취복지 卽取服之 독병개유。毒病皆愈。

도사화합 擣簁和合 여자영복。與子令服。

두정예경 頭頂禮敬 일체공양、一切供養、

합장이경심 合掌以敬心 욕문구족도。欲聞具足道。

유대근력 有大筋力 행보평정、行步平正

주감로법우 澍甘露法雨 멸제번뇌염。滅除煩惱燄。

흡족하시게 갖추신 도를 듣고자 하옵나이다.

큰 기운과 힘이 있으며, 다니는 걸음이 평탄하고 바르며, 감로의 법비로써 적시어서,

번뇌의 불꽃을 꺼서 없애느니라.

감로의 맑은 법은 그 법이 한 맛이라, 몸과 뜻이 태연하여 쾌히 편안하게 의지함을 얻느니라.

편안히 머물러서 움직이지 않음이 수미산과 같으니라.

음욕이 모두 이미 끊어져서 순수하고 전일하게 변화로 나느니라.

곧 문득 이를 먹으니, 병이 다 없어져 나았느니라.

甘露淨法 其法一味
감로정법 기법일미,

身意泰然 快得安穩
신의태연 쾌득안온.

安住不動 如須彌山
안주부동 여수미산.

婬欲皆已斷 純一變化生
음욕개이단 순일변화생.

卽便服之 病盡除愈
즉변복지 병진제유.

安住心不亂 持此一心福
안주심불난 지차일심복.

妙法蓮華經 信解品第四
묘법연화경 신해품제사.

妙法蓮華經 身下出水。
묘법연화경 신하출수.

是人當得 八百眼功德
시인당득 팔백안공덕

법화기도 가피 발원문

편안하게 머물러서 마음이 어지럽지 아니하
고, 이 한마음의 복을 가졌음이라.
묘법연화경 신해품 제사.
묘법연화경으로 몸 아래로 물을 나오게 하
느니라.
이 사람은 마땅히 팔백의 눈의 공덕과, 천
이백의 귀의 공덕과, 팔백의 코의 공덕과, 천
이백의 혀의 공덕과, 팔백의 몸의 공덕과, 천
이백의 뜻의 공덕을 얻으리니, 이 공덕으로써
여섯 뿌리를 꾸미고 치장하여 모두 맑고 깨끗
하게 되느니라.
만약 법화경을 가지는 자는 그 몸이 심히
맑고 깨끗하느니라.

천이백이공덕
千二百耳功德
팔백비공덕
八百鼻功德
천이백설공덕
千二百舌功德
팔백신공덕
八百身功德
천이백의공덕
千二百意功德
이시공덕 장엄육근
以是功德 莊嚴六根
개령청정
皆令清淨
약지법화경 기신심청정
若持法華經 其身甚清淨
득문차경 육근청정
得聞此經 六根清淨

이 경을 얻어듣고 여섯 뿌리가 맑고 깨끗하니라.

여 신통력의 까닭으로 수명이 더욱 늘어나느니라.

원하는 바가 흡족하게 갖추어져서 마음에 크게 기뻐하고 즐거워하느니라.

원하는 바가 헛되지 아니하며, 또한 지금 세상에서 그 복의 보를 얻느니라.

이 사람이 얻는 큰 이익은 위의 모든 공덕과 같으니, 마땅히 지금 세상에서 과보가 나타남을 얻느니라.

백 유순 안으로 하여금 모든 쇠약함과 병듦이 없나니, 바람이 허공 가운데에서 일체 막히거나 걸릴 것이 없는 것과 같으니라.

신통력고 神通力故 증익수명 增益壽命。

소원구족 所願具足 심대환희 心大歡喜。

소원불허 所願不虛 역어현세 亦於現世

득기복보 得其福報。

시인득대리 是人得大利 여상제공덕 如上諸功德

당어금세 當於今世 득현과보 得現果報。

영백유순내 令百由旬內 무제쇠환 無諸衰患、

여풍어공중 如風於空中 일체무장애 一切無障礙

법화묘리 法華妙理 석존금언 釋尊金言

법화의 묘한 이치와 석가모니 세존의 금언
에 마땅히 신심을 일으키옵나니, 허망함은 있
음이 없사옵니다.
묘법연화경 서품 제일.
나무묘법연화경 (3번)

기 도 언 상

─ 병고액란·수명장원·소원성취 기도법회 때 ─

(※ 법화행자로서 법화경 독송과 제목봉창을 반드시 하고,
법화삼보님전에 올리는 기도공덕의 회향축원문이다.)

지극한 마음으로 평등대혜 일승 묘법연화경
께 목숨 바쳐 귀의하옵나니.
지극한 마음으로 영산정토 구원실성 석가모

당생신심 무유허망.
當生信心 無有虛妄.

묘법연화경 서품제일.
妙法蓮華經 序品第一.

나무묘법연화경 南無妙法蓮華經 (3번)

기도언상
祈禱言上

나무 평등대혜 南無平等大慧
일승 묘법연화경 一乘妙法蓮華經.

나무 영산정토 南無靈山淨土
구원실성 석가모니불 久遠實成 釋迦牟尼佛.

니 부처님께 목숨 바쳐 귀의하옵니다.
지극한 마음으로 증명법화 보정세계 다보여
래께 목숨 바쳐 귀의하옵니다.
지극한 마음으로 상행, 무변행, 정행, 안립
행 등 본불로부터 교화 받으시어 땅으로부터
솟아오르신 대사님들과, 문수, 미륵, 보현,
약왕, 약상, 관음, 지장 등 적불로부터 교화
받으신 타방 대권의 살타님들과, 신자(사리불)、
목련、가섭、아난 등 새로이 수기를 얻으신
모든 대 성문님들과、통괄하여 영산과 허공의
두 곳、세 번 모임의 발기、영향、당기、결연
의 네 가지 대중들과、이에 다함없는 허공의
미진수 세계 국토의 예로부터 오면서 현재까

나무 / 南無 · 증명법화 / 證明法華

나무 / 南無 · 보정세계 다보여래。 / 寶淨世界 多寶如來。

정행 안립행등 / 淨行 安立行等

나무 상행 무변행 / 南無 上行 無邊行

본화지용대사、 / 本化地涌大士、

문수 미륵 보현 약왕 / 文殊 彌勒 普賢 藥王

약상 관음 지장등 / 藥上 觀音 地藏等

적화타방 대권살타、 / 迹化他方 大權薩埵

신자 목련 가섭 아난등 / 身子 目連 迦葉 阿難等

신득기 제대성문、 / 新得記 諸大聲聞

총이 영산허공 이처삼회、 / 總而 靈山虛空 二處三會

지의 일체 삼보님에 이르기까지 목숨 바쳐 귀의하옵니다.

거듭 말씀드리옵나니, 원하옵건대, 수량품을 받들어 독송함을 조행으로 삼으며, 묘법연화경을 받들어 부르는 것을 정행으로 삼고, 속히 정행과 조행의 두 가지를 가지런히 행하여 받들어 독송하오니, 이러한 공덕에 의지하여 믿는 마음으로 행하는 자는, 병이 소멸되고 목숨이 연장되어지이다.

그 다라니란 것은 두 가지 극단(유, 무 등의 대립)의 악을 없애고, 중도의 선에 돌아가며, 악을 막고 선을 가지는 것이니, 어찌 악이 없어지지 않겠으며, 어찌 선으로 돌아가지 않겠는가.

발기 영향 당기 결연
發起 影響 當機 結緣

사중、 내지 진허공
四衆、 乃至 盡虛空

미진찰토 고래현재
微塵刹土 古來現在

일체삼보。
一切三寶。

신언、 원봉독송 수량품
申言 願奉讀誦 壽量品

이위조행 봉창 묘법연화경
以爲助行 奉唱 妙法蓮華經

이위정행、 속정족
以爲正行、 速整足

정조이행 봉독송지、
正助二行 奉讀誦之

의차공덕 신심행자
依此功德 信心行者

제병연명이。
除病延命耳。

기다라니자 제이변악
其陀羅尼者 除二邊惡

그러나 곧 귀자모신과 십나찰녀는 「만약 제주문을 따르지 않고, 법을 설하시는 자를 뇌롭게 하고 어지럽게 하는 자는 머리를 깨어서 일곱으로 조각을 내어 아리수 가지와 같이 하리라.」는 서원을 부처님 앞에서 더하였으니, 부처님과의 약속이 어찌 헛되리오.

이런 고로 오번신주(약왕·용시·비사·지국·십나찰녀의 다라니)의 위신력은, 멀리로는 일승의 원만한 경의 묘한 이치를 나타내고, 가까이로는 자신의 옹호하는 위엄과 기세를 나타냄이라.

이를 의지하여 두 성인(약왕보살·용시보살), 두 하늘(지국천왕·비사문천왕), 십나찰녀·귀자모신, 법화를 지키고 두호하는 모든 하늘 선신들이

歸中道善 遮惡持善者、

何不除惡 令歸善哉。

然則 鬼子母神 十羅刹女、

「若不順我咒 惱亂說法者

頭破作七分 如阿梨樹枝」

誓給、佛前之御

約束爭虛乎。

故 五番神呪力、遠顯

一乘圓經之妙理、近示

自身擁護之威勢。依之

二聖 二天 十羅刹女

받드는 것을 시작으로 하여, 일체의 모든 신

과 산신, 바다신, 물의 신, 가택신, 지신, 문

신, 두가신, 옥녀신, 십이신장, 천형, 성형,

역신, 견뢰지신, 황신, 사바세계를 통틀어 모

든 크고 작은 하늘의 신, 땅의 신, 토공신 등

이 면면이 받들고, 법의 즐거움으로 따라 기

뻐하여 넉넉히 공급하시고, 들음으로 인하여

법의 맛을 맡고는 은혜에 보답함을 드리워 넉

넉함을 내리소서.

안으로 지혜 있는 제자는 불법의 깊은 뜻을

깨닫고, 밖으로 청정함이 있는 단월(시주자, 재가신

도)은 불법을 오래 머물게 하옵소서.

법화로써 절복하여 방편의 문과 이치를 깨

귀자모신、법화수호
鬼子母神、法華守護

선신등봉시、일체제신、
善神等奉 始 一切諸神、

山산신、해신、수신、
山神、海神、水神、

宅택신、지신、문신、
宅神、指神、聞神、

斗두가신、옥녀신、
斗加神、玉女神、

십이신장、천형 성형
十二神將、天形 星形

역신 견뢰지신 황신、
疫神 堅牢地神 荒神

총사바대소신기
總娑婆 大小神祇

土공신등、면면봉 법락
土公神等、面面奉 法樂

영수희급、잉청 문법미
令隨喜給、仍聽 聞法味

영수보은급
令垂報恩給。

뜨리고, 끝내 모든 탈 것이 하나의 유일한 부처님 탈 것인 일불승으로 돌아오게 하여 넉넉히 받아들이게 하옵소서.

우러러 원하옵건대, 지극한 정성으로 기도 발원한 인연공덕으로 한 해의 어려움, 한 달의 어려움, 하루의 어려움, 때때의 어려움 등과, 좇아오는 바의 정해진 재난이 반전되어, 병이 없어지고, 수명이 늘어나며, 재앙이 소멸하고, 목숨이 연장되며, 넉넉히 지키고 보호하옵소서.

「백 유순 안으로 하여금 모든 쇠약함과 병듦이 없게 하오리다. 법화의 이름만이라도 받아서 가지는 자의

내유 지혜제자 각불법
內有 智慧弟子 覺佛法

심의, 외유 청정단월
深義, 外有 清淨檀越

불법구주.
佛法久住。

법화절복 파권문리
法華折伏 破權門理

종제승 귀일불승
終諸乘 歸一佛乘

영납수급.
令納受給。

앙원 의정성지기원、
仰願 依精誠之祈願

종년난、월난、일난、
縱年難、月難、日難、

시난등 소래정난 반전、
時難等 所來定難 返轉、

제병연수 식재연명
除病延壽 息災延命

영수호급。
令守護給。

복은 가히 헤아리지 못하느니라.

모든 나머지 원수와 적을 모두 다

꺾어 멸하게 하느니라.

이 경을 얻어들으면, 병이 곧

사라져 없어지고 늙지도 않고

죽지도 아니하느니라.ㄴ하셨으니,

나라에 법을 비방하는 소리가 없어지고, 만

민의 수가 줄지 않게 하며, 가정에 부지런히

법화경을 찬탄함이 있게 하여서, 일곱 가지

재난이 반드시 물러나 흩어지게 하옵소서.

말법의 법화사문 (법화기도행자○○) 합장하고 삼

가 아뢰나이다.

나무묘법연화경 (3번)

「영백유순내　무제쇠환.
令百由旬內　無諸衰患

수지법화명자　복불가량.
受持法華名者　福不可量

제여원적　개실최멸.
諸餘怨敵　皆悉摧滅

득문시경　병즉소멸
得聞是經　病卽消滅

불로불사．운.
不老不死」　云

국무방법음　만민불감수、
國無謗法音　萬民不減數

가유　찬경근　칠난
家有　讚經勤　七難

필령퇴산의.
必令退散矣

말법　법화사문　○○근소.
末法　法華沙門　○○謹訴

나무묘법연화경
南無妙法蓮華經 (3번)

천하태평 국토안온 발원문

─ 국가 사회를 위한 기도법회 때

천하태평 天下泰平
국토안온 國土安穩 發願文

所詮 천하태평 天下泰平
소전
國土安穩 군신국민
국토안온 君臣國民
一切 평안쾌락
일체 平安快樂

(※ 나라 안의 삼재·팔난 등의 어려운 일이 있거나, 평소에 국가 사회를 위한 기도를 특별히 행할 때.)

필경에 천하가 태평하고 국토가 안온하며, 임금과 신하와 국민 일체가 평안하고 쾌락하여지이다.

대저 나라는 법에 의하여 번창하고, 법은 사람에 의하여 귀하게 됨이라. 법화경의 법으로써 국토를 기원하면, 위로 한 사람으로부터 아래로 만민에 이르기까지 다 기쁨과 번영이 날로 더하며, 이는 국가를 바로 잡고 보호하는 (진호국가 : 鎭護國家) 대백법(大白法)이로다.

천하 만민들이 제승(諸乘)에서 일불승(一佛乘)을 이루어 묘법화경

이 홀로 번창할 때、만민이 하나가 되어 같이 「나무묘법연화경」

을 받들어 부르게 되리라. 그러하면 여기가 바로 극락세계요、

영산정토(靈山淨土)로서、금생의 상스럽지 못한 재난을 물리침은

물론、생(生)을 길이 늘리는 방법을 얻게 되어、사람과 법이 함

께 늙지도 않고 죽지도 않는 묘한 이치가 나타나느니라.

「현세에는 편안하리라.」의 경문을 의심하는 자가 누가 있으리오.

우러러 기원하옵나니、일천사해 개귀묘법、말법만년 묘법화
一天四海 皆歸妙法　末法萬年 妙法華

경 광선유포 묘법륜상전、세계만국만민 조국배달민족 자타일
經 廣宣流布 妙法輪常轉　世界萬國萬民 祖國倍達民族 自他一

체 삼재팔난소멸、법화일색만천지 일불국토통일、천하태평 국토
切 三災八難消滅 法華一色滿天地 一佛國土統一 天下泰平 國土

안온、오곡풍성 만민쾌락、여풍어공중 일체무장애 하여지이다.
安穩 五穀豊盛 萬民快樂 如風於空中 一切無障礙

나무묘법연화경 나무묘법연화경 나무묘법연화경

부록편

소원성취 발원문
所願成就 發願文

— 특별소원성취 기도법회 때 (특히 병고액난소멸 등)

（※ 법화행자로서 개인적으로 삼재팔난 특히 병자 등의 병고액난소멸 소원성취를 위한 독경(자아게·다라니 등), 제목봉창(108~1000번) 후, 기도성취 회향발원문이다. 법화경을 반드시 본존으로 모시고 한다. 처음은 본존을 향해서 읽고, 묘법연화경 제일 서품부터는 병자를 향해서 기도한다.）

나무묘법연화경 (3번, 삼배)

세세생생(世世生生) 만나기 어려운 일승(一乘)의 가르침은 재재처처(在在處處)에서 듣기도 어렵도다. 모두 불도(佛道)를 이루는 법(法)인 일승묘전(一乘妙典)을 이제 겨우 만나서 받들어 가지오니, 우담화가 처음 여는 것과 같사옵고, 눈먼 거북이가 망망대해에 떠있는 나무 조각을 만난 것과 흡사하옵니다.

248

이런고로 삼업(三業)에 상응하는 응집된 정기를 다하여 경 가운데 왕을 독송하여 받들고, 우러러 원하옵나니, 일승(一乘)의 신심(信心)을 원하는 행자 (주소, 나이, 이름) 지금의 병고가 쾌차하며, (혹 심중소원만족 등) 재앙이 소멸하고, 목숨이 연장되며, 지키고 보호하사, 크게 만족하기를 기원하옵니다.

묘법연화경 제 일 서품.

이와 같이 저는 들었사오니, 부처님께서 대중에게 이르시되, 「모든 법이 실상이라. 부처님의 지견을 열어서 일체 중생이 모두 불도를 이루니라. 여래께옵서는 구원겁 전부터 항상 영취산과 그리고 또 다른 모든 곳에 머물고 계시니, 삼세에 중생을 이익케 하느니라.」 하셨으며, 대중은 환희하고, 절을 하고는 그

妙法蓮華經　序品第一
묘법연화경 서품제일

如是我聞　佛告大衆、
여시아문 불고대중、

諸法實相　開佛知見
「제법실상 개불지견

一切衆生　皆成佛道。
일체중생 개성불도。

如來久遠　常在靈山
여래구원 상재영산

及餘住處　三世益物」
급여주처 삼세익물」

부 록 편

리고는 물러갔소이다.

묘법연화경 제 칠 권. 모두 가지옵나이다.

묘법연화경 제 일 서품.

모든 법이 실상이라, 나는 형상으로써 몸을 꾸며서 밝은 빛을 세간에 비추니, 헤아릴 수 없는 중생이 존경하는바 되어, 위하여 모든 법의 실상의 뜻과 이치로서 부처님 법임을 증명하는 표치를 설하노라.

대자비가 방이 되며, 부드럽고 온화하며 욕되는 것을 참는 것은 옷이 되고, 모든 법이 공한 것이 자리가 되느니라.

같은 것도 아니며, 다른 것도 아니며, 삼계에서 보는 삼계와는 같지 않느니라. 이와 같

大衆歡喜　作禮而去。
대중환희　작례이거。

妙法蓮華經　卷第七。　惣持
묘법연화경　권제칠。　총지。

妙法蓮華經　序品　第一
묘법연화경　서품　제일。

諸法實相、　我以相嚴身
제법실상、　아이상엄신

光明照世間　無量衆所尊
광명조세간　무량중소존

爲說實相印。　大慈悲爲室
위설실상인。　대자비위실

柔和忍辱衣　諸法空爲座
유화인욕의　제법공위좌。

非如非異　不如三界
비여비이　불여삼계

見於三界。　如斯之事
견어삼계。　여사지사

250

은 일을 여래는 밝게 보아 그릇되어 어긋남은
있음이 없느니라.

사랑스러운 눈으로 중생을 보며, 복무더기의
바다는 헤아릴 수 없느니라.

영원히 생사를 단절하고, 반드시 큰 깨달음
을 증득하리다.

이 법은 법의 위치에 머물며 세간 형상에도
항상 머무느니라.

나에게는 이와 같은 일곱 가지 보배의 큰 수
레가 있는데, 그 수는 헤아릴 수 없느니라.

깊이 스스로 경사스럽고 다행스럽게도 크고
도 좋은 이익을 얻으며, 헤아릴 수 없는 진귀한
보배를 구하지 아니하여도 저절로 얻느니라.

如來明見 여래명견 無有錯謬。 무유착류.

慈眼視衆生 자안시중생 福聚海無量。 복취해무량.

永斷生死 영단생사 必證大悟。 필증대오.

是法住法位 시법주법위 世間相常住。 세간상상주.

我有如是 아유여시 七寶大車。 칠보대거

其數無量。 기수무량.

深自慶幸 심자경행 獲大善利、 획대선리、

無量珍寶 무량진보 不求自得。 불구자득.

是諸衆生 시제중생 聞是法已 문시법이

부 록 편

이 모든 중생이 이 법을 듣기를 마치니, 지
금 세상에는 편안하게 의지하고, 뒤에는 좋은
곳에 나서 도로써 즐거움을 받고, 편안하게 의
지하는 즐거움과 세간의 즐거움을 얻느니라.
감로를 뿌려서 열을 없애고 맑고 서늘함을
얻는 것과 같으니라.
굶주리는 나라로부터 와서 문득 대왕의 음
식을 만남과 같으니라.
항상 두 가지를 먹나니, 하나는 법의 기쁨
이 먹는 것이요, 둘은 선정의 즐거움이 먹는
것이니라.
나의 원은 이미 찼으며 대중의 바람도 또한
흡족하느니라.

현세안은 後生善處
現世安隱 후생선처
이도수락, 得安隱樂
以道受樂, 득안은락
세간지락。
世間之樂。
여이감로쇄 除熱得清涼。
如以甘露灑 제열득청량。
여종국래 忽遇大王饌。
如從飢國來 홀우대왕찬。
상이이식 일자 법희식
常以二食 一者 法喜食
이자 선열식。
二者 禪悅食。
아원기만 衆望亦足。
我願既滿 중망역족。
소원구족。 心大歡喜。
所願具足。 심대환희。

252

소원성취 발원문

원하는 바가 흡족하게 갖추어져서 마음에
크게 기뻐하고 즐거워하느니라.
모든 하늘이 밤낮으로 항상 법을 위한 까닭
으로 이에 호위하고 두호하며, 하늘의 모든
동자가 심부름꾼이 되며, 노닐며 다님에 두려
움 없기는 사자왕과 같으며, 사리에 밝은 지
혜의 빛이 밝음은 해가 비침과 같으니라.
만약 꿈 가운데에서도 다만 묘한 일만 보느
니라.
이 좋고 길한 약을 이제 여기에 놓아두느니라.
나의 이 땅은 편안하게 의지하여 하늘과 사
람이 항상 가득 찼느니라.
부처님의 수명이 헤아릴 수 없음을 듣고 일

諸天晝夜　제천주야
常爲法故　상위법고
而衛護之、　이위호지、
天諸童子　천제동자
以爲給使　이위급사
遊行無畏　유행무외
如師子王、　여사자왕、
智慧光明　지혜광명
如日之照。　여일지조。
若於夢中　약어몽중
但見妙事。　단견묘사。
是好良藥　시호양약
今留在此。　금유재차。
我此土安隱　아차토안은
天人常充滿。　천인상충만。
聞佛壽無量　문불수무량
一切皆歡喜。　일체개환희。

체가 모두 기뻐하고 즐거워하느니라.

부처님의 이름은 시방에 들리어 널리 중생에게 이익이 많게 하며, 그 원을 가득 채우게 하느니라. 맑고 서늘한 못이 능히 일체를 채워 줌과 같으니라.

이 경은 곧 염부제 사람의 병에 좋은 약이 되나니, 만약 사람이 병이 있어 이 경을 얻어 들으면, 병이 곧 사라져 없어지고 늙지도 않고 죽지도 아니하느니라.

복 무더기의 바다는 헤아릴 수 없나니, 이런 까닭으로 응당 이마로 절할지니라.

법화의 이름만이라도 받아서 가지는 자의 복은 가히 헤아리지 못하느니라.

佛名聞十方　　광요익중생、
佛名聞十方　　廣饒益衆生、
充滿其願。　　여청량지
充滿其願。　　如淸凉池
能滿一切。　　차경즉위
能滿一切。　　此經則爲
閻浮提人　　　병지양약、
閻浮提人　　　病之良藥
若人有病　　　득문시경
若人有病　　　得聞是經
病卽消滅　　　불로불사。
病卽消滅　　　不老不死
福聚海無量　　시고응정례。
福聚海無量　　是故應頂禮
受持法華名者　복불가량。
受持法華名者　福不可量
供養讚歎之者

소원성취 발원문

공양하고 찬탄하는 자가 있으면, 마땅히 지
금 세상에서 과보가 나타남을 얻나니, 마땅히
일어나 멀리서 맞이하되, 마땅히 부처님을 공
양하는 것과 같이 할지니라.

만약에 뇌롭게 하고 어지럽게 하는 자는 머
리를 깨어서 일곱으로 나누며, 공양함이 있는
자는 복이 십호의 부처님께 공양함보다도 더
많으니라.

찬탄하는 자는 복의 쌓임이 안명산(수미산)과 같
고, 수명과 복이 날로 더하여 증장하며, 안온하
고 즐거우며, 병이 없어지고, 목숨이 연장되며,
재난과 아집이 없어지고, 자신의 복이 원만히
가득 차는 무량한 과보로써 많은 사람들이 사랑

當於今世 得現果報、
당어금세 득현과보

當起遠迎 當如敬佛。
당기원영 당여경불

若惱亂者 頭破七分、
약뇌란자 두파칠분

有供養者 福過十號。
유공양자 복과십호

讚者積福於安明
찬자적복어안명

壽福增進安穩樂
수복증진안온락

除病延命息災我
제병연명식재아

福我圓滿重果報
복아원만중과보

衆人愛敬從恭敬
중인애경종공경

하고, 존경하며, 따르고 공손히 공경하며, 들어

오는 많은 사람이 일곱 가지 보배를 얻느니라.

이 경을 닦아 행하는 자를 편안하게 의지함

을 얻게 하고, 백 유순 안으로 하여금 모든

쇠약함과 병듦이 없게 하오리다.

여래의 비밀한 신통의 힘. 나무묘법연화경.

이 좋고 길한 약을 이제 여기에 놓아두나

니, 이 경은 곧 염부제 사람의 병에 좋은 약

이 되느니라.

만약 사람이 병이 있어 이 경을 얻어들으

면, 병이 곧 사라져 없어지느니라.

만약 제 주문을 따르지 않고, 법을 설하시

는 자를 뇌롭게 하고 어지럽게 하는 자는 머

입래중인득칠보. 入來衆人得七寶。

영행시경자 修行是經者 令得安穩

영백유순내 令百由旬內 無諸衰患

여래비밀신통지력 如來祕密神通之力

나무묘법연화경. 南無妙法蓮華經。

시호양약 是好良藥 今留在此

차경즉위 此經卽爲 閻浮提人

병지양약 病之良藥。 若人有病

문득시경 聞得是經 病卽消滅。

약불순아주 若不順我呪 惱亂說法者

리를 깨어서 일곱으로 조각을 내어 아리수가

지와 같이 하리라.

이에 꿈 가운데 이를지라도, 또한 다시 뇌

롭게 하는 것을 없애오리다.

이 법화경은 모든 부처님 여래께옵서 비밀

히 감추어 두셨던 바이니라.

보살이 이 법을 듣고는 의심 그물은 이미

모두 없어지며, 모든 하늘은 하늘 북을 쳐서

항상 많은 재주와 음악을 짓느니라.

세존께옵서 타이르시는 것과 같이 마땅히

갖추어 받들어 행하오리다.

오직 원하옵건대, 염려하시지 마옵소서.

대저 법화경이라 하면 팔만법장(八萬法藏)의 간심(肝心)이며, 십이부

頭破作七分　여아리수지.
如阿梨樹枝。

乃至夢中　亦復莫惱　내지몽중　역부막뇌。

此法華經　諸佛如來　차법화경　제불여래

祕密之藏。　비밀지장。

菩薩聞是法　疑網皆已除　보살문시법　의망개이제、

諸天擊天鼓　常作衆伎樂　제천격천고　상작중기악。

如世尊勅　當具奉行　여세존칙　당구봉행、

唯願不爲慮。　유원불위려。

경(十二部經)의 골수(骨髓)이니라. 과거, 현재, 미래의 모든 부처님께 옵서는 이 경을 근본 스승(本師)으로 하여 바른 깨달음을 이루심이라. 시방의 부처님께옵서는 일승(一乘)을 안목(眼目)으로 하여 중생을 인도하시느니라.

묘법연화경 다섯 자의 보배법장(寶藏) 속에서 일념삼천(一念三千)의 여의보주를 꺼내서 사바의 일체 중생에게 고루 주셨느니라.

— 형제초(兄弟鈔)

대지(大地)를 가리켜서 어긋날지라도, 허공을 휘어잡는 자가 있을지라도, 조수는 드나들지 않을지라도, 해가 서쪽에서 돋을지라도, 법화경 행자의 기원이 성취되지 않는 일은 있을 수 없느니라.

법화경 행자를 모든 보살·인천(人天)·팔부(八部) 등과 이성(二聖, 약왕보살·용시보살)·이천(二天, 지국천왕·비사문천왕)·십나찰녀(十羅刹女)·귀자모신(鬼子母神) 등이 천(千)에 하나라도 와서 수호하지 않는다면, 위로는

258

소원성취 발원문

(界) 중생을 속이는 죄가 되리라.

석가모니 부처님과 모든 부처님을 업신여기고, 아래로는 구계(九

행자는 반드시 실답지 못할지라도, 지혜는 어리석을지라도,

몸은 깨끗하지 못할지라도, 계의 덕을 갖추지 못하였을지라도,

「나무묘법연화경」이라고 부른다면 반드시 수호하시리라. 주머니

가 더럽다고 황금을 버리지 말라. 이란(伊蘭)을 미워하면 전단(栴檀)

이 있을 수 없으며, 연못이 더럽다고 싫어한다면 연꽃은 취하지

못할 것이며, 법화행자(法華行者)를 싫어하면 서원(誓願)을 파하게 되

리라.

정법(正法)、상법(像法) 시대가 이미 지났으니, 계(戒)를 가짐은 시장

한복판의 호랑이와 같고, 지혜 자는 사슴뿔보다도 희귀하리라.

달이 뜨기 전에는 등불을 의지할 것이며, 보배 구슬이 없는

곳에는 금은도 보배라. 백조의 은혜를 흑조에게 갚으라. 성승(聖

僧)의 은혜를 범부승(凡僧)에게 갚을 지니라.

속히 속히 생에 이로움을 주시라고 강성히 기원한다면, 어찌

기원이 가히 성취되지 않으리오. ─기도초(祈禱鈔)

나무묘법연화경 (3번)

법화경 정대송문

(※ 법화경을 정대하고서 외우는 글. 법화행자로서 특별한
소원성취 기도할 때, 법화경 독송하기 전에 반드시 법
화경을 머리 위에 받들어 모시고 이 정대송문을 읽고,
독경 기도를 하도록 한다. 혹은 독경 기도를 다 마치
고, 경을 정대하고서 하여도 무방하다.)

한 부질, 일곱 권, 이십팔 품, 육만 구천
삼백 팔십여 자, 품품의 안에 모두 다 본체
를 똑같이 갖추었으며, 문구 문구의 아래에

법화경 정대송문
法華經 頂戴誦文

일부칠권 이십팔품
一部七卷 二十八品

육만구천삼백팔십여자
六萬九千三百八十餘字

품품지내 함체구등
品品之內 咸體具等

구구지하 통결묘명、
句句之下 通結妙名、

일일문문시진불
一一文文是眞佛

묘법연화경 이름을 맺어 통섭하였으며, 하나의 문자문자가 바로 참 부처님이옵고, 참 부처님께옵서 법을 설하시어 중생을 이롭게 하시옵니다.

한 번 들으면 능히 일체 법을 가지는 까닭으로, 비록 육바라밀을 닦고 행하지는 못하였을지라도 육바라밀이 자연히 앞에 있느니라.

일체 업장의 바다는 모두 망령된 생각으로 좇아 나느니, 모든 죄는 서리와 이슬 같아서 지혜의 해로 능히 녹여 없애느니라.

만약 말법에 있어서 널리 펴서 유포하려는 뜻을 행하는 자와, 법화의 금구를 밝게 설하

진불설법리중생.
眞佛說法利衆生。

일문능지 일체법고、
一聞能持 一切法故、

수미수행 육바라밀
雖未修行 六波羅蜜

육바라밀 자연재전。
六波羅蜜 自然在前。

일체업장해 개종망상생
一切業障海 皆從妄想生

중죄여상로 혜일능소제。
衆罪如霜露 慧日能消除

약유말법 광선유포
若有末法 廣宣流布

지지행자、 어법화금구
之志行者、 於法華金句

명설 치신심자、
明說 致信心者

현당이세 소원
現當二世 所願

며 신심을 다하는 자는, 현세와 내세의 두 세상에서 원하는 바를 가히 반드시 결정코 원만히 얻게 되옵니다.

저의 큰 믿음으로써 금언을 의심하지 아니하옵나니, 만약 그 신심이 강성하고 깊음이 거듭되어서, 재앙이 소멸되고, 목숨이 연장되며, 결정코 즐거움을 얻게 하옵소서.

이제 법화경을 정대하고서 모두 각각 신심으로 뉘우치고 참회하옵나니, 과거·현재·미래의 눈, 귀, 코, 혀, 몸, 뜻의 죄장이 소멸되고, 이 경을 얻어듣고 여섯 뿌리가 맑고 깨끗하여 신통력의 까닭으로 수명이 더욱 늘게 하옵소서。

가령필득 결정원만야。
可令必得 決定圓滿也。

이아비신 불의금언、
以我不信 不疑金言、

약기신심 강성심중、
若其信心 强盛深重、

식재연명 결정득락。
息災延命 決定得樂。

현법화정대 면면 각각
現法華頂戴 面面 各各

신심참회 삼세죄장 소멸
信心懺悔 三世罪障 消滅

안이비설신의、
眼耳鼻舌身意、

득문차경 육근청정
得聞此經 六根清淨

신통력고 증익수명。
神通力故 增益壽命。

연중안태 제원성취
年中安泰 諸願成就

해마다 안락하고 태평하며 모든 소원이 성
취되고, 진제와 속제가 뜻과 같아져서 널리
퍼져 유포되며 이미 다 만족함을 얻음이, 마
치 바람이 허공 가운데에서 일체 막히거나
걸림이 없는 것과 같아지이다.

나무묘법연화경 (3번)

진속여의 광선유포
眞俗如意 廣宣流布
득이만족、여풍어공중
得已滿足、如風於空中
일체무장애。
一切無障碍。
나무묘법연화경
南無妙法蓮華經
(3번)

참회후문
懺悔後文

(※ 법화행자로서 참회기도를 수법할 때、육근참회문이나 참회요문을 읽은 후에、
이어서 이 참회후문을 독송하면 더욱 더 완벽한 법화참회의 가피가 있다。독
경、제목봉창을 하기 전이나 마치고 나서 하여도 된다。

※ 이상의 모든 기도 참회 발원문 등은 말법 법화행자 일련대사께서 찬술한 글을
초략하여 정리한 것이다。)

아득히 먼 옛날부터
제가 지은 모든 악업은
모두 시작도 없는
탐욕·성냄·어리석음으로 말미암아
몸과 입과 뜻을 따라 생겼음이라.
저는 지금 일체 모두를
참회하옵나이다.

「일체 업장의 바다는 모두 망령된 생각으
로 좇아 나느니, 만약 참회하고자 하는 자는
단정히 앉아서 실상을 염할지니라.
모든 죄는 서리와 이슬 같아서 지혜의 해
로 능히 녹여 없애느니라.
이런 고로 응당 지극한 마음으로 여섯 가
지 정의 뿌리를 참회할지니라.

참회 후문 懺悔後文

我아 昔석 所소 造조 諸제 惡악 業업
皆개 由유 無무 始시 貪탐 瞋진 癡치
從종 身신 口구 意의 之지 所소 生생
一일 切체 我아 今금 皆개 懺참 悔회
「一일 切체 業업 障장 海해
皆개 從종 妄망 想상 生생
若약 欲욕 懺참 悔회 者자
端단 坐좌 念념 實실 相상
衆중 罪죄 如여 霜상 露로

참회후문

번뇌를 끊지 않고 오욕을 떠나지 않고도
모든 뿌리를 맑게 함을 얻으며, 모든 죄를
멸하여 없애느니라.

부모가 낳은 바의 맑고 깨끗하며 항상 있
는 눈으로 다섯 가지 욕심을 끊지 않고도 이
에 능히 모든 가려진 밖의 일을 봄을 얻느니
라.

헤아릴 수 없는 뛰어난 방편은 실상을 생
각하는 것으로 좇아 얻느니라.

비록 육바라밀을 닦고 행하지는 못하였을
지라도 육바라밀이 자연히 앞에 있으며, 원
하는 것이 헛되지 아니하며, 또한 지금 세상
에서 그 복의 보를 얻느니라.

법화의 이름만이라도 받아서 가지는 자의

慧日能消除
是故應至心

懺悔六情根。

不斷煩惱
不離五欲

得淨諸根
滅除諸罪。

父母所生
清淨常眼

不斷五欲
而能得見

諸障外事。

無量勝方便

從思實相得。

265

복은 가히 헤아리지 못하느니라.

이 경을 닦아 행하는 자는 편안하게 의지함을 얻게 하느니라.

이 경을 읽는 자는 항상 근심과 번뇌로움이 없고, 또 병과 아픔이 없으며, 얼굴빛이 곱고 희며, 사리에 밝은 지혜의 빛이 밝음은 해가 비침과 같으니라.

만약 꿈 가운데에는 다만 묘한 일만 보느니라.

이 경을 얻어듣고 여섯 뿌리가 맑고 깨끗하여 신통력의 까닭으로 수명이 더욱 늘어나느니라.

대승경을 외우고, 대승의 뜻을 생각하고, 대승의 일을 생각하며, 대승에 공양하는 이

수미득수행　雖未得修行
육바라밀　六波羅蜜
육바라밀　六波羅蜜
자연재전。　自然在前。

소원불허　所願不虛
역어현세　亦於現世
득기복보。　得其福報。

수지법화명자　受持法華名者
복불가량。　福不可量。

수행시경자　修行是經者
영득안은。　令得安隱。

독시경자　讀是經者
상무우뇌　常無憂惱

우무병통　又無病通
안색선백。　顏色鮮白。

지혜광명　智慧光明
여일지조。　如日之照。

약어몽중　若於夢中
단견묘사。　但見妙事。

공덕으로써 여섯 뿌리를 꾸미고 치장하여 모두 맑고 깨끗하게 되느니라.

마의 일은 있음이 없으며, 비록 마와 그리고 또 마의 백성이 있다 할지라도 모두 부처님의 법을 두호하느니라.

뜻과 생각하는 힘이 굳고 단단하여 항상 부지런히 사리에 밝은 지혜를 구하며 가지가지로 묘법을 설하며, 그 마음이 두려울 바 없느니라.

욕되는 것을 참는 마음이 결정되어 단정하고 바르며, 위엄과 덕이 있으며, 시방의 부처님께옵서 칭찬하시는 바이니라.

모든 부처님께옵서 도량에 앉으시어 얻으

득문차경 육근청정
得聞此經 六根淸淨

신통력고 증익수명.
神通力故 增益壽命。

송대승경 사대승의
誦大乘經 思大乘義

염대승사 공양대승
念大乘事 供養大乘

시이공덕 장엄육근
是以功德 莊嚴六根

개령청정.
皆令淸淨。

무유마사 수유마급
無有魔事 雖有魔及

마민 개호불법.
魔民 皆護佛法。

지념력견고 상근구지혜
志念力堅固 常勤求智慧

설종종묘법 기심무소외.
說種種妙法 其心無所畏。

신 바의 비밀되고 요긴한 법을 이 경을 능히 가진 자는 오래지 않아 또한 마땅히 얻느니라.

능히 이 경을 가진 자는 모든 법의 뜻과 이름하는 글자와 그리고 또 말씀을, 하고자 하는 대로 설함이 다하거나 마침이 없으되, 바람이 허공 가운데에서 일체 막히거나 걸릴 것이 없는 것과 같으니라.

내가 멸도한 뒤에, 응당 이 경을 받아서 가질지니라.

이런 사람은 부처님의 도 이룸에 결정코 의심은 있을 수 없느니라.

마음에 기쁨과 즐거움이 가득 차서 감로를 뿌려 주심과 같사옵니다.」

인욕심결정 忍辱心決定
단정유위덕 端正有威德

시방불소찬. 十方佛所讚。
선능분별설. 善能分別說。

제불좌도량 諸佛坐道場
소득비요법 所得祕要法

능지차경자 能持此經者
불구역당득. 不久亦當得。

능지시경자 能持是經者
어제법지의 於諸法之義

명자급언사 名字及言辭
요설무궁진 樂說無窮盡

여풍어공중 如風於空中
일체무장애. 一切無障碍。

어아멸도후 於我滅度後
응수지사경 應受持斯經

시인어불도 是人於佛道
결정무유의. 決定無有疑。

심환희충만 心歡喜充滿
여이감로쇄」. 如以甘露灑」。

법화의 묘한 이치와 석가모니 세존의 금언
에 마땅히 신심을 일으키옵나니, 허망함은
있음이 없사옵니다.
나무묘법연화경 (3번)

육근 참회문 (육근을 참회하는 글)

(※ 일반적인 참회기도 때나 법화삼매를 행함에 있어, 시간
이 촉박할 때 이 간략한 글을 사용한다. 이 글은 당나
라 국청사문 형계묘락대사의 글이다.)

지심으로 참회하옵나니,
저(○○)와 그리고 법계의 중생은 시작도
없는 세상으로부터 오면서 무명에 덮인 바

법화묘리 석존금언
法華妙理　釋尊金言

당생신심 무유허망。
當生信心　無有虛妄。

나무묘법연화경
南無妙法蓮華經
(3번)

육근참회문
六根懺悔文

지심참회 아 ○○ 급
至心懺悔 我 ○○ 及

법계중생, 종무시세래
法界衆生, 從無始世來

무명소부 전도미혹、
無明所覆 顚倒迷惑、

이유육근 삼업 불선광조、
而由六根 三業 不善廣造

되어 거꾸로 뒤집혀서 미혹함이라, 그리하여
육근과 삼업이 착하지 못함으로 말미암아,
널리 십악과 사중금계와 오역죄와 내지 십중
금계와 사십팔경계를 지었음에 헤아릴 수 없
고 가이 없어서 가히 말로써 다하지 못하옵
니다。

시방의 모든 부처님께옵서는 항상 세간에
계시오며, 법의 소리가 끊어지지 않으시고,
묘한 향기가 가득히 충만하며, 법의 맛이 허
공에 넘치며, 깨끗한 광명을 놓으시어 일체
를 비추시어 닿이게 하시옵고, 항상 머무시
는 묘한 이치는 허공에 두루 가득하나이다。
저는 시작도 없이 오면서 여섯 뿌리가 안

十惡四重 五逆、乃至
십악사중 오역、내지

十重四十八輕、無量無邊
십중 사십팔경、무량무변

說不可盡。
설불가진。

十方諸佛 常在世間
시방제불 상재세간

法音不絶、妙香充塞
법음부절、묘향충색

法味盈空、放淨光明
법미영공、방정광명

照觸一切、常住妙理
조촉일체、상주묘리

遍滿虛空。
편만허공。

我無始來 六根內盲
아무시래 육근내맹

三業昏暗、不見不聞
삼업혼암、불견불문

으로 눈멀고, 삼업이 어둡고 어두워, 보지
못하고, 듣지 못하고, 느끼지 못하고, 알지
못하였습니다. 이러한 인연으로써 생사에 길
게 흐르고 악도를 겪어 지내옴이 백천만겁이
라, 나올 기약이 영원히 없사옵니다.

경에 이르시기를 「석가 여래께옵서는 이름
이 비로자나로, 일체의 곳에 두루 하신다.」
하셨습니다. 이런 까닭으로 마땅히 알겠사오
니, 일체 모든 법이 부처님 법 아님이 없사
옵니다.

그러나 저는 깨닫지 못하여 무명을 따라서
흘러왔습니다. 이는 곧 깨달음의 가운데 있
었으면서도 보는 것이 청정하지 못하였으며,

불각부지, 이시인연
不覺不知、 以是因緣

장류생사, 경력악도
長流生死、 經歷惡道

백천만겁 영무출기。
百千萬劫 永無出期。

경운、 석가여래
經云、 釋迦如來

명비로자나 편일체처、
名毘盧遮那、 遍一切處、

시고당지 일체제법
是故當知 一切諸法

무비불법。이아불료
無非佛法。而我不了

수무명류。시즉어보리중
隨無明流。是則於菩提中

견불청정、어해탈중
見不淸淨、 於解脫中

이기전박。
而起纏縛。

해탈 가운데 있었으면서도 그러나 얽어 동여
매는 것을 일으켰습니다.

이제 비로소 깨달아 알며, 이제 비로소 고
치고 뉘우쳐서, 크게 부끄러움과 수치스러움
을 일으키고, 크게 두려움과 무서움을 일으
키어, 대승을 외우고 가져서 삼업으로 공양
드리오며, 보현보살님과 그리고 일체 세존님
께 향하여 귀의하오며, 향을 사르고 꽃을 흩
어 육근과 삼업으로 지은 바를 드러내어 부
끄러워하고 뉘우치며, 계속 이어짐을 영원히
끊어 또 다시 만들지 않겠사옵니다.

이러한 인연으로써 이제 저와 더불어 법계
중생이 삼업과 육근으로 시작도 없이 지은

今始覺悟、 今始改悔

生大慚愧、 生大怖畏

誦持大乘 三業供養、

歸向 普賢菩薩 及

一切世尊、 燒香散華

發露懺悔 六根三業所作、

永斷相續 不復更造

以是因緣 今我與

法界眾生 三業六根

無始所作、 現作當作

바와, 현재 짓는 것과, 미래에 짓는 것과, 스스로 지음과 다른 이를 가르쳐 시킨 것과, 본 것과 들은 것과, 따라 기뻐한 것이며, 만약 기억하는 것이나, 기억하지 못하는 것이나, 만약 아는 것이나 알지 못하는 것이나, 만약 의심나는 것이나 의심나지 않는 것이나, 만약 가리워진 것이나, 만약 드러낸 것이나, 모두 필경에 청정하여지이다.

나무묘법연화경 (3번)

권 청 문
勸 請 文

(※※삼보 앞에 무릎 꿇고 합장하여 일심으로 행함.)
(※수희, 회향, 발원도 이와 같이 행함。)

自作教他 자작교타
見聞隨喜 견문수희、

若憶不憶 약억불억
若識不識 약식불식、

若疑不疑 약의불의、
若覆若露 약부약로、

畢竟淸淨 필경청정。
南無妙法蓮華經 나무묘법연화경 (3번)

勸請文 권청문

我行者○○ 아행자○○
至心勸請 지심권청、

十方法界 시방법계
無量佛 무량불、

부록편

저(행자○○)는 지심으로 정성을 다하여 청하옵나니, 시방 법계의 헤아릴 수 없는 부처님이시여, 오직 원하옵건대, 있는 바의 곳이나 태어나는 곳에서 항상 능히 머무르시어 바른 법륜을 굴리시옵소서. 함령과 식을 가진 것이 근본으로 돌아가 깨끗해지게 하시옵고 그러한 뒤에 여래께옵서는 돌아가시어 항상 머무시옵소서. (절)

나무묘법연화경 (3번)

수희문 隨喜文

저(행자○○)는 지심으로 수희하옵나니, 모든 부처님들과 보살님들의 모든 공덕과 지

유원구주 唯願久住 전법륜 轉法輪、
함령포식 含靈抱識 환본정 還本淨
연후 然後 여래귀상주 如來歸常住。(拜)
나무묘법연화경 南無妙法蓮華經 (3번)

수희문 隨喜文

아 我 행자○○ 行者○○ 지심수희 至心隨喜、
제불보살 諸佛菩薩 제공덕 諸功德、
제불보살 諸佛菩薩 제공덕 諸功德

274

혜와, 범부의 고요하거나 어지럽거나 형상
이 있는 선한 것인, 새는 것이 있거나 새는
것이 없는 일체의 좋은 업을 저(행자○○)는
모두 다 따라 기뻐하나이다. (절)

나무묘법연화경 (3번)

회향문
迴 向 文

저(행자○○)는 지심으로 회향하옵나니, 시
작도 없이 오면서 지금까지 그리고 미래의
끝이 다할 때까지의 몸과 입과 뜻으로 닦은
바의 일체 선한 것을 시방의 항하사 부처님
께 공양 올리옵고, 이에 또한 법계 모든 중

범부정란 유상선
凡夫靜亂 有相善
루여무루 일체선업,
漏與無漏 一切善業
행자 ○○ 함수희.
行者 ○○ 咸隨喜(拜)
나무묘법연화경
南無妙法蓮華經 (3번)

회향문
迴向文

아행자○○ 지심회향、
我行者○○ 至心廻向
삼업소수 일체선
三業所修 一切善
공양시방 항사불、
供養十方 恒沙佛

부록편

생과 더불어 같이 부처님의 도를 이루게 하옵소서. 허공 법계가 다할 미래까지 원하옵나니, 이 복덕으로써 부처님의 도를 구하는데 회향하나이다. (절)

나무묘법연화경 (3번)

發願文

발원문

저(행자○○)는 지심으로 발원하옵나니, 원하옵건대, 목숨을 마치려 할 때에, 정신이 어지럽지 아니하여 정념으로 곧 바로 영산 정토에 왕생하여, 석가 세존을 친견하고 받들며, 많은 성스러운 분들을 만나서, 묘법

허공법계 진미래、
虛空法界 盡未來

원회차복 구불도。
願廻此福 求佛道 (拜)

나무묘법연화경
南無妙法蓮華經 (3번)

發발 願원 文문

아행자○○ 지심발원、
我行者 至心發願

원명종시 신불란、
願命終時 神不亂

정념직수생
正念直受生

영산상적광토、면봉
靈山常寂光土、面奉

276

구원석존 치중성、
久遠釋尊　値衆聖

수행묘각 최승상락。
修行妙覺　最勝常樂　(拜)

나무묘법연화경
南無妙法蓮華經
(3번)

을 수행하여 뛰어난 항상함과 즐거움이 되게 하옵소서。(절)

나무묘법연화경 (3번)

(※ 육근참회、권청、수희、회향、발원을 할 때의 내용은 그때 그때 행자의 마음에 적당하게 법화삼부경을 참고하시어 첨가 삭제 등을 하여 행하면 된다.

특히 발원할 때에는 행자의 마음에 있는 모든 원을 마음과 입으로 말하도록 한다. 예를 들면 다음과 같다.

「이 몸이 도를 행하는데 장애가 없게 하여 삼장(三障) 사마(四魔)가 일어나지 않게 하며、깊이 삼매를 얻어 모든 법의 문에 들어가 정법을 홍통하고 중생을 제도하여 해탈케 하며、목숨을 버릴 때 정념(正念)을 성취하며、내지는 미래 세상 가운데 항상 삼보님을 뵈옵고 바른 믿음의 집에 태어나 출가하여 도를 닦으며、삼보님께 공양드리며、대승을 받아 가지며、모든 바라밀이 모두 다 앞에 나타나며、일체 중생과 더불어 평등하고 바른 깨달음을 이루게 되며、묘법화경 광선유포(廣宣流布)와 육근청정(六根淸淨)을 얻으며、또한 항상 바르게 인도하게 하옵소서。」

이와 같이 가지가지로 마음 가운데 있는 바를 따라 모든 원을 마땅히 지금 눈 앞에 삼보님께서 계신다고 생각하고 그 앞에서 무릎 꿇고 일념으로 스스로 말한다. 또한 사홍서원(四弘誓願) 등도 반드시 말한다.

※ 권청(勸請)은 자신의 마음 속에 부처님이 없다고 하는 생각이 숨어있는 죄를 뉘우 치는 법이고, 수희(隨喜)는 남의 착한 행을 믿게 생각하는 죄를 뉘우치는 법이며, 회향 (廻向)은 조그마한 공덕이라도 자기에게만 돌려 모든 것을 다 차지하려는 죄의 참회법 이며, 발원(發願)은 수행을 게을리한 잘못을 뉘우치는 방법이다.

육근참회(六根懺悔)와 더불어 이를 다섯 가지 뉘우침[오회:五悔]이라 하는데, 예불은 물론 이러한 것은 법화수행 곧 묘법연화경을 받아 가지며, 읽고 외우며, 해설, 서사 의 바른 수행에 장애를 없게 하고 제목봉창(題目奉唱)의 즉신성불(即身成佛)을 성취하는데 도우는 아주 중요한 행법(行法)이다.

본화대원
本化大願
世世生生

원컨대 제가 세세생생 나는 곳마다 항상 묘법화경에서 퇴전치 않겠나이다.

구원실성 석가모니 부처님의 영원한 수명과 같아지고, 부처님

久遠實成 釋迦牟尼

들 일불승 설하심과 같아지며, 본화보살 적화보살 부처님 부촉

一佛乘　　　　　　　本化菩薩 迹化菩薩　　　　付囑

을 받으시어 묘법화경 널리 유포함과 같아져서, 시방세계 모든

流布　　　　　　　　　十方世界

곳에 몸을 나타내어 일체 중생 남음없이 성불케 하오리, 저의

成佛

모습 보는 자 삼관을 통달하고, 저의 이름 듣는 자 제목을 부를

三觀 通達　　　　　　　　　　題目

지니, 이와 같이 무량겁을 항상 교화하여 마침내 중생도 적불도

無量劫　　　　　　　　　　　　衆生　　迹佛

없어지이다.

발원하고서 본문 삼보님께 귀명례하옵니다.

發願　　本門 三寶　歸命禮

나무묘법연화경　나무묘법연화경　나무묘법연화경

南無妙法蓮華經　南無妙法蓮華經　南無妙法蓮華經

부록편

2. 법화경 약찬게

法華經 略纂偈

(법화경을 간략히 모은 게송)

실상묘법연화경　實相妙法蓮華經
보장보살약찬게　實藏菩薩略纂偈
나무사바세계해　南無娑婆世界海
왕사성중기사굴　王舍城中耆闍崛
상주불멸석가존　常住不滅釋迦尊
시방삼세일체불　十方三世一切佛
종종인연방편도　種種因緣方便道
항전일승묘법륜　恒轉一乘妙法輪
여비구중만이천　與比丘衆萬二千
누진자재아라한　漏盡自在阿羅漢
아야교진대가섭　阿若憍陳大迦葉
우루빈나급가야　優樓頻螺及伽耶

---

2. 법화경 약찬게

실상묘법연화경을 보장 보살께서 간략히 모은 게송이라.

사바세계의 바다 왕사성 가운데 기사굴산에 항상 무시어 멸하지 아니하시는 석가세존과, 시방삼세 일체의 부처님께 지심으로 목숨 다해 귀의하옵나니, 가지가지 인연 따라 방편의 길 나타내시고, 일승의 묘한 법륜 항상 굴리심이라.

함께 더불어 하신 비구 대중만 이천이니, 번뇌 다해 자재하신 아라한이시라. 아야교진여, 대가섭, 우루빈나가섭, 가야가섭, 나제가섭, 사리불, 대목건련, 마하가전연, 아누루다, 겁빈나, 교범바제, 이라, 마하구치라, 난타, 손바다, 필릉가바차, 박구라, 마하구치라, 난타, 손

나제가섭사리불　대목건련가전연

那提迦葉舍利弗　大目犍連迦旃延

아누루다겁빈나　교범바제이바다

阿㝹樓馱劫賓那　憍梵波提離婆多

필릉가바박구라　마하구치라난타

畢陵伽婆薄拘羅　摩訶拘絺羅難陀

손타라등대비구　수보리자여아난

孫陀羅等大比丘　須菩提者與阿難

라후라등대비구　마하바사바제급

羅睺羅等大比丘　摩訶婆闍婆提及

라후라모야수다　비구니등이천인

羅睺羅母耶輸陀　比丘尼等二千人

마하살중팔만인　문수사리관세음

摩訶薩衆八萬人　文殊師利觀世音

득대세여상정진　불휴식급보장사

得大勢與常精進　不休息及寶掌士

약왕용시급보월　월광만월대력인

藥王勇施及寶月　月光滿月大力人

타라난타、부루나、수보리、아난、라후라 등의 대비구승이시네.

마하파사파제와 라후라의 어머니 야수다라 비구니 등 이천 사람도 더불어 함께 하셨음이라.

큰 보살마하살 대중 팔만 사람있으니、문수사리보살、관세음보살、득대세보살、상정진보살、불휴식보살、보장대사、약왕보살、용시보살、보월보살、월광보살、만월보살、대력보살、무량력보살、월삼계보살、발타바라보살、미륵보살、보적보살、도사보살 등의 모든 보살、부처님과 더불어 함께 하셨네.

또한 다시 석제환인、월천자、보향천자、보광천자、사대천왕、자재천자、대자재천자、사바세계 주인

婆바	樂악	法법	德덕	難난	娑사	普보	寶보	無무
稚치	乾건	緊긴	叉차	陀타	婆바	香향	積적	量량
佉거	闥달	那나	阿아	龍용	界계	寶보	導도	力력
羅라	婆바	羅라	那나	王왕	主주	光광	師사	與여
騫건	樂악	妙묘	婆바	跋발	梵범	四사	諸제	越월
馱타	音음	法법	達달	難난	天천	天천	菩보	三삼
王왕	王왕	王왕	多다	陀타	王왕	王왕	薩살	界계

毗비	美미	大대	摩마	娑사	尸시	自자	釋석	跋발
摩마	乾건	法법	那나	伽가	棄기	在재	提제	陀타
質질	闥달	緊긴	斯사	羅라	大대	天천	桓환	婆바
多다	婆바	那나	龍용	王왕	梵범	子자	因인	羅라
羅라	美미	持지	優우	和화	光광	大대	月월	彌미
修수	音음	法법	鉢발	修수	明명	自자	天천	勒륵
羅라	王왕	王왕	羅라	吉길	梵범	在재	子자	尊존

범천왕、시기대범、광명대범천왕들과、난타용왕、발난타용왕、사가라용왕、화수길용왕、덕차가용왕、아나바달다용왕、마나사용왕、우발라용왕들과、법긴나라왕、묘법긴나라왕、대법긴나라왕、지법긴나라왕들과、악음건달바왕、미음건달바왕、미건달바왕、바치아수라왕、거라건타아수라왕、비마질다라아수라왕、라후아수라왕들과、대위덕가루라왕、대신가루라왕、대만가루라왕、여의가루라왕들과、위제희의 아들 아사세왕과、각각 그의 나머지 약간 백천 사람과 더불어 함께 하셨네.

부처님께옵서 위하여 무량의 경 설하시고、무량의 처삼매 가운데 드시니、하늘에서 네 가지의 꽃 비오듯하고、땅이 여섯 가지로 진동하였네.

羅 라
睺 후
阿 아
修 수
羅 라
王 왕
等 등

大 대
滿 만
迦 가
樓 루
如 여
意 의
王 왕

各 각
與 여
若 약
干 간
百 백
千 천
人 인

無 무
量 량
義 의
處 처
三 삼
昧 매
中 중

四 사
衆 중
八 팔
部 부
人 인
非 비
人 인

諸 제
大 대
衆 중
得 득
未 미
曾 증
有 유

佛 불
放 방
眉 미
間 간
白 백
毫 호
光 광

下 하
至 지
阿 아
鼻 비
上 상
阿 아
迦 가

種 종
種 종
修 수
行 행
佛 불
說 법

大 대
德 덕
迦 가
樓 루
大 대
身 신
王 왕

韋 위
提 제
希 희
子 자
阿 아
闍 사
世 세

佛 불
爲 위
說 설
經 경
無 무
量 량
義 의

天 천
雨 우
四 사
花 화
地 지
六 육
震 진

及 급
諸 제
小 소
王 왕
轉 전
輪 륜
王 왕

歡 환
喜 희
合 합
掌 장
心 심
觀 관
佛 불

光 광
照 조
東 동
方 방
萬 만
八 팔
千 천

衆 중
生 생
諸 제
佛 불
及 급
菩 보
薩 살

涅 열
槃 반
起 기
塔 탑
此 차
悉 실
見 견

사부대중과 팔부신중, 작은 왕, 전륜성왕, 모든 대중들을 일찍이 있지 아니함 얻고, 환희하여 합장하고, 한 마음으로 부처님을 우러러 뵈오니, 부처님께옵서 미간 백호에서 빛을 놓으심이라.

빛이 동방 만 팔천 세계의 아래로는 아비지옥과 위로는 아가니타천에 이르기까지 중생과 모든 부처님과 그리고 보살들을 비추시니, 가지가지로 수행함과 부처님께옵서 설법하심과 열반 드신 후 탑을 일으킴을 여기서 다 보았네.

대중은 의심하여 생각하매, 미륵보살께서는 물으시고, 문수보살께서는 위하여 의심을 끊어 주시사, 「내가 과거에 이런 상서를 보았나니, 곧 묘법을 설하리라는 것은 당신은 마땅히 아소서.」

大衆疑念彌勒問 — 대중의념미륵문
我於過去見此瑞 — 아어과거견차서
時有日月燈明佛 — 시유일월등명불
令得阿耨菩提智 — 영득아뇩보리지
純一無雜梵行相 — 순일무잡범행상
最後八子爲法師 — 최후팔자위법사
妙光菩薩求名尊 — 묘광보살구명존
德藏堅滿大樂說 — 덕장견만대요설
淨行菩薩安立行 — 정행보살안립행

文殊師利爲決疑 — 문수사리위결의
卽說妙法汝當知 — 즉설묘법여당지
爲說正法初中後 — 위설정법초중후
說應諦緣六度法 — 설응제연육도법
如是二萬皆同名 — 여시이만개동명
是時六瑞皆如是 — 시시육서개여시
文殊彌勒豈異人 — 문수미륵기이인
智積上行無邊行 — 지적상행무변행
常不輕士宿王華 — 상불경사숙왕화

그 때에 일월등명 부처
님께옵서 계시어 위하여
정법을 설하시었네.

처음과 중간과 끝이 순수
한 하나이며, 잡됨이 없고,
깨끗한 행의 모습이라.

사제, 십이인연, 육바라
밀의 법을 응하여 설하시
어 아뇩다라삼먁삼보리의
지혜를 얻게 하심이라.

이와 같이 하여서 이만
부처님께옵서 모두 같은
이름이셨네.

이때의 여덟 아들이 법
사가 되었고, 그때의 여섯
가지 상서도 모두 이와 같
았으며, 묘광보살과 구명
존자는 문수와 미륵으로
다른 사람이 아니셨네.」

덕장보살、견만보살、대
요설보살、지적보살、상행
보살、무변행보살、정행보
살、안립행보살、상불경보
살、수왕화보살、일체중생
희견보살、묘음보살、상행

법화경 약찬게

一切衆生喜見人 일체중생희견인
莊嚴王及華德士 장엄왕급화덕사
光照莊嚴藥王尊 광조장엄약왕존
常隨三世十方佛 상수삼세시방불
大通智勝如來佛 대통지승여래불
師子音佛與師子相 사자음불사자상
帝相佛與梵相佛 제상불여범상불
多摩羅佛須彌相 다마라불수미상
壞怖畏佛多寶佛 괴포외불다보불

妙音菩薩上行意 묘음보살상행의
藥上菩薩普賢尊 약상보살보현존
無盡意與持地人 무진의여지지인
日月燈明燃燈佛 일월등명연등불
阿閦佛及須彌頂 아촉불급수미정
虛空住佛常滅佛 허공주불상멸불
阿彌陀佛度苦惱 아미타불도고뇌
雲自在佛自在王 운자재불자재왕
威音王佛日月燈 위음왕불일월등

의 보살, 장엄왕보살, 화덕 보살, 무진의 보살, 지지보 살, 광조장엄상보살, 약왕 보살, 약상보살, 보현보살 들께서는 항상 삼세 시방 의 부처님을 따르시네.

일월등명불(서품)、 연등 불, 대통지승여래불, 아촉 불, 수미정불, 사자음불, 사자상불, 허공주불, 상멸 불, 제상불, 범상불, 아미 타불, 도일체세간고뇌불, 다마라발전단향신통불, 수 미상불, 운자재불, 운자재 왕불, 괴일체세간포외불, 다보불, 위음왕불, 일월등 명불(상불경명보살품)、 운자재 등왕불, 일월정명덕불, 정 화수왕지불, 운뢰음왕불, 운뢰음수왕화지불, 보위덕 상왕여래, 이와 같은 모든 부처님, 모든 보살께서 과 거, 현재, 미래에 묘법을 설하시네.

이 법회와 더불어 시방

雲自在燈 淨明德
운자재등정명덕

雲雷音宿王華智
운뢰음수왕화지

如是諸佛諸菩薩
여시제불제보살

於此法會與十方
어차법회여시방

雲集相從法會中
운집상종법회중

一雨等澍諸樹草
일우등수제수초

信解藥草授記品
신해약초수기품

授學無學人記品
수학무학인기품

提婆達多與持品
제바달다여지품

淨華宿王雲雷音
정화수왕운뢰음

寶威德上王如來
보위덕상왕여래

已今當來說妙法
이금당래설묘법

常隨身子龍女等
상수석가모니불

漸頓身子龍女等
점돈신자용녀등

序品方便譬喩品
서품방편비유품

化城喩品五百弟
화성유품오백제

法師品與見寶塔
법사품여견보탑

安樂行品從地涌
안락행품종지용

에서 항상 석가모니 부처
님을 따르시고, 구름같이
법회 가운데 서로 좇아 모
이시네.
점수(漸修)는 신자(사리불)
요 돈수(頓修)는 용녀(8세용
녀) 등이나 하나의 비로 똑
같이 모든 나무와 풀을 적
심과 같네.
서품, 방편품, 비유품,
신해품, 약초유품, 수기
품, 화성유품, 오백제자수
기품, 수학무학인기품, 법
사품, 견보탑품, 제바달다
품, 권지품, 안락행품, 종
지용출품, 여래수량품, 분
별공덕품, 수희공덕품, 법
사공덕품, 상불경보살품,
여래신력품, 촉루품, 약왕
보살본사품, 묘음보살품,
관세음보살보문품, 다라니
품, 묘장엄왕본사품, 보현
보살권발품, 이십팔 품의
원만한 가르침, 바로 이것
이 일승의 묘한 법문이라.

법화경 약찬게

여래수량분별공(如來壽量分別功) 수희공덕법사공(隨喜功德法師功)
상불경품신력품(常不輕品神力品) 촉루약왕본사품(囑累藥王本事品)
묘음관음보문품(妙音觀音普門品) 다라니품묘장엄(陀羅尼品妙莊嚴)
보현보살권발품(普賢菩薩勸發品) 이십팔품원만교(二十八品圓滿敎)
시위일승묘법문(是爲一乘妙法門) 지품별게개구족(支品別偈皆具足)
독송수지신해인(讀誦受持信解人) 종불구생불의부(從佛口生佛衣覆)
보현보살내수호(普賢菩薩來守護) 마귀제뇌개소제(魔鬼諸惱皆消除)
불탐세간심의직(不貪世間心意直) 유정억념유복덕(有正憶念有福德)
망실구게영통리(忘失句偈令通利) 불구당예도량중(不久當詣道場中)

가지가지 품과 나누어진 게송에 다 구족하시네. 읽고 외우며 받아 가지고 믿고 이해하는 사람은 부처님의 입으로부터 좋아남이며, 부처님께옵서 옷으로 덮어 주시고, 보현보살께서 오시어 지키고 두호하시네.

마와 귀신과 모든 뇌로움이 다 소멸되어 없어지고, 세간을 탐하지 아니하고, 마음과 뜻이 곧으며, 바른 기억과 생각이 있으며, 복과 덕이 있음이라.

한 구절이나 한 게송이라도 잊어버리면 통리케 하며, 오래지 아니하여 마땅히 도량 가운데 나아가 큰 깨달음을 얻고 법륜을 굴리네.

이런 고로 보는 자는 부처님을 공경함과 같이 하세.

지극한 마음으로 묘법연

득대보리전법륜
得大菩提轉法輪
시고견자여경불
是故見者如敬佛

나무묘법연화경
南無妙法蓮華經
영산회상불보살
靈山會上佛菩薩

일승묘법연화경
一乘妙法蓮華經
보장보살약찬게
寶藏菩薩略纂偈

3。 법사공양게
法師供養偈

(※ 공양(아침, 점심, 저녁식사)할 때 독송하는 게송. 법화경 제 십 법사품.)
(※ 공양하기 전에 읽음. 독송하면 시주의 은혜, 삼보의 은혜를 갚는다.)

약욕주불도
若欲住佛道
성취자연지, 상당근공양
成就自然智 常當勤供養

수지법화자。
受持法華者
기유욕질득
其有欲疾得
일체종지혜,
一切種智慧

당수지시경
當受持是經
병공양지자。
并供養持者
약유능수지
若有能受持

화경과 영산회상의 불보살님께 목숨 바쳐 귀의하옵니다.
일승의 묘법연화경. 보장보살께서 간략히 모은 게송.

3。 법사공양게

만약 부처님의 도에 머물러서 자연지혜를 성취하고자 하면, 항상 마땅히 부지런히 법화를 받아 가지는 자에게 공양할지니라.

그 어떤 이가 일체 가지가지 사리에 밝은 지혜를 빨리 얻고자 하면, 마땅히 이 경을 받아서 가질 것이며, 아울러 가진 자에게 공양할지니라.

만약 능히 묘법화경을 받아서 가지고 있는 자는

법사공양게

묘법화경자　당지불소사　민념제중생.
妙法華經者　當知佛所使　憫念諸衆生。

제유능수지　묘법화경자　사어청정토
諸有能受持　妙法華經者　捨於清淨土

민중고생차,　당지여시인　자재소욕생.
憫衆故生此　當知如是人　自在所欲生。

능어차악세　광설무상법,　응이천화향
能於此惡世　廣說無上法、　應以天華香

급천보의복　천상묘보취　공양설법자.
及天寶衣服　天上妙寶聚　供養說法者。

오멸후악세　능지시경자　당합장예경
吾滅後惡世　能持是經者　當合掌禮敬

여공양세존.
如供養世尊。

나무묘법연화경　나무묘법연화경
南無妙法蓮華經　南無妙法蓮華經

나무 평등대혜 실상 묘법연화경
南無 平等大慧 實相 妙法蓮華經

마땅히 알지니, 부처님의 심부름꾼인 바로서 모든 중생을 불쌍히 생각함이니라.

능히 묘법화경을 받아서 가지고 있는 자는 모두 맑고 깨끗한 나라를 버리고 중생을 불쌍히 여기는 까닭으로 여기에 나느니, 마땅히 알지니라.

이와 같은 사람은 나고 자하는 바를 마음대로 하느니라.

능히 이 악한 세상에 널리 위없는 법을 설하나니, 응당 하늘의 꽃과 향과 그리고 또 하늘의 보배의 복과 하늘 위의 묘한 보배 무더기로써 법을 설하는 자에게 공양을 할지니라.

내가 멸한 뒤 악한 세상에 능히 이 경을 가지는 자에게는 마땅히 합장하고 절을 하며 공경하되, 세존께 공양함과 같이 할지니라.

4。아귀시식게

餓鬼施食偈

（※ 공양할 때 밥알 일곱 개 이상 아귀그릇에 떼어 놓고, 공양 후에 굶주린 아귀를 위해 물을 붓고, 다음의 게송을 외우고, 깨끗한 곳에 부어준다.）

여이감로쇄　제열득청량
如以甘露灑　除熱得淸凉

여종기국래　홀우대왕선
如從飢國來　忽遇大王饍

『나무묘법연화경』
南無妙法蓮華經　（21번）

4。아귀시식게

감로를 뿌려서
열을 없애고
맑고 서늘함을
얻는 것과 같으오리다.
굶주리는
나라로부터 와서
문득 대왕의 음식을
만남과 같으오리다.
나무묘법연화경
（21번）

5。신행요문

信行要文

본존제목묘상
本尊題目妙相
（본존인 제목의 묘한 형상）

나무 이승작불、구원실성、
南無 二乘作佛 久遠實成

본화 석가여래 인행과덕 이법、
本化 釋迦如來 因行果德 二法

결요사구 오중현의 제목、
結要四句 五重玄義 題目

일체중생 본연불성、십계호구、
一切衆生 本然佛性 十界互具

백계천여、일념삼천、색심불이、
百界千如 一念三千 色心不二

5。신행요문
본존제목묘상

이승(聲聞、緣覺)이 부처님이 되고, 구원겁(五百塵點劫前)에 진실로 성불하심이요, 본래 되어 있는 석가여래의 인의 행과 과의 덕인 두 가지 법이며, 네 가지 구절로 요긴한 것을 맺은 다섯 가지 현묘한 뜻(名體宗用敎)의 제목이고, 일체중생의 본래 천연스러운 불성(佛性)이며, 열 가지 세계가 서로 함께 갖추어져 있으며, 백 가지 세계의 천 가지 같은 것이며, 일념이 곧 삼천의 모든 법이요, 물질과 마음이 둘이 아니며, 경계와 지혜가 명합된 법체이며, 일승의 원만한 가르침이며, 진실한 대승이며, 보살을 가르치는 법이며, 부처님께옵서

경지명합 법체、일승원교
<small>境智冥合 法體、一乘圓教</small>

진실대승 교보살법 불소호념、
<small>眞實大乘 教菩薩法 佛所護念</small>

본인본과、이사불이、원융삼제、
<small>本因本果 理事不二 圓融三諦</small>

구원원초 무작삼신여래、구체구용、
<small>久遠元初 無作三身如來 俱體俱用</small>

당체연화、본문삼보 삼덕구족、
<small>當體蓮華 本門三寶 三德具足</small>

육만구천삼팔사 일일문문시진불、
<small>六萬九千三八四 ——文文是眞佛</small>

평등대혜、제법실상、삼신즉일
<small>平等大慧 諸法實相 三身即一</small>

본각여래、삼신상주、본문수량본존
<small>本覺如來 三身常住 本門壽量本尊</small>

묘법연화경。
<small>妙法蓮華經</small>

호념하시는 바이며、본래의 인이요 본래의 과이며、내재된 진리와 구현된 현상이 둘이 아니며、원융한 세 가지 진리 (空假中)이며、구원겁(久遠劫)의 원초(元初)에 지음이 없는 세 가지 몸(法身 報身 應身)의 여래이며、본체도 갖추고 작용도 갖추었으며、당체가 연화이며、본문의 삼보로서 세 가지 덕(法身 般若 解脫)이 구족함이며、육만 구천 삼백 팔십네 자 하나하나의 문자문자가 바로 진실한 부처님이시고、평등한 큰 지혜이며、모든 법의 실한 모습이며、세 가지 몸이 항상 머무시며、세 가지 몸이 곧 하나인 본래 깨달으신 여래이시며、본문 수량의 본존이신 묘법연화경께 목숨 바쳐 귀의하옵니다。

지묘법화초

持妙法華鈔

원컨대 경을 받아 가지고 이름을 시방 불타의 원해에 떨치고 영예를 삼
願 經 佛陀 願海 榮譽 三

세의 보살자천에다 보시하라. 그러므로 법화경을 가지고 받드는 사람은
世 菩薩慈天 布施 法華經

천룡팔부 제대보살을 자기의 권속으로 하는 자이니라. 뿐만 아니라, 인신
天龍八部 諸大菩薩 眷屬 者 因身

의 육단에다 과만의 불안을 갖추고, 유위의 범부의 몸에다 무위의 성인의
肉團 果滿 佛眼 有爲 凡夫 無爲

옷을 입었으므로 삼악도를 두려워하지 않고 팔난에 거리낌도 없느니라.
三惡道 八難

칠 방편의 산정에 올라가 구법계의 구름을 거두고 무구지의 동산에 꽂이
山頂 九法界 無垢地

고, 법성의 공에 달이 밝으리라.
法性 空

「이 사람은 불도에 결정코 의심이 없으리라.」(묘법연화경 여래신력품)의 문이야말로
文

마음 든든하리라.

「오직 나 한 사람만이 능히 구원하고 보호할 수 있느니라.」(비유품)의 말

씀은 의심이 없느니라.

일념에 믿어서 이해함의 공덕은 오바라밀의 행보다도 나으며, 오십전전
一念　功德　五波羅蜜 行　五十展轉

의 수회는 팔십년의 보시보다 수승함이라. 돈증보리의 가르침은 저 수많
隨喜　八十年　布施　殊勝　頓証菩提

은 경전보다 수승하며, 본래 수명이 오래됨을 나타내는 말씀은 영원히 제
諸

승에 없느니라.
乘

그러므로 팔세의 용녀는 대해로부터 와서 묘법경력을 찰나에 보이고, 본화
八歲　龍女　大海　妙法經力　刹那　本化

의 상행 무변행 정행 안립행 등은 대지에서 용출하여 부처님 수명이 아주 멀
上行　無邊行　淨行　安立行　等　大地　涌出

리 오래됨을 나타내심이라. 언어의 길이 끊어진, 경 가운데의 왕, 마음과

행이 멸한 바의 묘법이라.
妙法

그런데 이 도리를 소홀히 하여 나머지 경과 같다고 함은 법을 비방한 극

치이고, 대죄의 지극함이니, 비유할 바 없느니라.

또 가로되, 마음이 미치지 못하는 까닭으로 그 고향이 그리울지라도 길

지묘법화초

이 끊어지고 연이 없으면 통하는 마음도 멀어짐이라. 그 사람이 그리울지

라도 믿을 수 없고 언약이 안 되었다면 기다리는 마음도 등한한 것과 같

이 저 월경운객보다도 수승한 영산정토에 가기 쉽건마는 아직 가지 않음

이라. 「아즉시부」(나는 곧 바로 아버지니라.)의 유연하신 거룩한 모습을 뵈올 수

있음에도 아직도 뵈옵지 못함이라. 이는 진실로 옷자락을 적시고 가슴을

태우는 한탄할 일이 아님이뇨. 저물어가는 허공의 구름 빛과 먼동이 트는

새벽 달빛조차도 마음을 나타내는 듯 하거늘, 무슨 일을 하든지 어느 때

라도 뒷 세상을 생각하라. 꽃피는 봄날이나 눈 내리는 아침에도 이를 생

각할 것이며, 거센 바람이 불거나 구름이 이는 저녁에도 잠시도 잊어버리

지 말라. 나오는 숨이 들어오는 숨을 기다리지 않는도다.

어느 때인들 「매양 스스로 이러한 뜻을 짓되,」 (每自作是意..여래수량품)의

비원을 잊으리요, 어느 달, 어느 날인들 「한 사람도 성불 못하는 사람이

부록편

없으리라.」(無一不成佛 :: 방편품)의 경을 받아 가지지 않으리오.

어제가 오늘이 되고 작년(昨年)이 금년(今年)이 된다 해도 결국은 목숨은 남지 않을

것을, 모든 과거(過去)를 헤아려서 해가 쌓이는 것을 안다 할지라도 앞으로 하

루 잠시도 그 누군들 수명을 막을 것이뇨. 임종(臨終)이 이제라도 있을 줄을 알

면서도 아만편집(我慢偏執) 명문이양(名聞利養)에 집착해서 묘법(妙法)을 봉창(奉唱)하지 않는 그 마음이야

말로 기막힌 일이로다. 이것이야 말로 「개성불도(皆成佛道)」(모두 부처님의 도를 이루니

라)의 법(法)이라 말하면서 이 사람이 어찌 불도(佛道)에 게으르지 않다고 할 것이

뇨. 또 목숨이 일념(一念)에 불과(不過)하니 부처님께서 일념수희(一念隨喜)의 공덕(功德)이라 설(說)하심

이라. 이러하므로 만일 이것이 이념(二念) 삼념(三念)으로 된다면 평등대혜(平等大慧)의 본래서

원인 돈교(頓教) 일승(一乘) 모두 다 성불하는 법(法)이라고는 할 수 없으리라. 유포할 때

는 말세 법멸시(末世 法滅時)이며, 중생의 기(機)는 오역(五逆) 방법(謗法)마저도 넣음이라. 이런 까닭

으로 돈증 보리심(頓証菩提心)은 제쳐놓고 호의집착(狐疑執着)의 사견(邪見)에 몸을 맡기지 말라.

생애는 짧도다. 생각하면 잠시 하룻 밤의 숙소인 것을 잊어버리고 얼마
生涯

만한 명리를 얻을 것이뇨. 또 얻었다 하여도 꿈속의 영화이니 즐겁지 않
名利 宿所 榮華

은 낙이로다. 다만 전생업인에 맡겨야 하리라. 세간의 무상을 깨닫는 일
樂 前生業因 世間 無常

은 눈 앞에 널려있고 귀에 가득하거니, 구름이 가고 비가 오는 것과 같도

다. 옛 사람은 다만 이름만 들리도다. 이슬 같이 없어지고 연기 같이 사

라짐이라. 현재 세상의 벗도 또한 가도다. 나도 언제까지나 이렇게 있을

것인가. 꽃은 봄바람을 따르고 단풍은 가을비에 더욱 붉어짐이라. 이것이
丹楓

다 길지 않은 세상 일이니 법화경에는 「세상은 다 견고하지 않고 물거품
世上 法華經

과 연기와도 같음이라.」고 권하심이라. (수희공덕품)

또 가로되, 과거 원원의 괴로움은 헛되게 받았을 뿐이라 어찌할 것이뇨.
過去 遠遠

잠시라도 변하지 않고 항상 머무는 묘인을 심을지어다. 미래 영영의 즐거움
妙因 未來 永永

은 가지가지라, 마음을 길러서 군게하여 장난삼아 농담으로도 번개 빛과 같

부록편

고 아침 이슬과 같은 명리(名利貪)를 탐내지 말라.

「삼계(三界)가 편안치 않음이 마치 불타는 집과 같으며」(방편품)라 하심은 여래(如來)

의 가르치심이라. 「이런고로 제법(諸法)이 환과 같고 화(幻化)와 같음이라」하심은 보살(菩薩)

의 말씀이라. 적광(寂光)의 국토(國土)가 아니면 어느 곳이나 다 괴로우리라. 본각(本覺)의

집을 떠나서 무엇이 즐거우리오. 원(願)컨대 「현세에서 편안하고 후생에는 좋은

곳에 태어나」(현세안은후생선처..약초유품)現世安隱後生善處의 묘법(妙法)을 가지는 것만이 오로지 금생(今生)의

명문(名聞)이요, 후생(後生)의 인도(引導)가 되느니라. 잠시라도 일심(一心)으로 나무묘법연화경(南無妙法蓮華經)을

나도 봉창(奉唱)하고 타인(他人)에게도 권할 뿐이로다. 금생 인간계(人間界)의 추억이 되리라.

(일연대사 지음)

기 **도** 초
祈禱鈔

대지(大地)를 가리켜서 어긋날지라도, 허공(虛空)을 휘어잡는 자(者)가 있을지라도, 조수(潮水)

298

는 드나들지 않을지라도、 해가 서쪽에서 솟을지라도、 법화경 행자의 기원이
(法華經 行者 祈願)

성취되지 않는 일은 있을 수 없느니라。 법화경 행자를 모든 보살 인천 팔부
(西) (法華經 行者) (菩薩 人天 八部)

등 이성 이천 십나찰녀 등이 천에 하나라도 와서 수호하지 않는다면 위로는
(等 二聖 二天 十羅利女 千) (守護)

석가모니 부처님과 모든 부처님을 업신여기고 아래로는 구계(보살계、 연각계、
(九界)

성문계、 천상계、 인간계、 아수라계、 축생계、 아귀계、 지옥계)를 속이는 죄가 되리라。

행자는 반드시 실답지 못할지라도、 지혜는 어리석을지라도、 몸은 부정할
(行者) (實) (智慧) (不淨)

지라도、 계의 덕을 갖추지 못하였을지라도、 나무묘법연화경이라 부른다면
(戒) (南無妙法蓮華經)

반드시 수호하시리라。 주머니가 더럽다고 황금을 버리지 말라。 이란을 미워
(守護) (黃金) (伊蘭)

하면 전단이 있을 수 없으리라。 구렁창의 못이 더럽다고 싫어한다면 연꽃은
(栴檀) (蓮)

취하지 못하느니라。 행자를 싫어하면 서원을 파하게 되리라。 정법、 상법시
(取) (行者) (誓願 破)

대가 이미 지났으니、 계를 가짐은 시중의 호랑이와 같고、 지혜자는 사슴뿔
(戒) (市中)

보다도 희귀하리라。 달이 뜨기 전에는 등불에 의지할 것이며、 보배 구슬이
(希貴)

없는 곳에는 금은도 보배라. 백조의 은혜를 흑조에게 갚으라. 성승의 은혜
를 범부승에게 갚으라. 속히 속히 생에 이로움을 주시라고 강성히 행하면
어찌 기원이 성취되지 않으리오. (일련대사 지음)

입정안국론
立正安國論

천하태평 국토안함을 임금과 신하가 다 즐거워하는 바이며, 선비와 백
성이 원하는 바라. 대저 나라는 법에 의해서 번창하고 법은 사람으로 인하
여 귀함이라. 나라가 망하고 사람이 멸하면 부처님을 누가 받들 것이며, 법
을 누가 믿으리오. 먼저 국가를 기원하고 모름지기 부처님 법을 세울지니라.

그대는 어서 신앙의 촌심을 고쳐 속히 실승의 일선 (법화경)으로 돌아오라.
그리하면 곧 삼계가 다 부처님 국토라, 부처님 나라가 어찌 쇠퇴하리오. 시
방이다 보토라, 보토가 어찌 무너지리오. 나라에는 조그마한 쇠함도 없고

성우문답초

땅에는 파괴가 없으리니, 이 몸은 안전하고 이 마음은 선정되리라. 이 말을
破壞　安全　禪定

믿고 이 일을 받들지니라. (일연대사 지음)

성우문답초
聖愚問答鈔

모든 부처님의 참된 이치와 도를 얻음의 가장 최고로 중요한 요지는 다만

이 묘법연화경의 다섯 자라. 단왕이 보위를 퇴하고 용녀가 뱀의 몸을 고친
妙法蓮華經　檀王　寶位　退　龍女

것도 다만 이 다섯 자 때문이라. 대저 이를 생각하니 지금의 이 법화경은
法華經

받아 가짐의 많고 적음을 하나의 게송, 하나의 구절이라 설하고, 수행의 시
說　修行　時

각을 일념수희라 정하심이라. 대저 팔만법장의 광대함도 일부팔권의 많음도
刻　一念隨喜　定　八萬法藏　一部八卷

다만 이 다섯 자를 설하기 위함이라. 영산의 구름 위, 독수리 봉우리의 안
說　爲　靈山

개 속에서 석가 세존께서는 요를 맺고 지용의 본화보살에게 부촉을 하게 된
要　地涌　本化菩薩　付囑

일도 법체는 무엇인고 하니 다만 이 요법에 있음이라. 천태 묘락의 육천 장
法體　要法　天台　妙樂　六千張

의 소에다 구슬을 꿰어 놓은 것도, 도수(導遂) 행만(行滿)이 수축(數軸)의 석에다 황금을 깔아

놓은 것도, 그러나 이 의취(義趣)에서 벗어나지 않음이라. 진실로 생사(生死)를 두려워

하고 열반(涅槃)을 기뻐하고 신심(信心)을 내어서 갈앙(渴仰)하면, 변천하여 멸하며 항상함이

없는 것은 어제의 꿈이요, 보리(菩提)의 깨달음은 오늘의 현실(現實)이로다. 다만 오직

나무묘법연화경(南無妙法蓮華經)이라 봉창(奉唱)하면 멸(滅)하지 않는 죄(罪)가 있으리요. 오지 않는 복(福)이

있으리요. 진실(眞實)이로다, 심히 깊도다, 이를 믿어서 받으라.

묘법연화경(妙法蓮華經)이라 함은 일체 중생의 불성(佛性)이라. 불성은 법성(佛性 法性)이라. 법성은 보

리(法性 菩提)이니라. 이른바 석가・다보・시방(釋迦・多寶・十方)의 모든 부처님, 상행・무변행(上行・無邊行) 등, 보현・

문수・사리불・목련(普賢・文殊・舍利弗・目連) 등, 대범천왕・석제환인・일월・명성・북두칠성・이십

팔수(大梵天王・釋提桓因・日月・明星・北斗七星・二十八宿)・헤아릴 수 없는 모든 별・하늘 무리・땅의 종류・용신・팔부(龍神・八部)・사람・

하늘・대회(大會)・염마법왕, 위로는 비상(非想)(비상비비상처천)의 구름 위에서부터 아래로

는 나락(那落)(아비지옥)의 불길 바닥까지 모든 일체 중생이 갖추고 있는 바의 불성(佛性)

성우문답초

을 묘법연화경이라 이름함이라. 그러므로 한 번이라도 이 수제를 받들어 부
妙法蓮華經
首題

르면 일체 중생의 불성이 다 불리어서 여기에 모일 때, 나의 몸의 법성의
佛性
法性

법신·보신·응신의 삼신이 함께 이끌려서 나타남이라. 이것을 성불이라고
法身 報身 應身
三身
成佛

하느니라.

이미 부처님을 훌륭한 의사라고 부르고, 법을 훌륭한 약으로 비유하고, 중
法身

생을 병자에 비유했도다. 여기 여래 일대의 교법을 도사화합(찧고 체로 쳐서 고루
病者
如來 一代 教法
擣篩和合

합함 :: 여래수량품) 해서 묘법 일립의 훌륭한 약으로 조제하여 환으로 했느니라.
妙法 一粒
丸

어찌 알든 모르든 복용하는 자는 번뇌의 병이 낫지 않겠느뇨. 병자가 약도
煩惱 病
病者 藥

모르고 병도 분별하지 못할지라도 먹으면 반드시 낫는 것과 같이 행자도 또
病
行者

한 그러함이라. 법의 이치도 알지 못하고 번뇌를 알지 못할지라도 다만 오직

믿으면, 견사·진사·무명이라는 삼혹의 병을 동시에 끊고 실보적광의 전각
見思 塵沙 無明
三惑
實報寂光

에 올라서 본유삼신의 몸을 닦는 것은 의심이 없으리라. (일연대사 지음)
本有三身

兄弟鈔
형제초

대저 법화경이라 하면 法華經 팔만법장의 간심이며 八萬法藏 십이부경의 골수라. 과거, 현 十二部經 肝心 骨髓

재, 미래의 모든 부처님은 이 경을 본사로 하여 바른 깨달음을 이루심이라. 經 本師

시방의 불타는 일승을 안목으로하사 중생을 인도하심이라. 현금 경장에 들 十方 佛陀 一乘 眼目 衆生 引導 現今 經藏

어가 이를 보니 후한 영평에서 당말에 이르기까지 전해온 바의 일체경에 두 後漢 永平 唐末 轉 一切經

가지 본이 있으니, 소위 구역의 경은 오천사십팔권이요, 신역의 경은 칠천 所謂 旧譯 經 五千四十八卷 新譯 經 七千

삼백구십권이라. 저 일체경이 다 각각 분에 따라 내가 제일이라고 하나 그 三百九十卷 一切經 各各 分 第一

러나 법화경과 저 여러 경들과 비교하여 보면 승렬이 하늘과 땅과 같고, 높 法華經 經 比較 勝劣

낮이가 구름과 진흙과 같음이라. 저 여러 경들은 수많은 별과 같고 법화경 經 法華經

은 꽉 찬 보름달과 같으며, 저 여러 경들은 등과 횃불과 별과 달과 같고 법 經 法華經

화경은 큰 해의 바퀴와 같음이라. 華經

내지 그러나 이 법화경은 일체 모든 부처님의 안목이요, 교주 석가 세존의 본래 스승이라. 한 자, 한 점이라도 버리는 사람이 있다면 천만의 부모를 죽인 죄보다도 더할 것이며, 시방의 부처님 몸에서 피를 내게 한 죄보다도 더하리라. (일연대사 지음)

법사탄
法師歎

법사품소에 이르되, 만약 권(방편)을 열고 실(진실)을 나타내는 뜻을 들으면, 곧 일심(하나의 마음)에서 널리 일체심(일체의 마음)을 알 것이요, 또 일체의 법은 다 이것이 불법으로서 장애가 없으리라. 만약 분별코자 한다면 변설로는 다 할 수 없으리니, 한 달, 넉 달로부터 한 해에 이르기까지 하여도 오히려 다하지 못하리라. 비록 그 참된 법은 아직 얻지 못하였다 할지라도 수회하는 마음으로 능히 이와 같음을 알리라. 법이 이미 이와 같으니 사람도

부 록 편

또한 이와 같으니라.

또 이르되, 법이 묘한 고로 사람이 귀하고, 사람이 귀한 고로 처소(處所)도 존귀하며, 처소(處所)가 존귀한 고로 인(因)이 원만하고, 인(因)이 원만한 고로 과(果)가 지극하니라. 이제 법화경(法華經)은 그 법을 논한다면 일체의 차별이 융통(融通)해서 일법(一法)에 돌아가고, 또 사람을 논한다면 곧 스승과 제자의 본(本)(근본)과 적(迹)(그림자)이 함께 다 구원(久遠)(멀리 오래됨)이니라. 이와 같이 이 두 가지 법문이 다 법화(法華) 이전(以前)과 다르므로 믿기 어렵고 알기 어려우니라. 칼날의 법난(法難)을 당한다는 것은 법화경에 이미 설하여 있거니와 이 법(法)이 있는 곳, 곧 그것이 귀(貴)하니라.

대저 부처님이 탄생하신 곳, 도(道)를 성취하신 곳, 법륜(法輪)을 처음 설하신 곳, 열반에 드신 곳들은 법왕(法王)께서 유행(遊行)하시던 곳이므로 다 탑을 세울지니라. 이 법화경은 이것이 법신(法身) 생(生)이 나신 곳이요, 도를 얻으신 곳이며, 법륜의 정체(正體)요, 대열반의 굴(窟)이므로, 이 경이 있는 곳에는 모름지기 탑으로써 공양할지니라.

306

십여시 해설

십여시 해설
十如是解說

천태대사의 소석과 같이 세 번 읽으면 공덕이 뛰어나도다.
天台大師　所釋　功德

이제 원(원만한)의 여실지로써 인을 삼고 또 돌이켜 과로도 삼느니라. 도전
圓　如實智　因　果　道前

의 진여는 곧 이것이 정인이요, 도 중의 진여는 곧 이것이 연인이며 또한
眞如　正因　道中　緣因

요인이라고도 이름한다. 그리고 도 후의 진여는 곧 이것이 원과니라. 그런
了因　道後　圓果

고로 보현관경(불설관보현보살행법경)에 이르시되, 대승의 인이라 함은 곧 이것이
普賢觀經　大乘因

실상이요, 대승의 과라 함도 또한 이것이 실상이니라고. 석론에 이르되, 처
實相　大乘果　釋論

음에 실상을 관함을 인이라 이름하고 관해서 마친 것을 과라 이름한다라고.
實相觀　因　觀果

이치로써 논한다면 진여실상은 인과에 해당치 않고 또한 앞뒤도 없느니라.
眞如實相　因果

그러나 만약 중생의 수행상으로 본다면 곧 앞과 뒤와 원인과 결과가 있는
修行上

것이니라. (천태대사 저·법화문구)

제 一에 시상여라고 상성체력 이하의 십을 여라 하는데, 여라 함은 공의

뜻인 고로 십법계 모두 공제이니라. 이를 읽고 관할 때에는 나의 몸은

보신여래이며 팔만사천 또는 반야라고도 하느니라.

제 二에 여시상 이는 나의 몸의 색형에 나타난 형상이니라. 이는 모두

이며 상성체력 이하의 십이므로 십법계 모두 가제라 해서 가(임시, 가화합, 거

짓)의 뜻이니라. 이를 읽고 관할 때는 나의 몸은 즉 응신여래이며 또는 해탈

이라고도 하도다.

제 三에 상여시라 함은 중도라 해서 부처님의 법신의 모습이며, 이를 읽

고 관할 때는 나의 몸은 즉 법신여래이며, 또는 중도라고도, 법성이라고도,

열반이라고도, 적멸이라고도 하노라.

이 삼을 법보응의 삼신이라고도, 공가중의 삼제라고도, 법신·반야·해탈

의 삼덕이라고도 하노라. 이 삼신여래는 결코 다른 곳에 없으며, 나의 몸이

관심 송경법

관심송경법
観心誦經法 (마음을 관하면서 경을 외우는 법)

즉 삼덕구경의 체로서 삼신즉일신의 본각의 부처님이니라。 이를 아는 것을

여래라고도 성인이라고도 깨달음이라고도 하고、 이를 모름을 범부라고도 중

생이라고도 미혹이라고도 하느니라。

대저 경을 읽어서 죄를 소멸하고자 하거든、

첫째, 먼저 얼굴을 씻고 양치하고、 위의를 정숙히 하여 특별한 자리에 가

부좌로 앉을지니라。

둘째、 관에 들어가 앉은 자리가 높고 넓으며 장엄스럽고 훌륭함을 관하라。

다음에는 자리 아래에는 천룡팔부와 사부대중등이 겹겹이 둘러싸고 법을

듣는다고 관하라。

다음에는 모름지기 마음을 써서 관을 지으라。 내가 능히 법사가 되어 부

부록편

처님의 바른 가르침을 전해 받아 사부대중을 위하여 설한다고 관하되, 내는

바의 소리는 다만 이 한 자리의 대중만이 아니라 시방의 일체 중생이 모두

함께 듣고 있다고 생각할지니, 이것을 이름하여 가관이라 하느니라.

다음에 능히 설하는 사람이 외우는 바의 경을 관하라. 어떠한 것이 바로

경인가. 경권이 그것이라 할 것인가. 종이와 먹이 그것이라 할 것인가.

이 그것이라 할 것인가. 외우는 소리는 입으로부터 나는 것이라 할 것인

가. 잇몸이 화합해서 나는 것이라 할 것인가. 나의 몸이 있다 할 것인가.

나의 몸이 없다 할 것인가. 누가 이것을 외우는가. 마음이 이것을 외운다

할 것인가. 입이 이것을 외운다 할 것인가. 화합해서 나오는 것이라 할 것인가.

인가. 그 사부대중을 관하되 이것을 진실로 있다 할 것인가.

나오는 것이라 할 것인가. 사부대중은 있는 것이 아니요, 내가 능히 외우는

것도 없느니라. 이것을 공관이라 이름하느니라.

비록 외우는 바의 경이 없다 할지라도 그러나 經卷 경권과 종이와 먹과 文字 문자가

있으며, 비록 능히 외우는 사람은 없다 할지라도 그러나 나의 몸이 있어서

四部大衆 사부대중을 위하여 펴서 說 설하고 있느니라. 비록 안과 밖이 아니나 안과 밖

을 떠나지 않고, 비록 經卷 경권이 아니나 경권을 여의지도 아니하며, 비록 몸도

입도 아니나 몸과 입을 떠나지도 않고, 처음으로부터 마침에 이르도록 반드

시 틀림이 없는 것을 불가사의 不可思議의 (중관::中觀)라 이름하느니라.

능히 이렇게 알고, 능히 이러한 觀 관을 짓는 것을 이름하여 一心 일심 가운데 세

가지 觀 관(一心三觀)을 얻는다고 하는 것으로, 앞도 아니요, 뒤도 아니면서 三觀 삼관

(三觀::卽空、卽假、卽中) 이 宛然 완연하느니라.

비록 베푸는 자가 없다 할지라도 그러나 법으로 베푸는 것이 있고, 비록

받는 자가 없다 할지라도 四部大衆 사부대중이 엄연하게 있으며, 비록 법자리가 없다

할지라도 자리에 올라서 법을 펴서 설하나니, 一 일이 二三 이삼이 아니면서도 이에

부 록 편

일 이 삼인 것을 이름하여 법의 베품인 단바라밀이라 하느니라.
一二三
檀波羅蜜

마음을 오로지 하여 경을 외우고 가져서 모든 막힘과 장애가 없는 것을
經

이름하여 지계(계를 가짐)라 하느니라.
持戒 經

악한 깨달음을 인내하며 이름들림과 재물의 이로움에도 모두 능히 괴로워
忍耐

하지 않는 것을 이름하여 참음(인욕:忍辱)이라 하느니라.

한결같은 마음이 쉬지 않고 처음부터 끝까지 게으르거나 나태함이 없는

것을 이름하여 정진이라 하느니라.
精進

이 경에 전념하여 애착함이 없는 것을 이름하여 선(禪定)이라 하느니라.
經 專念 禪

분별함에 그릇됨이 없고, 서분과 정종분과 유통분에 살펴 밝지 않음이 없
序分 正宗分 流通分

으며, 문구가 분명함을 이름하여 반야(지혜)라 하느니라.
般若

이러한 것을 이름하여 육바라밀 구족이라 하느니라.
六波羅蜜 具足

스스로 이 경을 행(수행)하는 것을 이름하여 실(진실)이라 하고, 타인에게
經 行 實

관심 송경법

전해 주는 것을 이름하여 권(방편)이라 하나니, 만약 능히 일생에 이와 같이

하면 공덕을 갖추어 이루느니라.

시작도 없는 마음을 이름하여 정인이라 하고, 또 마음을 관함이 있는 것

을 이름하여 요인이라 하며, 높은 자리에서 사부대중을 위하여 설해주는 것

을 이름하여 연인이라 하나니, 이에 세 가지의 인(삼인∵ 정인、연인、요인)이 구

족함이니라.

만약 관이 아직 밝지 아니하였으면 다만 그것은 성덕이요, 연마함을 그치

지 아니하고 관심이 상응하는 것을 이름하여 성태에 의탁한다 하며, 태업이

성취되는 것을 이름하여 수덕이라 하느니라. 그리고 중간의 사십일위는 또

한 수덕이요, 또한 성덕이라 하며, 극과에 이른 것을 이름하여 종지(일체종

지)라 하느니라.

이자의 삼점(∵)은 종도 아니고 횡도 아니니, 이름하여 대열반이라 하며,

부 록 편

이름하여 도피안이라 하며, 이름하여
到彼岸
이러한 것을 이름하여 경을 외우는 제일의공 평등대혜라고 하느니라.
第一義空 平等大慧
님께옵서 이에 의해서 나오시지 아니하심이 없느니라. 믿는 자에게는 가히
正觀 三世
베풀어 줄 것이요, 믿음이 없는 자에게는 설하지 말지니라.

셋째, 유통이란 것은 만약 자기만 익혀서 건너간다면 자라고 이름할 수
流通
없고, 남의 고통을 보고도 구제하지 아니하면 이름하여 비라 할 수 없느니
悲
라. 이미 정관을 닦아서 현전하면 다시 마땅히 법계를 장엄할지니라.
正觀 現前 法界
경을 외우는 바를 마치고 관에서 나온 후, 이러한 관을 움직인 공덕으로
觀 觀
써 이미 정각(바른 깨달음)에 오른 자는 원컨대 널리 중생을 제도하고,
正覺 慈
들어간 자는 모두 다 상지에 오르며, 아직 위에 들어가지 못한 자는 곧
上地 位
와 비의 두 가지 법을 움직여 원컨대 미래세에 함께 정각을 이루게 하여지
悲 未來世 正覺
이다. (천태대사 지음)
悲

314

칠종례

七種禮 **칠종례**

（천축 늑라삼장이 동방(중국 제나라)에서 부처님께 예배하는 예의가 바르지 않음을 보고 이 일
天竺 勒那三藏

곱 가지 법을 전하였다.）

① 아만교심례니, 비록 몸은 예배하더라도 차위에 의하여 공경하는 마음
我慢憍心禮　　　　　　　　　　　　　次位

이 없는 것이다. 겉으로는 공경하는 것 같이 보이나 자신의 덕을 믿고 안으

로는 교만과 의혹을 품었음을 말한다. 중생을 업신여기고 도를 박대한다.

② 창화구명례、구명례 또는 창화례라 이름한다. 다만 이름만 들어서 거
唱和求名禮　求名禮　　　唱和禮

짓 위의를 나타내는 것이다. 입으로는 부처님의 명호를 부르나 깨끗한 생각
威儀

이 없이 마음은 흩어져 실로 바깥일에 가 있는 것이다. 그 복이 엷고 적어

참 공양이 아니다.

③ 심신공경례、입으로는 부처님 명호를 부르고、마음은 눈앞에 뵙는 것
心身恭敬禮

과 같이 부처님 상호에 둔다. 몸과 마음으로써 부지런히 애써 오로지 공경
相好

하고 공양하되 다른 생각이 없음이다. 사람과 하늘을 인도하고 이롭게 함을

최상으로 생각하므로 공덕은 크더라도 지혜가 되지는 못한다.

④ 발지청정례니, 마음이 밝아 지혜로우며 부처님의 경계를 통달해서 내
發智淸淨禮　　　　　　　　　　　　　　　　　　　　　　　　　　　　內

외가 청정하고 허공처럼 통하여 본래 걸림이 없는 것이다. 한 부처님께 절
外

할 때에 곧 일체 부처님께 절하는 것이고, 일체 부처님께 절하는 것이 곧

한 부처님께 절하는 것이다.

모든 부처님의 법신은 체와 용이 본래 융통한 까닭으로 한 번의 예가 법
　　　　　　　　法身　體用　　　　融通　　　　　　　　禮

계에 두루 한다. 꽃과 향의 공양도 그와 같고 법과 승가에 절하는 것도 또

한 다시 그와 같은 것이다. 삼승이라는 이름은 다르나 체는 같으며, 삼보를
　　　　　　　　　　三乘　　　　　　　　　體

통달했으므로 일체 3계 6도와 4생에 대해서도 다 부처님이란 생각으로 공
　　　　　　　　三界六道　四生

양 예배하며, 스스로 몸과 마음이 장애가 없어 부처님의 경계를 생각하는

마음이 더욱 밝아진다. 청정한 업이 무궁하고 그 과보가 무한하다.

칠종례

⑤ 편입법계례니, 자기의 몸과 마음 등의 법이 본래부터 법계를 여의지
遍入法界禮   法界

아니한 것이며, 부처님의 몸 안이나 밖에 있는 것도 아니요, 또한 나의 안
法界

이나 밖에 있는 것도 아니다. 모든 부처님이 내 마음을 여의지 아니하며 내

마음이 모든 부처님을 여의지 아니해서, 성품과 형상이 평등해서 본래 더
性品 形相

함도, 덜 함도 없는 것이다. 지금 한 부처님께 절하면 곧 두루 모든 부처님
品 相

께 절하는 것이니, 방 가운데에 백천개의 거울을 달면 거울과 거울에 비치

지 아니하는 것이 없으며 그림자가 나타나지 아니하는 것이 없음과 같다.

이와 같이 바로 보면, 한 부처님만이 중생을 교화하더라도 그 공이 온 법계
功

에 돌아가고 그 덕의 쓰임은 끝이 없이 두루한 것이다.
德

⑥ 정관수성례니, 자체자신불을 밝혀 타경타신불에 반연하지 않는 것이
正觀修誠禮 自體自身佛   他境他身佛

다。 마음을 섭하고 바르게 생각해서 불신을 대하는 것이며, 자기불신께 예
攝   佛身   自己佛身禮예

함이다。 일체 중생은 스스로 본래 깨달은 성품이 있어서 부처님과 더불어

317

평등함을 말하는 것이다.

자신의 성품에 미혹(迷惑)하여 망령되이, 자기 몸은 악하여 불성(佛性)이 없다고 생각

하면 모든 악을 지으니, 선(善)을 내더라도 남의 몸에 공양할 뿐이다. 일찍이

하나의 등(燈), 하나의 향(香), 한 번의 예배나, 한 번도 음식으로 자기 불성(佛性)에게

공양한 일이 없다. 만약 능히 본각(本覺)에 돌이켜 비추어 보면 해탈할 기약이 없

을 것이다.

그런 까닭으로 유마경에 「제 몸의 실상(實相)을 관(觀)하는 것처럼 부처님 몸도 또

한 그렇게 보라. … 부처님도 법도 승도 보지 않는다. 그것은 자신과 남이

평등한 바른 법의 성품을 보기 때문이다. 자기의 마음이 청정하면 곧 자성(自性)

이 불성(佛性)에 머무는 것이요, 힘을 따라 밝음을 닦으면 곧 불성(佛性)을 끌어내어 3

아승지의 과보가 원만하며, 곧 과보를 얻어 불성(佛性)에 이른다.」 하였다.

불성(佛性)을 보려면 반드시 자신의 부처님을 보아야 하며, 법(法)과 승(僧)도 또한 그러

칠종례

하여 본체가 같아서 둘이 아님을 바르게 보고 절을 하는 것이다.

⑦ 실상평등례實相平等禮이니, 이 예배는 자타自他가 없고, 범부와 성인이 하나이고, 체體와 용用이 융통하고 여여如如하며 평등하여 고금古今이 없다. 앞의 예배는 예禮가 있고 관觀에 있어서 자타自他의 두 가지가 다르다.

실상實相은 생각을 떠났기 때문에 마음으로 취할 수 없고, 형상으로 구할 수 없으며, 예배로 공경할 수 없고, 교만驕慢으로 게으를 수 없는 것이다.

높고 낮음과 비천을 떠났으며, 고요하고 어지러움이 한 근원이요, 공경하고 게으름이 본래 하나인 것이니, 이 뜻에 마음을 편안히 하면 평등례平等禮라 한다.

자타自他 둘은 다르나 지금 이 일례一禮는 자도 없고 타他도 없음이라. 그것은 능례能禮와 소례所禮가 성품이 공적空寂함이니, 이를 실상평등례實相平等禮라 이름한다.

나지도 않고 멸하지도 않기 때문에 보는 바 없는 분께 경례한다. 그러므

319

로 범부는 무지하여 도리어 비방할까 두려운 것이다. 그러나 지혜로운 이는 안으로 평등을 행하고 밖으로 공경을 닦아 안팎이 적당하니 이것을 평등례(平等禮)라 한다.

원돈장(圓頓章)

원돈(圓頓)이라는 것은 처음부터 실상(實相)을 반연하며, 경계(境界)를 지음이 곧 중도(中道)이라, 진실이 아님이 없으며, 법계(法界)에 계연(繫緣)하니, 일념(一念)이 법계(法界)라, 하나의 색(色), 하나의 향(香)이라도 중도(中道)가 아님이 없느니라.

나의 세계 및 부처님의 세계, 중생의 세계도 역시 그러하며, 오음(五陰)이나 육입(六入)이 모두 다 진여(眞如)이니, 버려야 할 고(苦)(괴로움)도 없고, 무명(無明)이나 진로(塵勞)가 바로 이것이 보리(菩提)이니, 끊어야 할 집(集)도 없으며, 이변(二邊)이거나 사사(邪事)가 모두 중도(中道)이며 바른 것이니, 수행(修行)해야 할 도(道)도 없느니라.

원 돈 장

생사가 열반에 즉하는 것이니, 증득하여야 할 멸도 없느니라.
生死 涅槃 卽 證得 滅

고가 없고 집이 없기 때문에 세간이 없으며, 도가 없고 멸도 없는 것이니
苦 集 世間 道 滅

따라서 출세간이 없도다.
出世間

라.
순전한 하나의 진실상일 뿐, 진실상 이외는 다시 다른 법이 없느니
眞實相 法

라.
법의 자성이 적연한 것을 「지」라 이름하고, 고요하면서 항상 비추
法 自性 寂然 止

는 것을 「관」이라 이름하도다. 비록 말은 앞뒤가 있으나 두 가지가
觀

없으며 다름이 없음이라. 이것을 원돈지관이라 이름하느니라.
圓頓止觀

（천태지자대사, 마하지관 中）

마땅히 알지어다. 신토（正報와 依報） 일념삼천이니라. 이런 고로 성도
身土 一念三千 成道

의 때에 이 본리에 완전히 들어맞아서 일신일념이 법계에 두루함이니
本理 一身一念 法界

라.
（형계잠연 묘락대사）

부록편

관심본존초

観心本尊鈔 (여래멸후오오백세시관심본존초)

(如來滅後五五百歲始觀心本尊鈔)

(여래께옵서 멸도하신 후 오오백세 (2500년 후)에 비로소 시작되는 마음을 관

하는 본존에 대한 글) —초략
抄略

마하지관 제5에 가로되, 「대저 한 마음에 십법계를 갖추고 일법계에 또
摩訶止觀
十法界
一法界

한 십법계를 갖추었으니 백법계이라. 일계에 삼십종(십여시×오음세간·중생세간·
百法界
一界에 三十種

국토세간＝30)의 세간을 갖추었으니, 백법계에 곧 삼천종의 세간을 갖춤이라.
三千種

이 삼천은 일념의 마음에 있으니 만약 마음이 없으면 옳지 못하지만, 적은

겨자씨라도 마음이 있으면 곧 삼천(三千諸法)을 갖추고 있음이라. 내지 그러므로

일컬어 불가사의경이라 하며 뜻이 여기에 있느니라.」
不可思議境

묘락대사께서 가로되, 「그러므로 지관에 이르러 정히 관법을 밝히고 아울
妙樂大師
止觀

러 삼천으로써 지남으로 삼음이라.」
三千
指南

물어 가로되, 백계천여와 일념삼천과의 차별은 어떠한 것이뇨.
百界千如 一念三千

답하되, 백계천여는 유정계에 한하고, 일념삼천은 정·비정에 미치느니라.
百界千如 有情界 情 非情

의심하여 말하되, 비정에 십여시가 미친다면 초목에도 마음이 있어서 유
非情 十如是

정과 같이 성불할 수 있느뇨.

답하여 가로되, 이 일은 믿기 어렵고 이해하기 어렵도다. 천태의 난신난해
難信難解

에 둘이 있으니, 첫째는 교문의 난신난해요, 둘째는 관문의 난신난해이라.
教門 觀門 難信難解

그 교문의 믿기 어렵고 이해하기 어려움이라 함은, 한 부처님께옵서 설하
教門 難信難解

신 바인데, 이전의 모든 경에는 이승(성문·연각), 일천제(不信謗法者)는 미래에 영
二乗 (성문 연각) 一闡提

원히 성불하지 못하리라.[제1설]. 교주 석가세존께옵서는 처음으로 정각을
成佛 二乗

이루시었다.[제2설]. 법화경 적·본 이문에 이르러서는 저 두 가지 설을
迹本二門 說

깨뜨리셨으니, 한 부처님의 두 가지 말씀이어서 물과 불 같음이라. 어느 누

가 이를 믿으리오. 이것이 교문의 난신난해이니라.
教門 難信難解

관문의 믿기 어렵고 이해하기 어려움이라 함은, 觀門

백계천여、 일념삼천、 비 百界千如 一念三千 非

정 위의 색심의 두 가지 법, 십여시가 이것이로다。 그러나 나무나 그림의 情 色心 十如是

두 가지 형상에 있어서는 외전・내전이 다 같이 이를 인정하여 본존으로 삼 色心 外典 內典 本尊

으니, 곧 그 뜻에 있어서는 천태 일가로부터 나왔음이라。 초목에 색심(물질과 天台一家 草木 色心

마음)의 인과를 두지 않는다면 목화의 형상을 본존으로 믿고 받들어 모심은 因果 木畵 本尊

이익이 없느니라。

의심하여 가로되, 초목국토에 십여시의 인과의 두 가지 법은 어느 문에 草木國土 十如是 因果 文

나와 있느뇨。

답하여 가로되, 마하지관 제5에 가로되,「국토세간에도 또한 십종의 법 國土世間

을 갖추고 있음이라。 이런 까닭으로 악국토상、 성、체、력、…」 惡國土相 性 體 力

현의석첨 제6에 가로되,「상은 오직 색에 있고, 성은 오직 심에 있고, 玄義釋籤 相 色 性 心

체・력・작・연은 뜻이 색심을 겸하고, 인과는 오직 심에 있고, 보는 오직 體 力 作 緣 色心 兼 因果 心 報

관심본존초

색(色)에 있느니라.」

금비론(金錍論)에 가로되, 「곧 하나의 풀이거나, 하나의 나무거나, 하나의 돌, 하나의 티끌에도 각각 낱낱의 불성(佛性), 각각 낱낱의 인과(因果)가 있어서 연료(緣了)를 구족(具足)함이라.」

관심(觀心)이란 나의 기심(己心)을 관(觀)하여 십법계(十法界)를 봄을 관심(觀心)이라고 한다. 설혹 모든 경중에서 곳곳마다 육도(六道)와 아울러 사성(四聖)이 설하여져 있을지라도 법화경(法華經)과 아울러 천태대사(天台大師)의 마하지관(摩訶止觀) 등(等)의 명경(明鏡)을 보지 않고서는 자신에게 갖추어져 있는 십계(十界), 백계천여(百界千如), 일념삼천(一念三千)을 알지 못하느니라.

물어 가로되, 법화경(法華經)의 어느 곳에 있으며, 천태의 석(釋)은 어떠하뇨.

답하되, 법화경 제 일권 제 이 방편품에 가라사대, 「중생으로 하여금 부처님의 지견을 열어주고자 … 」등. 이것은 구계(九界)에 갖추어져 있는 바의 불계(佛界)이다. 제 십육 여래수량품에 가라사대, 「이와 같이 나는 성불하여 이미 옴

325

부록편

은 심히 오래되고 멀어서 수명이 헤아릴 수 없는 아승지겁이며, 항상 머무르며 멸하지 않느니라. 모든 선남자여, 내가 본래 보살도를 행하여 성취한 바의 수명은 지금도 오히려 다하지 않았으며, 다시 위에서 말한 수의 배이니라」등. 이 경문은 불계(佛界)에 갖추어져 있는 바의 구계(九界)이니라.

법화경에 가라사대, 「제바달다 내지 천왕여래」등 (제바달다품). 이는 지옥계(地獄界)에 갖추어져 있는 불계(佛界)라.

법화경에 가라사대, 「첫째 이름이 남바, 내지 너희들이 다만 법화의 이름만을 받아 가지는 자를 옹호할지라도 복은 가히 헤아리지 못하겠거늘」등 (다라니품). 이는 아귀계(餓鬼界)에 갖추어져 있는 바의 십계(十界)니라.

법화경에 가라사대, 「용녀(龍女) 내지 성등정각(成等正覺)」등 (제바달다품). 이는 축생계(畜生界)에 갖추어져 있는 십계(十界)니라.

법화경에 가라사대, 「바치아수라왕 내지 묘법화경의 다만 한 게송이나 한

구절을 듣고 내지 아뇩다라삼먁삼보리를 얻으리라.」등 (서품、법사품)。 이는 修수

라계에 갖추어져 있는 바의 십계니라. 羅界

법화경에 가라사대、「만일 사람이 부처님을 위하여 내지 다 이미 불도를

이룩함이니라.」등 (방편품)。 이는 인간계에 갖추어져 있는 십계라. 人間界

법화경에 가라사대、「대범천왕 내지 우리도 또한 이와 같이 반드시 마땅

히 성불함을 얻으리라.」등 (비유품)。 이는 하늘세계에 갖추어져 있는 십계라 十界

법화경에 가라사대、「사리불 내지 화광여래」등 (비유품)。 이는 성문계에 갖추 華光如來 聲聞界

어져 있는 십계니라. 十界

법화경에 가라사대、「그 연각을 구하는 비구・비구니 내지 합장하고 공경 緣覺

하는 마음으로 구족한 도를 듣고자 하나이다.」등 (방편품)。 이는 곧 연각계 緣覺界

에 갖추어져 있는 십계니라. 十界

법화경에 가라사대、「지용천계 내지 이 진정의 대법을」등 (종지용출품)。 이 地涌千界 眞淨大法

는 곧 보살계에 갖추어져 있는 십계니라.

법화경에 가라사대, 「혹은 자기의 몸을 설하고, 혹은 다른 몸을 설하며,」

등 (여래수량품). 이는 곧 부처님 세계에 갖추어져 있는 바의 십계니라.

성을 넘음은 지옥이요, 탐욕함은 아귀요, 어리석음은 축생이고, 첨곡함은

수라이며, 기뻐함은 하늘이요, 평온함은 인간이니라. 소위 세상의 무상함은

눈앞에 있으니 인간계에 이승계가 없으리오. 반성할 줄 모르는 악인도 오히

려 처자를 사랑하니 이는 보살계의 한 부분이니라. 다만 부처님의 경지만은

나타내기 어려움이라. 구계를 갖추었으니 깊이 이를 믿고 의혹을 내지 말

라. 법화경에는 인계를 설하시되 「중생으로 하여금 부처님의 지견을 열어

주고자」등 (방편품).

열반경에 가라사대, 「대승을 배우는 자는 비록 육안일지라도 이름하여 불

안이라고 하느니라.」등. 말법시대에 범부가 출생하여 법화경을 믿는 것은

인계에 불계를 구족한 까닭이니라.

십계호구를 세워 말하는 것은 돌 속의 불이나 나무 속의 꽃과 같이 믿기

어려우나 연을 만나면 출생하니 이를 믿노라. 인계에 갖추어져 있는 바의

불계는 물 가운데 불이며, 불 가운데 물과 같으니, 가장 매우 믿기 어려움

이라. 비록 그러나 용의 불은 물에서 나오고 용의 물은 불에서 나옴이라.

이해할 수는 없으나 증거가 나타나 있으므로 이를 믿느니라. 이미 인계에

팔계가 있음을 알았으니 불계가 있음을 어찌하여 믿지 않으리오. 요순과 같

은 성인들은 만민에게 편파가 없었으니 인계의 불계의 한 부분이니라. 상불

경보살은 모든 사람에게서 부처님의 몸을 보았으며, 신달태자는 인계에서

부처님의 몸을 이루었으니 이와 같은 현증으로써 이를 믿어야만 하느니라.

이것을 부처님께옵서 의심을 풀어 주시기 위하여 가라사대, 「이미 설하였

고, 지금 설하며, 앞으로도 설하리라. 그러나 이 법화경이 가장 믿기 어렵

부록편

고 알기 어려움이니라.」(법사품).

다음 아래의 육난구이(견보탑품 게송)가 이것이니라. 전교대사 가로되, 「이 법
六難九易　傳教大師

화경은 가장 믿기 어렵고 알기 어려우니 부처님께옵서 자신의 뜻(隨自意)에 따

라서 하신 까닭으로 …」

보현행법경에 가라사대, 「이 대승경전은 모든 부처님의 보배곳집이며, 시
普賢行法經　大乘經典　十

방삼세 모든 부처님의 안목이며, 내지 삼세의 모든 여래를 출생시키는 종자
方三世　眼目　三世　如來 出生　種子

이니라. 내지 너는 대승을 행하여 부처님의 종자가 끊어지지 않도록 하라.」
大乘

또 가라사대, 「이 방등경은 이것이 모든 부처님의 눈이며, 모든 부처님은
方等經

이것으로 인하여 다섯 가지의 눈(육안, 천안, 혜안, 법안, 불안)을 갖추셨느니라.

부처님의 세 가지 종류의 몸(법신, 보신, 응신)은 방등(법화경)에서 나오며, 이
方等

는 대법의 도장으로서 열반의 바다를 찍느니라. 이와 같은 바다 가운데에서
大法　涅槃

능히 삼종의 청정한 부처님의 몸이 나옴이니, 이 세 가지 종류의 몸은 인간
三種

・천상 세계의 복밭이니라.」

대저 생각하건대, 석가여래의 일대시교(一代時教)、현교(顯教)・밀교(密教)、대승(大乘)・소승(小乘)의 이교(二教)、화엄(華嚴)・진언(眞言)・선종(禪宗) 등의 모든 종파가 의지하는 경을 일일이 생각하여 보니、혹은 시방대엽(十方臺葉)의 비로자나불、대집경(大集經)에서 운집한 제불여래(諸佛如來)、반야(般若) 염정(染淨)의 천불(千佛) 시현(示現)、대일경(大日經)・금강정경(金剛頂經) 등의 천이백존(千二百尊)은 다만 그 가까운 인(因)과 가까운 과(果)를 연설하되、그 오래되고 먼 인과(因果)는 나타내지 않았음이라. 속질돈성(速疾頓成)을 설하였을지라도 삼천진점겁(三千塵點劫)(제7화성유품)・오백진점겁(五百塵點劫)(제16여래수량품)의 먼 교화(教化)를 망실하고、화도(化導)의 시작과 끝은 흔적조차 볼 수 없음이라. 화엄경(華嚴經)・대일경(大日經) 등을 한번 살펴볼 때 별교(別教)・원교(圓教)・사장교(四藏教) 등과 흡사하지만、또 다시 이를 생각하면 장교(藏教)・통교(通教)의 두 가지 가르침과 같아서、아직 별교(別教)・원교(圓教)에도 미치지 못함이라。본유(本有)의 삼인(三因)(正因、緣因、了因)이 없으니 무엇으로써 부처님의 종자를 정하리오。그런데 새로이 번역하는 통역자들이 한토(漢土)(중국)에 들어가서 천태(天台)의 일

부 록 편

넘삼천의 법문을 견문하고, 혹은 자기가 소지한 여러 경들에 첨가하고, 혹

念三千　法門　見聞

은 이를 천축(인도)으로부터 수지하였다고 말함이라. 천태의 학자들은 혹은

天竺　受持

자신들의 종파와 같음을 기뻐하고, 혹은 먼 것을 귀히 여기고 가까운 것을

업신여기고, 혹은 옛 것을 버리고 새로운 것을 취하여 마의 마음과 어리석

魔

은 마음이 생겼느니라. 비록 그러하나 결국은 일넘삼천의 불종이 아니면 유

一念三千　佛種　有

정의 성불과 나무와 탱화의 두 가지 형상의 본존은 유명무실이 되리라.

情　成佛　本尊　有名無實

무량의경에 가라사대, 「비록 육바라밀을 닦고 행하지는 못하였을지라도

無量義經　六波羅密

육바라밀이 자연히 앞에 있음이라.」등.

六波羅密

법화경에 가라사대, 「구족한 도를 듣고자 함.」등 (방편품).

法華經　具足　道

열반경에 가라사대, 「살이라 함은 구족이라고 이름한다.」등.

涅槃經　薩　具足

용수보살 가로되, 「살이라 함은 육이라.」등.

龍樹菩薩　薩　六

무의무득대승사론현의기(중국 唐代 均正 作)에 가로되, 「사라 함은 번역해서 육이

無義無得大乘四論玄義記　沙　六

332

라 하고, 호법(胡法)(인도)에는 육(六)으로써 구족(具足)의 뜻으로 함이라.」

길장(吉藏)의 소(疏)에 가로되, 「사(沙)라 함은 번역해서 구족(具足)이라고 함이라.」

천태대사 가로되, 「살(薩)이라 함은 범어(梵語)이니 여기서는 묘(妙)라고 번역함이라.」등.

사사로이 회통(會通)을 더한다면 본문(本文)을 더럽힘이 되리라.

비록 그러나 문의 참뜻은 석가세존의 인행과덕(因行果德)의 두 가지 법이 묘법연화(妙法蓮華)

경(經) 다섯 자(字)에 구족(具足)함이라. 우리들이 이 다섯 자(字)를 받들어 가지면 자연히 그

인과(因果)의 공덕(功德)을 물려주시느니라.

사대성문(四大聲聞)께서 영해(領解)하여 가로되, 「위없는 보배무더기를 구하지 아니하였건

만 자연히 얻었나이다.」 우리들 자기 마음의 성문계(聲聞界)이니라.

「나와 같이 평등하여 다름이 없게 하려 함이라. 내가 옛적에 소원한 바와 (신해품).

같이 이미 이제는 만족함이니 일체 중생을 교화하여 모두 불도(佛道)에 들게 함이

라.」(방편품).

부 록 편

묘각의 석가세존께옵서는 우리들의 혈육이시라, 인과의 공덕은 골수가 아
妙覺　　　　　　　　　　　　　　　　　血肉　　因果　　　　　　　　骨髓

니겠느뇨.

견보탑품에 가라사대, 「능히 이 경법을 보호하여 가지는 자는 곧 나와 그
見寶塔品　　　　　　　　　　經法

리고 또 다보 부처님을 공양함이니라. 내지 또 다시 여기에 오시어 계시는

모든 분신의 부처님을 공양함이며, 모든 세계를 장엄하고 광명으로 장엄하
分身

게 꾸미는 것이니라.」

석가·다보·시방제불은 우리들의 불계이라. 그 뒤를 이어 받아서 그 공
釋迦　多寶　十方諸佛　　　　　佛界

덕을 받음이라. 「잠깐이라도 이를 들으면 곧 구경의 아뇩다라삼먁삼보리를
究竟

얻으리라.」(법사품) 함이 이것이라.

여래수량품에 가라사대, 「그러나 내가 진실로 부처님을 이루어 이미 성불
如來壽量品　　　　　　　　　　　　　　　　　　　　　　　　　　成佛

해 옴은 헤아릴 수 없고 가없는 백천만억 나유타겁이니라.」

우리들의 자기 마음의 석가세존은 오백진점겁 내지 삼신(법신、보신、응신)으로
五百塵點劫　　　三身

관심본존초

나타내신 바의 시작도 없는 옛부터 계신 부처님이시라.

상행, 무변행, 정행, 안립행 등은 우리들의 자기 마음의 보살계이니라.
上行 無邊行 淨行 安立行 等　菩薩界

묘락대사 가로되, 「마땅히 알지니라. 신신, 일념삼천이라. 이런 까닭으로
身土 一念三千

성도의 때에 이 근본 이치에 온전히 맞아서 일신, 일념이 법계에 널리 두루함이
成道　一身 一念 法界

라.」
成道

처음 적멸도량 화장세계로부터 사라림에서 마치실 때까지 오십여 년간에
寂滅道場 華藏世界 沙羅林 五十餘年間

화장, 밀엄, 삼변, 사견 등의 삼토·사토는 모두 다 성겁 상의 무상의 국토
華藏 密嚴 三變 四見 三土 四土 成劫 無常

로, 변화하는 바의 방편유여토·실보무장애토·적광토·안양세계·정유리세
方便有餘土 實報無障碍土 寂光土 安養世界 淨瑠璃世

계·밀엄 등이니라. 능변의 교주가 열반에 드신다면 소변의 모든 부처님도
界 密嚴等 能變 教主 所變

따라서 멸진하심이라. 국토 또한 이와 같으니라.
滅盡 國土

지금 본시의 사바세계는 삼재(水災、火災、風災)를 떠나고, 사겁(成劫、住劫、壞劫、空劫)
本時 娑婆世界 三災 四劫

을 벗어난 항상 머무는 정토로다. 부처님께옵서는 이미 과거에도 멸하지 않
淨土 過去 滅

부 록 편

으시고、 미래(未來)에도 나지 않으시며、 교화(教化)하시는 바는 동체(同體)이니라。 이는 곧 자

기 마음의 삼천(三千)의 구족(具足)이며、 삼종(三種)의 세간(世間)이로다。

적문 십사품(迹門 十四品)에는 아직 이를 설하지 않았으니、 법화경 내(法華經 內)에서도 시기가 미

숙한 까닭이니라。 이 본문의 간심(本門 肝心)인 「나무묘법연화경(南無妙法蓮華經)」의 다섯 자에 있어서

는 부처님께옵서 오히려 문수・약왕 등(文殊 藥王 等)에게도 이를 부촉하지 않으셨으니、

어찌 하물며 그 이하에 있어서랴。 다만 지용천계(地涌千界)(하방의 본화보살、종지용출품)를 부르

사팔품(八品)(15품~22품)을 설(說)하시고、 이를 부촉(付囑)하셨느니라。

그 본존의 상모(本尊 相貌)는 본사(本師)의 사바세계(娑婆世界) 위에 보탑(寶塔)이 공중에 있으며、 탑 가운

데에 묘법연화경(妙法蓮華經)이시며、 좌우에 석가모니불(釋迦牟尼佛)・다보불(多寶佛)이시며、 석가세존의 협(釋迦世尊 脇)

사로서 상행・무변행・정행・안립행 등(上行 無邊行 淨行 安立行 等)의 사보살(四菩薩)(本化地涌 四大菩薩)이시며、 문수(文殊)

・미륵(彌勒) 등은 사보살(四菩薩)의 권속(眷屬)으로서 말좌(末坐)에 머무르고 (迹化大權菩薩)、 적화 타방(迹化 他方)의

크고 작은 모든 보살의 만민은 대지(大地)에 머물러 있어서 운각월경(雲閣月卿)을 보는 것과

336

관심본존초

같음이라。시방의 모든 부처님은 대지의 위에 계심이니 적불과 적토를 나타
_{十方} _{大地} _{迹佛} _{迹土}

내시기 위한 까닭이니라。이와 같은 본존은 재세 오십여 년에는 없었음이
_{本尊} _{在世 五十餘 年}

라。팔년 동안(법화경 설한 기간、聖壽 72세~80세)에도 다만 팔품에 한함이
_{八年} _{八品}
라。

정법·상법 이천년 동안 소승의 석가세존께옵서는 가섭·아난을 협사로
_{正法 像法} _{小乘} _{脇士}

삼으셨고, 권대승경과 아울러 열반경·법화경 적문 등의 석가세존께옵서는
_{權大乘經} _{涅槃經 法華經 迹門 等}

문수보살·보현보살 등으로써 협사로 삼으셨으니, 이러한 부처님을 정법·
_{文殊菩薩 普賢菩薩} _{脇士} _{正法}

상법에는 조성하고 그렸지만, 아직 본문수량의 부처님은 계시지 않음이라。
_{像法} _{造成} _{本門壽量}

말법에 들어와서 비로소 이 불상을 출현케 하느니라。
_{末法} _{佛像}

법화경 제15 종지용출품에 가라사대、「그 때 다른 국토로부터 온 모든
_{從地涌出品}

보살마하살이 팔항하사 수보다도 많음이라。대중 가운데서 일어나 합장 예

배하고 부처님께 말씀하시되、세존이시여、만약 저희들에게 부처님께옵서

멸도하신 후에 이 사바세계에서 부지런히 정진을 더하고、이 경전을 받들어

부 록 편

가지고, 읽고, 외우고, 옮겨 쓰고, 공양할 것을 허락하신다면, 마땅히 이

국토에서 이를 널리 설하오리다. 그 때 부처님께옵서 모든 보살마하살 대중

에게 이르시되, 그만두어라. 선남자야, 너희들이 이 경을 보호하여 받들어

가짐을 바라지 않노라.」

법사품으로부터 이하 오품의 경문은 전후가 물과 불이로다. 견보탑품의
法師品
五品

끝에 가라사대, 「큰 음성으로써 널리 사중에게 이르시되, 누가 능히 이 사
四衆

바세계에서 널리 묘법화경을 설하겠느뇨.」
妙法華經

설령 교주 한 부처님만이 이를 권장하실지라도 약왕 등의 대보살과 범천·
教主   藥王等 大菩薩 梵天

제석·일월·사천 등은 이를 소중히 할 것인데, 다보불과 시방의 모든 부처
帝釋 日月 四天等   多寶佛 十方

님께옵서 객불로 오시어 이를 간효하심에랴. 모든 보살들은 이 은근한 부촉
客佛   諫曉   付囑

을 듣고 「아불애신명(저희는 몸과 목숨을 사랑하지 아니하고)」의 서원을 세움이라. 이
我不愛身命

러한 일들은 오로지 부처님 뜻에 따르기 위함이로다.

338

관심본존초

그러나 잠깐 사이에 부처님의 말씀은 상위해서 팔항하사 수보다 많은 보 相違 八恒河沙 數

살들(적화보살 :: 문수, 보현, 관음, 세지, 지장, 미륵, 약왕, 약상 등)이 서원하여 이 국토에서 誓願

홍경할 것을 막으시니, 진퇴양난이라, 범부의 지혜로서는 미치지 못함이라. 弘經 進退兩難

천태지자대사는 전삼후삼으로 여섯 번을 해석하사 이를 밝히심이라. 결국은 前三後三

나의 내증의 수량품은 적화 타방의 대보살들에게는 수여하지 않으리라. 말법 內證 壽量品 迹化他方 大菩薩 授與

초에는 법을 비방하는 나라로서 악한 근기인 까닭으로 이를 제지하시고, 지용 地涌

천계의 대보살(본화보살 :: 상행, 무변행, 정행, 안립행 등)을 불러서 여래수량품의 간심인 千界 大菩薩 如來壽量品 肝心

묘법연화경의 다섯 자를 염부제의 중생에게 수여케 하셨음이라. 또한 적화의 妙法蓮華經 字 迹化

대중(문수, 보현, 약왕, 관음, 지장, 미륵 등)은 석가세존의 초발심의 제자들이 아니기 때 大衆 初發心

문이니라.

천태대사 가로되, 「이는 나의 제자이니, 응당 나의 법을 넓힐지어다.」 묘

락대사 가로되, 「아들이 아버지의 법을 넓히면 세계의 이익이 있느니라.」

보정기補正記에 가로되, 「법法이 구성久成의 법인 까닭으로 구성久成의 사람에게 부촉付囑함이

라。ㄴ등。

또 미륵보살께서 의심하여 청하여 이르시기를, 법화경에 가라사대, 「저희들은 부처님께옵서 마땅함을 따라 설하신 바와 또 부처님께옵서 하시는 바의 말씀은 아직 일찍이 허망함이 없다고 믿사오며, 부처님께옵서 알려주신 바는 다 통달하였다고 하오나, 그러나 모든 새로 발심한 보살이 부처님께옵서 멸도하신 후, 만일 이 말씀을 듣고 혹 믿어 받지 아니하고 법을 파하는 죄업의 인연을 일으키게 되오리다。 그러하오니 세존이시여, 오직 원하옵건대, 저희들을 위하여 해설하시어 저희들의 의심을 풀어주시옵고, 아울러 미래 세상의 모든 선남자가 이 일을 듣고서 또한 의심나지 않게 하옵소서。」

이 문文의 뜻은 수량壽量의 법문法門은 멸후滅後를 위하여 이를 청함이라。

(종지용출품)

수량품에 가라사대, 「혹은 본심을 잃고, 혹은 잃지 않은 자가 있음이라.

壽量品

내지 마음을 잃지 않은 자는 이 좋은 약이 빛과 향기를 갖추어 있음을 보고

좋아하면서 곧 이를 먹으니, 병이 모두 없어져 나았느니라.」

구원의 하종、대통의 결연、내지 전사미 적문 등 일체의 보살 이승 인

久遠 下種 大通 結緣 前四味 迹門 菩薩 二乘 人

천 등이 본문에서 득도함이 이것이니라.

天 本門 得道

물어 가로되、이 경문의 「심부름꾼을 보내어 다시 이르되」는 어떠한 것이뇨.

답하여 가로되、사의인데 사의에는 네 가지 부류가 있음이라. 소승의 사

四依 四依 小乘 四

의는 정법 전오백년에 다분히 출현하였고、대승의 사의는 정법 후오백년에

依 正法 前五百年 大乘 四依 正法 後五百年

다분히 출현하였고、셋째、적문의 사의는 상법 일천년에 다분히 나왔고、소

迹門 四依 像法

분은 말법의 초였느니라. 넷째、본문의 사의는 지용천계(본화보살)이니、말법

四依 地涌千界 本化菩薩

초에 반드시 출현하리라. 지금의 「견사환고(심부름꾼을 보내어 다시 이르되)」는 지용의

遣使還告 地涌

본화보살(상행、무변행、정행、안립행)이며、「이 좋은 약」이라 함은 수량품의 간요인

本化菩薩 壽量品 肝要

명·체·종·용·교 名體宗用教 (오중현의) 五重玄義 의 「나무묘법연화경」 南無妙法蓮華經 이것이라. 이 좋은 약을 부처

님께옵서 역시 적화에도 수여하시지 않으셨으니, 어찌 하물며 타방에랴. 他方 이 迹化

여래신력품에 가라사대, 「그 때 땅에서 솟아 나오신 천세계 미진등의 보 如來神力品 千世界微塵等

살마하살께서 모두 부처님 앞에서 일심으로 합장하고 존안을 우러러 보며

부처님께 말씀드리되, 세존이시여, 저희들은 부처님께옵서 멸도하신 후에

세존의 분신께옵서 계신 국토와 멸도하신 곳에서 응당 마땅히 널리 이 경을

설하오리다.」

천태대사 가로되, 「다만 하방 보살 (본화지용보살)의 서원 발함을 봄이라.」 下方菩薩 誓願發

도섬 가로되, 「부촉이란 이 경을 오직 하방에서 용출한 보살 (본화지용보살)에 道暹 咐囑 下方 涌出

게 부촉함이라. 까닭은 무엇인가 하면, 법이 구성의 법인 까닭으로 구성의 付囑 法 久成法 久成

사람에게 부촉함이라.」 付囑

대저 문수사리보살은 동방 금색세계의 부동불의 제자요, 관세음은 서방 文殊師利菩薩 金色世界 不動佛 觀世音

관심 본존초

무량수불(無量壽佛)의 제자이고, 약왕보살은 일월정명덕불(日月淨明德佛)의 제자이며, 보현보살은 보위덕상왕불(威德上王佛)의 제자로다. 일단 석가세존의 행화(行化)를 돕기 위하여 사바세계에 오셨으며, 또한 이전과 적문(迹門)의 보살이라. 본법(本法)을 소지한 사람이 아니므로 말법의 홍법(弘法)에는 부족한 자라.

이와 같이 십신력(十神力)을 나타내서 지용(地涌)의 보살에게 묘법(妙法)의 다섯 자를 촉루하시기를 법화경에 가라사대, 「그 때 부처님께옵서 상행(上行) 등 보살대중(菩薩大衆)에게 이르시되, 모든 부처님의 신력(神力)은 이와 같이 한량이 없고 가없는 불가사의니라。만약 내가 이 신력(神力)으로써 한량없고 가없는 백천만억 아승지겁에 있어서 촉루하기 위하는 까닭으로 이 경의 공덕을 설할지라도 오히려 능히 다하지 못하리라。요긴하게 이를 말하건대、여래의 일체의 있는 바의 법과、여래의 일체의 자재한 신통의 힘과、여래의 일체의 비밀되고 요긴한 곳집과、여래의 일체의 심히 깊은 일을 모두 다 이 경에서 펴서 보이고 나타내어 설함(囑累)

343

부 록 편

이니라.」(여래신력품).

천태대사(天台) 가로되, 「그 때 부처님께옵서 상행(上行)에게 이르시되, (신력품) 이하는

셋째로 요긴함을 맺어서 부촉하심이라. (第三 結要附囑: 名體宗用敎、五重玄義)」 전교대사(傳敎)

가로되, 「또 신력품(神力品)에 말씀하시되, 요약해서 이를 말하건대 여래에게 있는

일체의 법, 내지 펴고 보이고 나타내고 설함이니라. (이상 경문) 분명히 알았

노라. 과분(果分)의 일체(一切)의 소유(所有)의 법(法), 과분(果分)의 일체(一切)의 자재(自在)한 신력(神力), 과분(果分)의 일체(一切)

의 비요(祕要)의 장(藏)(祕要之藏), 과분(果分)의 일체(一切)의 심히 깊은 일을 모두 법화(法華)에서 펴서 보

이고 나타내어 설함이니라.」등.

이 열 가지 신력은 「묘법연화경(妙法蓮華經)」의 다섯 자를 가지고, 상행(上行) 무변행(無邊行) 정행(淨行)

안립행(安立行) 등(等) 사대보살(四大菩薩)에게 수여하심이니라. 앞의 다섯 가지 신력은 재세(在世)를 위

하심이요, 후의 다섯 가지 신력은 멸후를 위하심이라. 그러나 다시 이를 논

하면, 오로지 멸후(滅後)를 위하심이니라. 이런 까닭으로 다음 아래의 문에 말씀

하시기를 「부처님께옵서 멸도하신 후에 능히 이 경을 가지는 까닭으로 모든

부처님께옵서 다 환희하시고 한량없는 신력을 나타내심이니라.」(여래신력품).

다음 아래의 촉루품에 가라사대, 「그 때 석가모니불께옵서 법좌로부터 일

어나시어 큰 신력을 나타내심이라. 오른손으로 한량없는 보살마하살의 머리

를 어루만지시고, 내지 지금 이로써 너희들에게 부촉하노니등. 지용의 보살

로써 선두를 삼으시고, 적화 타방 내지 범천 제석 사천 등에게 이 법화경을

촉루하시었다. 「시방에서오신 모든 분신불로 하여금 각각 본국토로 돌아가게

하시고, 내지 다보불의 탑도 돌아가시어 전과 같이 하셨느니라.」(촉루품).

약왕품 이하 내지 열반경 등은 지용의 본화보살께서 떠나가신 후 적화의

대중과 타방의 보살등을 위하사, 거듭 이를 부촉하시니, 군습유촉이 이것이

니라.

법사품에 가라사대, 「하물며 멸도한 후에랴.」

수량품에 가라사대、「지금 여기에 놓아두나니、」

분별공덕품에 가라사대、「악한 세상 말법의 때」

약왕품에 가라사대、「후오백세 염부제에 널리 펴서 유포하리라。」

열반경에 가라사대、「비유하건대 일곱 아들이 있는데 부모가 평등하지 않

음이 없건마는 그러나 병든 아들에게는 마음이 곧 편중함과 같음이니라。」등。

지용천계(구원실성 석가모니 본불로부터 교화받으시어 하방 땅으로부터 솟아오르신 대천세계 미진수의 본화보살)께

서 정법·상법 시대에 나오시지 아니하였음은 정법 일천 년간은 소승·권대

승이니 근기도 시기도 함께 없음이라。사의의 대사께서 소승과 권대승으로

써 연으로 하여 재세의 하종을 탈익케 하심이라。비방이 많아서 숙익을 깰

것이므로 이를 설하지 않으셨으니、예컨대 재세의 전사미(화엄、아함、방등、반야)의

기근과 같음이라。상법의 중간과 끝에 관음·약왕께서 남악·천태 등으로

시현하시고 출현하시어 적문으로써 표면을 삼고、본문으로써 이면으로 하시

관심본존초

어 백계천여 일념삼천의 그 뜻을 다 밝히셨느니라. 다만 이만을 완전히 갖추는 것을 논하되, 사리 실행의 「나무묘법연화경」의 다섯 자와, 아울러 본문의 본존은 아직 널리 이를 행하시지 아니하심이니, 결국 원기는 있으나 원시가 없기 때문이니라.

지금 말법의 처음에 소승(아함)으로써 대승(방등, 반야, 화엄, 법화)을 치고, 권대승(방등, 반야, 화엄)으로써 실대승(법화)을 파하니, [大小權實雜亂]. 동서가 다 같이 이를 멸하여 잃어버리고 천지가 전도했느니라. 적화의 사의는 숨어서 나타나지 않고, 모든 하늘은 그 나라를 버리고 이를 수호하지 않느니라. 이 때에 용의 본화보살께서 비로소 세상에 출현하시어 다만 「묘법연화경」의 다섯 자를 가지고 유치(어린아이)에게 먹게 하심이라. 「비방으로 인하여 악도에 떨어짐이나 반드시 이로 인하여 이익을 얻으리라.」는 것이 이것이로다.

이 사보살(상행, 무변행, 정행, 안립행)께서 절복을 나타낼 때에는 현왕 마땅히 알라. 이

이 되어 악왕을 계책하시고、 섭수를 행할 때는 승으로 되시어서 정법을 널리

惡王　誡責　攝受　僧　正法

가지게 하심이라.

법화경에 가라사대、「후오백세 염부제에서 광선유포하라。」

後五百世　廣宣流布

천태대사께서 쓰시어 가로되、「후의 오백세는 멀리 묘법화경의 도에 젖으

後五百世

리라」。 묘락대사께서 쓰시어 가로되、「말법의 초에 명리가 없지 않으리라。」

末法初名利

전교대사께서 가로되、「정법 상법이 거의 다 지나가고、말법이 심히 가까우

正法像法

니라。」고 하는 해석은 나의 때는 바른 시기가 아니라고 하는 뜻을 말함이라.

법화경에 가라사대、「오히려 원망과 질투가 많거늘 하물며 멸도한 후에랴。」

法華經

(법사품)。 이 말씀은 실로 사유가 있음이라.

이 때 지용천계께서 출현하시어 본문 석가세존의 협사가 되시어 일염부제

地涌千界　本門釋迦世尊　脇士　一閻浮提

제일의 본존님을 세우시느니라.

第一　本尊

일념삼천을 모르는 자에게는 부처님께옵서 대자대비를 일으키시어 묘법연

一念三千　大慈大悲　妙法蓮

화경(華經) 다섯 자 안에 이 보배구슬을 싸서 말법(末法)시대(時代)에 유치한 자의 목에 걸게 하시느니라. [일련대사 작(日蓮大師 作)]

6。교리입문
教理 入門

화법의 사교
化法 四教

교법의 내용에 의한 분류로서 약의 성분에 해당한다.

(1) 삼장교(장교)(三藏教) … 소승교를 지칭한다. 경·율·논(經 律 論)의 삼장을 갖추었으며, 삼계내(三界內)의 생사(生死)·인과(因果)만을 밝혔다. 성문과 연각을 가르치고 간접적으로 보살을 교화하고 이끌음.

(2) 통교(通教) … 대승의 시초인 초문에 해당한다. 삼장교와 별교에 통하고, 대승

부록편

(3)

과 소승에 통하므로 통교라 함. 삼승도 함께 배우나 보살을 정기로 한다.
三乘　正機

별교… 앞뒤에 관계없이 설하신 대승교이다. 삼계 밖의 일인 보살이 혜
別教

아릴 수 없는 겁을 지나면서 수행[역겁수행]하는 모습을 밝히심. 성문·
歷劫修行

연각을 제외하고 다만 보살을 위한 가르침.

(4)

원교… 완전하고 원융 원만한 가르침을 말한다. 일체 중생을 대상으로
圓教

하여 모두 구제하는 것이다. 지옥, 아귀, 축생, 아수라, 인간, 천인, 성
九界

문, 연각, 보살의 구계 중생이 전부 이 원교의 가르침에 의해 진실로 성
成

불함.
佛

화의의 사교
化儀 四教

장교·통교·별교는 이론상 불과의 이름은 있으나, 실제로 진실된 불과
藏教 通教 別教　佛果　　　　　　佛果

에 이르는 사람이 없다. 순수하게 원교만 설하신 것은 법화부 뿐이다.

350

화의의 사교

중생을 교화·제도해 가는 형식, 의식, 방법을 분류한 것으로 약의 조제법에 해당한다.

(1) 돈교(頓教) … 유인의 수단을 쓰지 않고 곧 바로 깨달음을 중생에게 설하여 나타내는 형식. 화엄경.

(2) 점교(漸教) … 내용이 얕은 가르침에서 깊은 가르침으로 점점 나아가서 중생을 점진적으로 교화하는 것. 아함부(阿含部)(초), 방등부(方等部)(중), 반야부(般若部)(후).

(3) 비밀교(秘密教) … 비밀부정교(秘密不定教)라 함. 진언 비밀과는 뜻이 전혀 다름. 같은 설법 회상에서 서로서로가, 듣는 사람도 듣는 법도 모르는 가운데, 부처님의 하나의 음성으로 각각의 근기에 따라 혹 돈교로, 혹 점교로 서로 다르게 들어 이익을 다르게 얻는 것임.

(4) 부정교(不定教) … 현로부정교(顯露不定教)라 함. 한 음성으로 설법하심에, 서로 듣는 사람은 아는 가운데, 각각 들은 법의 이익은 나름대로 다른 것을 말함. 곧 점교

351

부 록 편

를 설함에 돈교의 이익을 얻거나、돈교를 설함에 점교의 이익을 얻는 경우이다。

법화부의 가르침은 통일적인 진리를 총괄하여、있는 그대로 설하신 것으로 비돈、비점、비비밀、비부정이다。
非頓 非漸 非秘密 非不定

또한 법화부의 원교는 순원으로 홀로 묘하기 때문에、화법의 사교、화의 사교의 팔교를 초월하는 가장 뛰어난 제호의 가르침이다。
純圓
八教
醍醐

석가세존 일대오시
釋迦世尊 一代五時

구원실성 석가모니 부처님께옵서 일체 중생을 구제하기 위해서 방편으로
久遠實成
사바세계에 나투신 행적을 일목요연하게 정리한 일대기로서、성불을 나타내신 후、50년간 설하신 교법을 시간의 순서대로 크게 다섯으로 구분한 것이다。곧 화엄・아함・방등・반야・법화열반시를 말한다。

352

석가세존 일대오시

부처님께옵서는 사바세계 남섬부주 인도 중부 가비라국의 정반왕의 태자 (신달태자)로 강탄하셨으며, 17세 야수다라와 결혼(아들 라후라)하셨고, 19세 출가, 30세 성도, 50년간 전법륜, 80세에 방편으로 열반을 나타내시었다.

※ **권실**(權實) … 부처님께서 설법하신 모든 경론을 분류하여 그 가르침의 방편과 진실을 나타내는 기준. 무량의경 제2 설법품 「가지가지 법을 설하였으되, 사십여 년 동안 진실을 나타내지 않았느니라.」 법화경 제2 방편품 「정직하게 방편을 버리고 마땅히 요긴하게 진실을 설하노라.」 제10 법사품 「이 법화경은 방편의 문을 열어서 진실상을 나타내느니라.」의 말씀에 근거함.

・권교(權敎) … 진실한 법화 일승의 이치를 깨닫게 하기 위해 중생의 근기와 욕망에 따라 임시적으로 그에 응하여 성문승, 연각승, 보살승을 차별하여 설하신 방편의 가르침. 〈아함부, 방등부, 반야부, 화엄부. 장교, 통교, 별교〉

・실교(實敎) … 여래께옵서 세상에 나오신 근본 뜻을 밝히신 궁극의 진실하고 완전한 가르침. 일불승(一佛乘)의 이치를 나타내는 법. 〈법화열반부, 원교〉

분류 / 오시	설법기간 (說法期間)	설법장소 (說法場所)
제1시 화엄부(華嚴部)	성도 후 처음 2, 1일 ⇓	・실보무장애토(實報無礙土) ・7처 8회. ・장세계. ・보리수 아래 연화 ・적멸도량, ・중인도, ※실보무장애토…중도의 이치를 수행하여 보살의 깨달음을 얻은 별교의 초지(初地) 이상과 원교의 초주(初住) 이상의 보살이 머무는 국토. 진실한 불도수행을 한 댓가로서 진실한 과보를 감득하는 까닭으로 실보(實報)라 하고, 색심이 서로 방해하지 않음으로 무장애(無障礙)라고 함.
제2시 아함부(阿含部) (녹원시 鹿苑時)	12년 ⇓	・범성동거토(凡聖同居土) ・16대국. ・녹야원. ・바라나국 ※범성동거토…범부와 성인이 같이 머무는 국토. 사바세계와 같이 범정(凡聖)이 충만한 가운데 육도중생(六道衆生)과 성인이 동거하는 국토와, 서방극락세계와 같이 청정하게 장엄된 속에서 인간과 성인이 같이 동거하는 국토가 있다.
제3시 방등부 方等部	8년 ⇓ 혹 16년, 혹 한 때에 정해지지 않음.	・실보무장애토(實報無障礙土) ・방편유여토(方便有餘土) ・범성동거토(凡聖同居土) ・욕계와 색계의 중간 대보방 등. ※방편유여토…삼계의 번뇌(견사혹)를 끊고 삼계의 생사의 고통을 떠난 사람이 사는 국토. 성문 연각 또는 초지 이전의 보살들이 머무는 국토이다. 무명 혹을 끊지 않고 남겨놓았기 때문에 유여(有餘)라 한다.
제4시 반야부 般若部	22년 ⇓ 혹 14년, 혹 30개년.	・영취산 ・백로지 등. ・4처 16회. ・방편유여토(方便有餘) ・실보무장애토(實報無障礙土)
제5시 법화·열반부 法華·涅槃部	・마지막 8년(법화부) ・하루, 낮, 하루 밤의 설.(열반부)	※상적광토…진실한 본불(久遠 실성 석가모니불)이 머무는 국토. 본래의 부처님께서는 본래의 석가모니불께서 계시며 항상 법을 비추는 지혜의 광명, 모든 무명을 떠나 해탈하시며 모든 중생에게 계심. 사바세계가 곧 상적광토임이 여래수량품에서 밝히심. 경본문에 밝히심. ◉법화부 ・영취산 상적광토(常寂光土) ・2처 3회 ◉영산회…1품~10품(1품~10품) 허공회…11품~21품(11품~21품) 영산회…22품~28품(22품~28품) ◉법화경…1품~21품 ◉열반경—법화경의 유통분에 해당. ・장소는 쿠시나성 발제하의 강변 사라쌍수의 사이.

354

분류／오시	오미(五味)	일조(日照)
제1시 화엄부 華嚴部	·유미(乳味) ·소에서 처음 우유를 짜낼 당시의 맛. 원유를 말함.	·고산(高山) ·인시(寅時) ·처음 해가 솟아 먼저 높은 산을 비춤과 같음.
제2시 아함부(녹원시) 阿含部(鹿苑時)	·낙미(酪味) ·트락. 원우유를 약간 끓이어 가미 한 것.	·유곡(幽谷) ·묘시(卯時) ·해가 차츰 깊은 골짜기를 비춤과 같음.
제3시 방등부 方等部	·생소미(生蘇味) ·낙에서 다시 제조 한 것.	·평지(平地) ·식시(食時), 진시(辰時). ·해가 차츰 평지를 비춤과 같음. 아침 식사 때임.
제4시 반야부 般若部	·숙소미(熟蘇味) ·생소를 다시 정제한 것.	·평지(平地) ·우중、사시.(寓中巳時) ·해가 더욱 평지를 비춤과 같음.
제5시 법화·열반부 法華·涅槃部	·제호미(醍醐味) ·숙소를 다시 달여 정제해서 짜낸 것으로써 진한 감미, 약용 등으로 쓰임. 우유 중에서 최상의 맛과 영양의 제품임.	·평지(平地) ·정중、오시.(正中午時) ·해가 널리 두루 일체를 다 비추어 조금도 기울어진 그림자가 없음과 같음.

부록편

분류 / 오시	신해품 영해문 (信解品 領解文) — 신해문	영해문
제1시 화엄부 華嚴部	・방견(傍遣)… 즉견방인 급추장환 (卽遣傍人 急追將還)	「곧 곁의 사람을 보내어 급히 쫓아 가서 데리고 돌아오게 하였는데…두렵고 놀래어 지나치게 번민하다가 기절하여 땅에 넘어졌나이다…」라고 하심. (법화경 신해품)
제2시 아함부(녹원시) 阿含部(鹿苑時)	・이유(二誘)… 유인기자 밀견이인 (誘引其子 密遣二人)	「장차 그 아들을 달래어 인도하고 가서 방편을 자하여 베풀어서 비밀히 오게 하였는데…형상과 얼굴이여 위엄과 덕이 없는 두 사람을 보내되…」라고 하심. (법화경 제사 신해품)
제3시 방등부 方等部	・체신(體信)… 심상체신 입출무난 (心相體信 入出無難)	「이렇게 이미 지난 뒤에, 마음과 이름을 서로 믿어서 몸을 서로 믿어서 들어가고 나오는 데에 어려움이 없었으나, 그러나 그 머무는 곳은 아직 본래의 거처에 있었나이다.」라고 하심. (법화경 제사 신해품)
제4시 반야부 般若部	・영지(領知)… 즉수교칙 영지중물 (卽受敎勅 領知衆物)	「이 때 궁한 아들은 곧 가르쳐 타이름을 받아 많은 금과 은과 진귀한 보배와 그 밖에 여러 가지 것을 알아서 처리하되, 그러나 한 움큼도 바라고 가질 뜻이 없었나이다.」라고 하심. (법화경 제사 신해품)
제5시 법화·열반부 法華·涅槃部	・부업(付業)… 금아소유 개시자유 (今我所有 皆是子有) 든 중생은 실로 석가세존의 아들이며, 부처님은 진실로 일체 중생의 아버지이심을 명확히 정하여 밝히심.(비유품 제3, 여래수량품 제16)	「그대들 모두는 마땅히 알지니라. 이는 바로 나의 아들이니,…이 아들이 곧 나의 진실로 나는 그의 아버지이니라. 지금 내가 가지는 바의 일체 재물은 모두 아들에게 있는 것이며,…」 (법화경 제사 신해품)

심법 (心法)	방법 설법 (方法 說法)	분류 / 오시
· 심생(心生)의 십계(十界)·· 심구(心俱)의 십계(十界)를 밝히지 않음. ※ 십계(十界)… 지옥계, 아귀계, 축생계, 아수라계, 인간계, 천계, 성문계, 연각계, 보살계, 불계의 십법계.	· 의의(擬宜)라 함. · 부처님께옵서 임시로 적당한 법으로 그 중생이 법을 받아들이는가의 여부를 시험해 본 것.	제1시 화엄부 華嚴部
· 심생(心生)의 육계(六界)·· 심구(心俱)의 육계(六界)를 밝히지 않음. ※ 육계(六界)… 지옥계, 아귀계, 축생계, 아수라계, 인간계, 천계, 상계의 육법계.	· 유인(誘引)이라 함. · 중생을 불법에 유인한 때.	제2시 녹원시부 (鹿苑時部) 아함부 阿含部
· 심생(心生)의 십계(十界)·· 심구(心俱)의 십계(十界)를 밝히지 않음. ※ 심생(心生)… 마음에서 생기는 것. 곧 중생의 일념의 생명에서 일어나는 법.	· 탄가(彈呵)라 함. · 소승을 탄하여 대승을 사모케 한 기간.	제3시 방등부 方等部
· 심생(心生)의 십계(十界)·· 심구(心俱)의 십계(十界)를 밝히지 않음. ※ 심구(心俱)… 일념의 마음에 갖추어져 있는 것. 곧 생명에 갖추어져 있는 법.	· 도태(淘汰)라 함. · 중생 기근의 불순, 불의 필요한 것을 제거한 기간.	제4시 반야부 般若部
· 십계호구(十界互具)… 불계(佛界)에서 지옥계까지의 십법계 각각의 심법계가 서로 갖추어져 있는 것. ※ 일념삼천(一念三千)… 십계호구(十界互具), 일념삼 천(一念三千)을 갖추면 백법계(百法界), 여기에 각각 십여시(十如是), 또 국토세간(國土世間)·오음세간(五陰世間)·중생세간(衆生世間)의 삼세간(三世間)의 모든 법이 되는데, 이것이 일념에 갖추어져 있는 것. 삼천(三千)이란 곧 현상세계의 일체를 말하며, 제법실상(諸法實相)으로 중생의 일념의 생명에 빠짐없이 갖추어져 있는 것으로 불가사의의 묘법이다. ※ 십계호구(十界互具)… 불계(佛界)에서 지옥계까지의 십법계 각각의 십법계가 있는 것. ※ 불가사의의 불가사의(不可思議) 심구(心俱)의 십계지의 십법계 각각의 십법계가 있는 것.	· 개회(開會)라 함. · 사십여 년의 일체 모든 교법, 곧 화엄, 아함, 방등, 반야의 일체법과 그 모든 사람을 다 회통시켜 하나의 佛… 구원실성 석가여래)과 유일의 본불(本佛… 일승원교 법화경)의 체내에 귀입시킨 개회의 묘전(妙典). ※ 개회의 묘전. · 적문개회(迹門開會)… 방등·반야를 개회하여 성문·연각·보살이 모두 부처님이 되는 일불승의 체내에 귀입케 하는 것. · 본문개회(本門開會)… 일체의 모든 부처님을 오직 하나뿐인 구원실성 석가모니불께 귀입케 하는 것.	제5시 법화·열반부 法華·涅槃部

부 록 편

분류 / 오시	화법(化法)
제1시 화엄부 華嚴部	·겸(兼)이라 함. …원교에 별교를 겸함.(圓敎別敎兼) ·권대승(權大乘). 보살승(菩薩乘). 방편권교(方便權敎) ※ 권대승 … 일체 중생을 차별없이 단박에 성불시키는 실대승(實大乘)인 법화경으로 이끌기 위해 임시로 중생의 근기에 따라서 방편을 설하신 대승의 가르침. 곧 성문, 연각, 보살 등에 대해서 각각 다르게 사제(四諦), 십이인연(十二因緣), 육바라밀(六波羅蜜)의 법으로 헤아릴 수 없는 겁을 지나면서 수행하는 차제(次第)를 설하신 것.
제2시 아함부(녹원시) 阿含部(鹿苑時)	·단(但)이라 함. …다만 삼장교(三藏敎)를 설함. ·전부소승.(全部小乘) 성문승(聲聞乘). 연각승(緣覺乘). 방편권교(方便權敎) ※ 소승 … 아라한과와 벽지불과를 구하는 중생들에 대한 가르침으로 자신의 해탈만을 목적으로 함. 사제법, 십이인연법, 대승에 이끌기 위한 방편의 가르침.
제3시 방등부 方等部	·대(對)라 함…장교, 통교, 별교, 원교에 통교·별교를 대비하여 설하고 설하심. ·대소승, 권대승. ·소승, 성문, 연각, 보살승. 보살승(菩薩乘) 방편권교(方便權敎)
제4시 반야부 般若部	·대(帶)라 함…원교에 통교, 별교를 대심하여 설하고 설하심. ·대소승. ·권대승. 보살승(菩薩乘) (權大乘) 방편권교(方便權敎)
제5시 법화·열반부 法華·涅槃部	〈법화〉 ·순(純)이라 함. ·순원교(純圓敎). ·실대승(實大乘)…(지극대승) 일불승(一佛乘) ·순원일실의 설로서 무잡의 법문. ·일원기의 설. ※ 실대승…부처님의 진실의 깨달음을 중생의 근기에 관계없이 그대로 전부 다 스스로 밝혀 나타낸 수자의·진실의 대승. 이승[성문, 연각·악인·여인·축생 등의 일체 중생과, 풀·나무·국토 세간 등의 일체가 성불된다고 설하신 것. ※ 순원교…순수무이(純粹無二), 원융원만하여 평등하며 완전하고 진실한 뜻의 가르침. ※ 일원기의 설…근기의 차별을 불문하고 평등하게 일체 중생을 모두 성불의 길에 들게 하는 가르침. 〈열반〉 ·추설(追說)·추민(追泯)이라 함…한번 더 상주사교[장, 통, 별, 원교]를 설하심.

분류 / 오시	화의 (化儀)	추묘 (麤妙)	중생의 불성 (佛性)
제1시 화엄부 華嚴部	·돈교(頓敎)…돈대의 근기, 대권(大權)의 보살을 위해 설하심. ·비밀교, 부정교 있음.	일추일묘(一麤一妙) ※※ 묘…원교 추…별교	·본래부터 정인불성(正因佛性)은 있고 요인불성(了因), 연인불성(緣因)은 없음. ※ 정인불성…일체 중생이 본능적으로 갖추고 있는 부처님의 성품(불성佛性), 법성(法性), 진여(眞如)을 말함. 중도의 진리인 중제(中諦)를 가리킴.
제2시 아함부(녹원시) 阿含部(鹿苑時)	·점교(漸敎)…삼승의 근성을 위해 설함. 점교의 처음. ·비밀, 부정교 (秘密 不定敎)	단추(但麤) ※ 추…장교	불성(佛性)의 유무(有無)를 논하지 않음. ※ 요인불성…법성(法性)、진여(眞如)의 이치를 비추어 나타내는 지혜를 말함. 가제(假諦)를 가리킴.
제3시 방등부 方等部	·점교(漸敎)、·비밀、부정교(秘密 不定敎)	삼추일묘(三麤一妙) ※ 추…장교、통교、별교 ※ 묘…원교	·본래부터 정인불성(正因佛性)은 있고 요인불성(了因佛性)、연인불성(緣因佛性)은 없음. ※ 연인불성…요인(了因)을 개발해 가는 모든 선행(善行)을 가리킴. 공제(空諦)를 가리킴.
제4시 반야부 般若部	·점교(漸敎)…점교의 후분. 통、별、원교의 근기를 위하여 반야를 설하심. ·비밀、부정교(秘密 不定敎)	이추일묘(二麤一妙) ※ 추…통교、별교 ※ 묘…원교	·본래부터 정인불성(正因佛性)은 있고 요인불성(了因佛性)、연인불성(緣因佛性)은 없음. ※ 연인불성…요인(了因)을 연으로하여 도와서 정인(正因)을 개발해 가는 모든 선행(善行)을 가리킴.
제5시 법화·열반부 法華·涅槃部	·비돈、비점、비비밀、비부정교(非頓 非漸 非秘密 非不定敎) ·돈교、점교、비밀교、부정교가 없음[초 팔제호(超八醍醐)라 함].	·즉추즉묘(卽麤卽妙) ·이묘(二妙)… 상대묘(相對妙)(추묘)、절대묘(絕對妙)(순원일실)	·본래부터 삼인불성(三因佛性)이 있음. ※ 삼인불성…세 가지 종류의 부처님이 되는 성분. 연인은 요인을 돕고 요인은 정인을 나타냄. 삼인불성은 서로 의지해서 능히 부처님의 묘인(妙因)이 됨.

359

분류 / 오시	주불(主佛)
제1시 화엄부 華嚴部	·노사나불(報身)、비로자나불(法身)。적불(迹佛)。 ·연화장세계(蓮華藏世界)、무량아승지겁 수행완료。칠보보리수 밑의 대보화왕좌(大寶華王座)에 앉아 만덕 원만의 보신(報身)、실보무장애토(實報無障碍土)에 머무름。 ·석가모니 세존、범성동거토에 머무름。응신에 한함 법신(法身)··· 무시무종(無始無終) 보신(報身)··· 유시무종(有始無終) 응신(應身)··· 유시유종(有始有終) ※적불 : 구원실성의 석가모니 부처님께서 중생제도를 위하여 임시방편으로 그림자를 드리워 나타낸 모습
제2시 아함부(녹원시) 阿含部(鹿苑時)	·소석가(小釋迦)。·열응신(劣應身)。적불(迹佛)。 ·3아승지 백대겁 보살수행 완료、목(木)보리수、초좌(草座)、일장육척(一丈六尺) 32상、80종호、범성동거토에 머무름。 ·석가모니세존、응신에 한함 법신(法身)··· 무시무종(無始無終) 응신(應身)··· 유시유종(有始有終) ※열응신 : 범부와 성문 연각 초지 이전의 보살에의해서 시현하는 일장육척(一丈六尺)의 화신(化身)
제3시 방등부 方等部	·열응신(劣應身)、승응신(勝應身)、보신(報身)、법신(法身)。적불。 ·동유진겁(動踰塵劫) 보살수행완료。칠보보리수 밑 천의좌(天衣座)에 성도하여 보신(勝應身)、방편유여토에 머무름。 ·법신、보신은 화엄부의 주불로 나툼。혹은 방등부의 주불로 나툼。 ·석가모니 세존、비치어 그릇과 물결에 따름과 같으며、하나의 땅을 명시함에 예토와 정토를 다르게 하며、부처님의 하게 정토와 예토를 다르게 작게 다르게 하심。·나의 몸을 나타내 보이시어 크게 다르게 하심。 ·진언종 : 대일여래 ·정토종(석가세존의 법신) : 아미타여래 ·선종 : 석가모니세존
제4시 반야부 般若部	·승응신(勝應身)、노사나보신(盧舍那報身)、법신(法身)。적불。 ·방등부의 혹은 화엄부의 주불로 나툼。 ·법신··· 석가모니 세존、 법신(法身)··· 무시무종(無始無終) 보신(報身)··· 무시무종(無始無終) 응신(應身)··· 유시유종(有始有終)
제5시 법화·열반부 法華·涅槃部	·삼신즉일(三身卽一)·본각여래(本覺如來)、구원실성 석가모니불(釋迦牟尼佛)。 ·본각여래、삼신즉일(三身卽一) 삼불삼신상즉(三身相卽)의 신(三身)이 상즉(相卽)하고 허공을 자리로 하는 청정한 법신、상적광토에 머무름。 ·법신·보·응의 삼신신고(三身) 구원실성 석가모니 구원실성(久遠實成) 삼불즉일、삼신상주(三身常住)의 본각여래(本覺如來) 법신(法身)··· 무시무종(無始無終) 보신(報身)··· 무시무종(無始無終) 응신(應身)··· 무시무종(無始無終) ※본불 : 일체 모든 부처님의 근원이며 본체로서 구원겁 전에 본래 깨달아 성불하신 석가모니불。십계를 신체(법신)로, 심성으로, 법신으로, 십계즉일, 상호(상)로 하는 삼신즉일의 본각여래(법화경 제16품)

주요내용	분류 / 오시
• 세존의 성도 직후에, 법혜, 공덕림, 금강당, 금강장의 보살, 대보살들이 곧 (큰방편) 대권(大權)을 여래로 가립(假立)하여 상(常)·망·인 여래 實報無障(실보무장)애토의 내상을 나타내어 십주(十住), 십행(十行), 십회향(十廻向)生 회향(廻向)과 십지(十地)向 연, 십, 정도(正道) 등 법계유심(法界唯心)의 이치를 설하심.	제1시 화엄부 華嚴部
• 성도 5·7일 지나 녹야원에 진여교에 따라 대승의 권청에 의하여 범천왕을 위하여 사제(四諦)의 법륜을 굴리시고, 아함교의 사람들을 위하여 처음 섯음 곳곳에서, 장, 통, 별, 원교의 사제(四諦)의 법을 설하시어 각승, 연, 인 정도(八正道) 등 사심을 설하심.	제2시 아함시부 (녹야원시부 鹿苑時部)
• 방등은 대승경의 소극적인 공(空)을 설하여 대승의 처음을 삼승이 같이 배우는 공교 등의 함. 통, 별, 원교의 사문승, 연각승, 중도(中道)를 설하여 탄핵하고 각승을 가책하며 배우는 보살만 칭양하고 질책하여 보살을 칭양하며 불공반야(不共般若) 등이 있음.	제3시 방등부 方等部
• 통교의 소극적인 공(空)을 설하여 반야의 공(共)반야와, 별교, 원교의 적극적 불공반야(不共般若) 중도(中道)를 설하여 불공반야 보살만 배우는 불공반야(不共般若) 등이 있음.	제4시 반야부 般若部
• 모든 부처님께옵서 세상에 출현하심의 일대사인연(一大事因緣)을 밝히신 본회경(本懷經). 모두 일불승(一佛乘)에 일체 중생에게 부처님의 지견을 열어서, 들게 하심. 곧 일체 중생에게 부처님의 지견을 열어, 보이고, 깨닫게 하여, 들어가게 하심. • 특히 성문·연각이 부처님 지음인 이승작불(二乘作佛)과, 석가모니 부처님께옵서는 멀리 오래 전에 본래 부처님이 되셨으며, 또한 방편으로 열반하심인 구원실성(久遠實成)을 여실히 밝히심. [인개회(人開會)는 법화경뿐임] • 모든 법의 실상을 밝히시고, 십여시(十如是)를 설하시어, 중생세간, 오음세간, 국토세간에 십계(十界), 십여시를 배대하여, 일념삼천(一念三千), 십계호구(十界互具), 인과구시(因果俱時) 등을 밝히심. • 불신상주(佛身常住), 열반의 사덕(四德), 일체 중생에게 불성이 갖추어져 있음. 선근을 단절한 일천제(一闡提) • 법화경 등을 설하심. • 열반경 : 법화의 때에 이해하지 못한 무리가 있어, 법화경의 이익에 누락된 사람들을 주워 거두신 것. [법화경을 큰 수확에 비유하여, 열반경을 이삭줍기에 해당하므로 군습교(捃拾教)라 함.] … 부처님께서 이 세상에 출현하신 나머지 잔여의 근기를 조숙 시키시어, 법화경의 이익에 누락된 사람들을 주워 거두신 것. 추수동장(秋收冬藏)이라 하며, [법화경을 큰 수확에 비유하여 …] • 개삼현일(開三顯一) … 부처님께서 이 세상에 출현하신 목적은 성문·연각·보살이라는 삼승의 방편의 법을 열어 기에 해당하므로 군습교(捃拾教)라 함. 일체 중생이 모두 성불하는 진실한 법인 일승의 묘법 화경을 나타내는 데 있다.	제5시 법화·열반부 法華 涅槃部

久遠實成 실구성원·作佛 二乘 이작불승·權實 大小 권대실소 … 내용 주용				분류 / 오시
·성불하지 못하며 불성이 없음. ·시성정각(始成正覺)에서 「시성정각」의 3처에서 화엄경의 3처에서 시성을 설하심. ·구원실성(久遠實成)은 더더구나 없음.	·이승(二乘:일체중생의 성불)도 아닌 권대승(權大乘)이며, 구원실성도 세곳에서 시성정각.	·화엄경의 처음·부분에는 성음이 없고, 뒷부분에는 있으나 다르고, 회좌에 귀머거리와 같고 벙어리와 같음. ·이승작불(二乘作佛)도 허락지 않음.		제1시 화엄부 華嚴部
·성문, 연각, 연각과는 최고의 극처는 열반으로만 됨. ·성불하지 못하며 부처님으로만 됨. 응신의 부처가 됨.	·오직 소승의 극과인 아라한이라는 성인이 됨. ·성문·연각이라는 이승(二乘)이 주가 됨.	·삼계내(三界內)의 생사, 인과만 밝혔음. ·모든 법의 공(空)만을 보는 이치와, 분석적인 석공관(析空觀)의 단공(但空)을 끊었음.		제2시 아함부 (녹·원부) 鹿苑部 時部
·성를 받을 수 없고 성불하지 못함. ·성문, 연각은 수능엄삼매를 한은 수능엄삼매 ··· 누진아라.	·성문·연각 등은 다라니경의 불법을 갖출 수 없다. ·방등경 등으로 성·연각을 탄방하니 이를 잡아 「처음」 이라 됨.	·한 가지 소리의 설법에 따라서 각각 이해함도 달라 서로, 혹은 두려워하거나, 혹은 환희하거나, 혹은 번뇌를 싫어하여 떠나려하거나, 혹은 의심을 끊었음. ·무라고 대승(小乘)을 나무라고 권대승(權大乘)을 사모케함.	·유마경 16년「아석좌도량(我昔坐道場)」·대집경 일대량「시좌불수(始坐佛樹)」·유마경「여래성」·대집경「여래성」	제3시 방등부 方等部
않음으로 일으키지 않음. ·보리심을 다람쥐라는 사람은 아녹다라삼먁삼.	·정위(正位)에 들어간 사람은 ·경「29년」·인왕반야경「대품반야」·경·정위「대품반야」.	·법은 공이라 하나 대승과 소승을 구별하고 회합시키지 않음. ·대승과 소승의 합시를 구별함.	·위해 모든 법은 공이라 편집하기 때문에 ·용합시킴.	제4시 반야부 般若部
·성문, 연각에게 성불의 수기(授記)를 줌. ·성문, 연각에게 성불의 수기를 줌. (但 說無上道) ·정직사방편(正直捨方便), 단설무상도(但說無上道)·사십여년 미현진실(四十餘年 未顯眞實)	·실(實)이 현전(顯前). ·온 무량의경의 ·법화경 본문과 ·법화경 적문(迹門). 무량의경「아선도량(我先道場)」·「아시좌도량(我始坐道場)」·오는 무량천만억(百界千如) 일념삼천(一念三千)·본인본과(本因本果)·법계호구(十界互)	·증입시키는 인개회임. ·부처님이 악업이 모두 성불함을 밝히시고, 일체중생 모두를 인개회임. ※의 부처님이 ※개권현실 … 구원실성(久遠實成)·상적토(常寂土)·방편으로써 진실로는 오래되고 먼 과거부터 본래 부처님이셨다는 것[본개회]. ※개권현실…사십여년의 삼승방편을 비로소 부처님의 과거부터 본지를 여신 것[인개회]	·본적(本迹)의 양문 … 개회(開會). ·적문…서품~안락행품(14품), 본문…종지용출품~보현보살권발품(14품), 개권현실(開權顯實). ·본문…서품~안락행품(14품), 개근현원(開近顯遠).	제5시 법화·열반부 法華 涅槃部

362

분류 오시	유포 (부촉)	경전 (經典)
제1시 화엄부 華嚴部	· 권대승 대권보살 · 1500~2000년 (상법시대)	· 화엄경 60권 (구역), 80권 (신역) · 결경(結經)은 범망경(대승보살계를 냄)
제2시 아함부(녹원시) 阿含部(鹿苑時)	· 성문 연각의 소승 · 처음 500년 (정법시대)	· 사아함경 (中·雜·長·增一) · 증일아함경... 인천의 인과를 설하심. · 중아함경... 적멸의 깊은 뜻을 밝히심. · 잡아함경... 선정을 밝힘. · 장아함경... 모든 외도, 사견을 파하심. · 결경은 유교경 (소승계를 냄)
제3시 방등부 方等部	· 권대승 대권보살 · 500~1000년 (상법시대)	· 해심밀경, 대집경, 원각경, 능가경, 아미타경, 대일경, 소실지경, 금강정경, 능엄경, 승만경... · 결경은 영락경. · 유마경.
제4시 반야부 般若部	· 권대승 대권보살 · 1000~1500 년 (상법시대)	· 마하반야경, 대품반야경, 광찬반야경, 금강반야경, 천왕문반야경, 소품반야경, 능단금강반야경, 문수반야경, 방광반야경... · 결경은 인왕반야경. · 구역의 여러 반야경을 포함하고 집대성하여 새로이 번역한 마하(대)반야경은 당나라 현장삼장의 번역이고, 이 경은 1부, 600권, 275품, 60억자이다.
제5시 법화·열반부 法華·涅槃部	· 실대승 적화보살 본화보살 · 2500년 이후 (말법시대)	· 묘법연화경 7권 (혹 8권), 28품, 69384자. · 개경은 무량의경 · 결경은 불설관보현보살행법경 · 대반열반경 40권, 36권 (북본 구역 13품) (남본 신역 25품) · 결경은 상법결의경

부록편

종파(宗派) · 조사(祖師) · 각종(各宗) · 의 주소(章疏)된 장	분류 / 오시
·화엄종(華嚴宗)·마명(대승기신론), 용수(십주비바사론), 천친(십지론)·두순, 지엄, 법장(현수대사), 징관, 종밀·의상(한국)·원효, 의상(한국)·법계관문(두순, 수현기, 공목장(지엄)·탐현기, 오교장(법장)·속화엄경약소간정기(혜원)·화엄경소(징관, 행원품수소의기(종밀) 등등	제1시 화엄부 華嚴部
·구사종(俱舍宗), 성실종(成實宗), 율종(律宗)·구사종—세친(중국), 구사론기(보광), 구사론소(신태)·성실종—가리발마·성실론—구마라습·성실론의장·율종—국다삼장(인도), 도선율사, 감진화상, 자장율사·사분율행사초(도선)·사분비구계본소(도선) 등등	제2시 아함부(녹원시) 阿含部(鹿苑時)
·선종(禪宗), 정토종(淨土宗), 법상종(法相宗), 진언종(眞言宗)·법상종(해심밀경)—무착, 세친, 호법, 계현(인도). 현장, 자은(중국)·유가론, 섭대승론, 십지경론 등등·선종(능가경, 능엄경, 원각경(교선) 혹은 교외별전(조사선)—달마, 혜가, 승찬, 도신, 홍인, 혜능(남종선), 신수(북종선)—5가 : 임제종(임제현의), 조동종(동산양개)·운문종(법안문), 법안종(법안문익), 위앙종(위산, 앙산)·정토종(미타삼부경)—보리류지(인도), 도작, 회감, 소강, 선도, 담란·지눌(한국)·법연진언종(대일경)—용맹보살(인도), 선무외, 금강지, 불공, 일행아사리, 자각·지엄, 혜과, 홍법, 자각 등등	제3시 방등부 方等部
·삼론종(三論宗)(백론·중론·십이문론)·선종(禪宗)·삼론종—가상, 현장, 구마라습·법화현론, 법화의 소, 삼론현의, 삼론론현론(길장)·선종(금강경(교선) 혹은 교외별전(조사선)—달마, 혜가, 승찬, 도신, 홍인, 혜능(남종선), 신수(북종선)—5가 : 임제종(임제현의), 조동종(동산양개)·운문종(법안문언), 법안종(법안문익), 위앙종(위산, 앙산)·도의(한국), 지눌·오가해, 조단경, 금강경오가해, 조사어록 등등	제4시 반야부 般若部
·천태법화종, 열반종·천태법화종—용수(인도), 북제혜문, 남악혜사, 천태지의(장안관정, 형계묘락, 사명법지(중국), 현광, 낭원, 연광, 회제관, 조구화상·천태교의의 원묘요세, 전교, 일련(일본). 법화현의, 법화문구, 마하지관(천태삼대부), 법화현의석첨, 법화문구기, 마하지관홍결(묘락삼대부)·천태사교의(제관법사) 등등·열반종—보덕화상·열반종—보덕화상	제5시 법화·열반부 法華·涅槃部

364

○ **십법계, 삼계, 육도, 28천** (十法界, 三界, 六道, 二十八天)

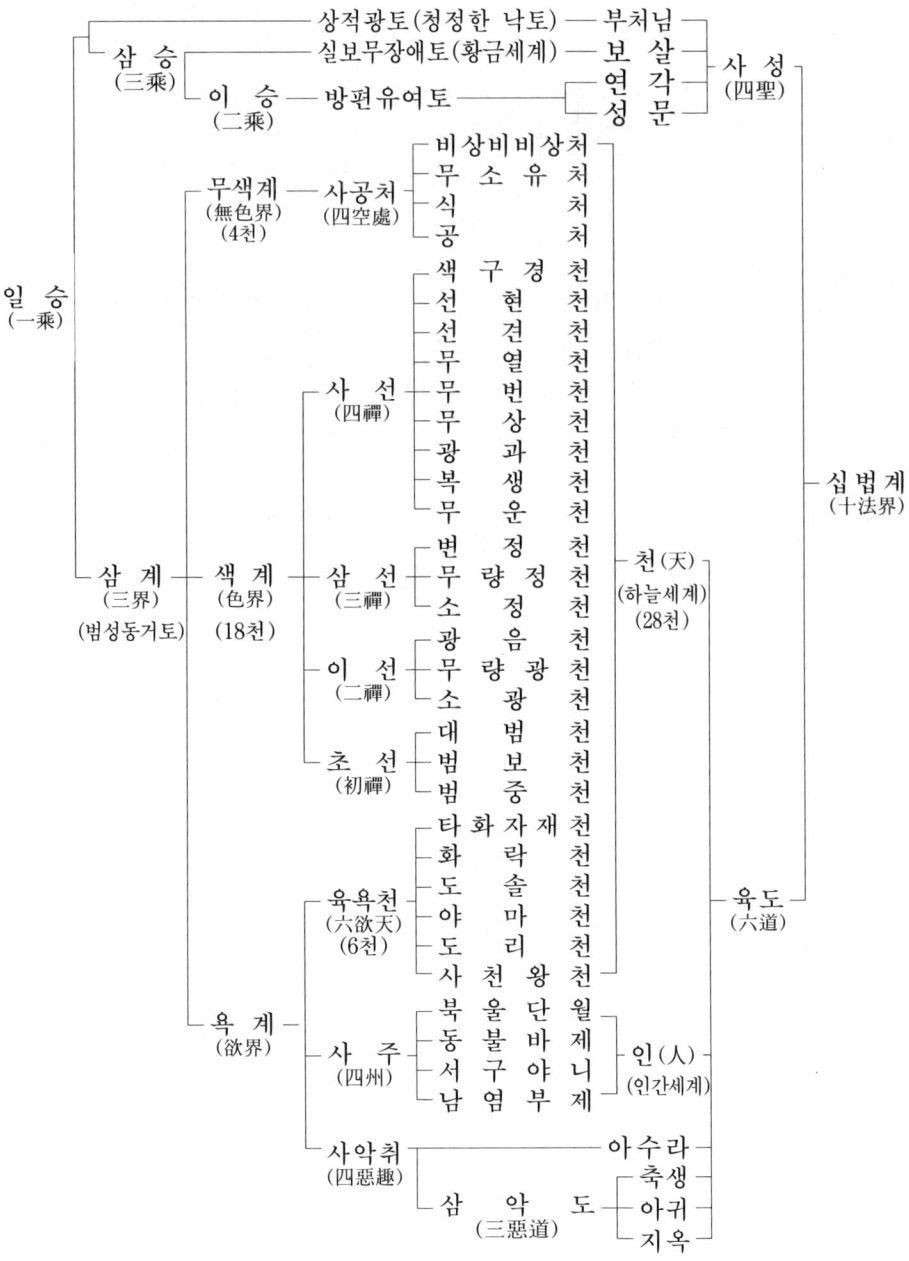

부 록 편

○ 소세계(일세계) 구성 (小世界(一世界) 構成)

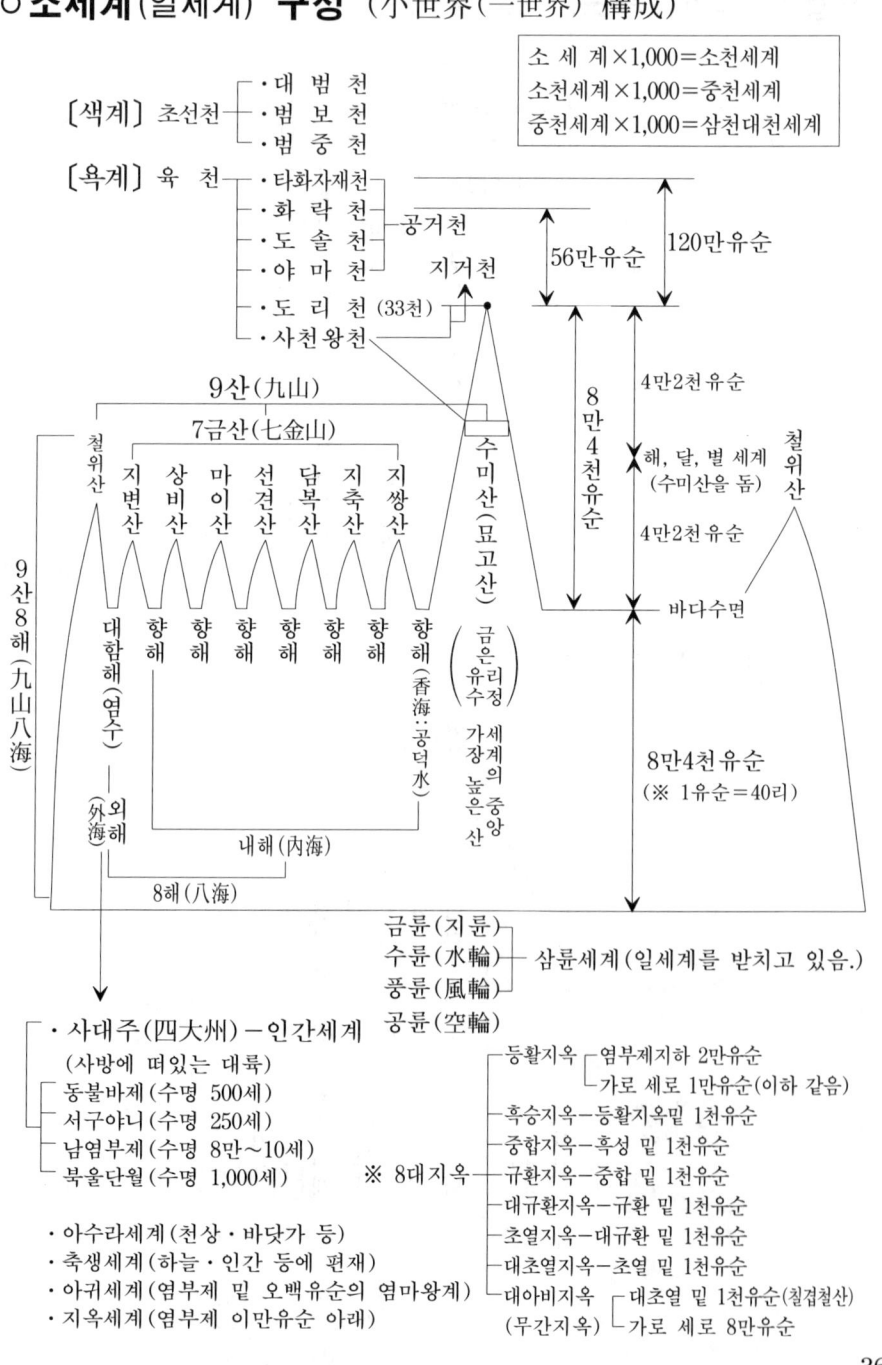

소 세 계×1,000=소천세계
소천세계×1,000=중천세계
중천세계×1,000=삼천대천세계

[색계] 초선천 ┬ ·대 범 천
            ├ ·범 보 천
            └ ·범 중 천

[욕계] 육 천 ┬ ·타화자재천
            ├ ·화 락 천
            ├ ·도 솔 천 ─ 공거천
            ├ ·야 마 천
            ├ ·도 리 천 (33천)
            └ ·사천왕천

지거천

56만유순   120만유순

8만4천유순

9산(九山)
7금산(七金山)

철위산
지변산 상비산 마이산 선견산 담복산 지축산 지쌍산

수미산(묘고산)
금은유리수정
가세계의장높은산중앙

4만2천유순
해, 달, 별 세계 (수미산을 돔)
4만2천유순
바다수면

철위산

9산8해(九山八海)

대함해(염수)
향해 향해 향해 향해 향해 향해 향해(香海∷공덕水)

외해(外海)
내해(內海)
8해(八海)

8만4천유순
(※ 1유순=40리)

금륜(지륜)
수륜(水輪) ─ 삼륜세계(일세계를 받치고 있음.)
풍륜(風輪)
공륜(空輪)

┌ ·사대주(四大州) ─ 인간세계
│   (사방에 떠있는 대륙)
├ ·동불바제 (수명 500세)
├ ·서구야니 (수명 250세)
├ ·남염부제 (수명 8만~10세)
└ ·북울단월 (수명 1,000세)

·아수라세계(천상·바닷가 등)
·축생세계(하늘·인간 등에 편재)
·아귀세계(염부제 밑 오백유순의 염마왕계)
·지옥세계(염부제 이만유순 아래)

※ 8대지옥

┌ 등활지옥 ┬ 염부제지하 2만유순
│   └ 가로 세로 1만유순(이하 같음)
├ 흑승지옥─등활지옥밑 1천유순
├ 중합지옥─흑성 밑 1천유순
├ 규환지옥─중합 밑 1천유순
├ 대규환지옥─규환 밑 1천유순
├ 초열지옥─대규환 밑 1천유순
├ 대초열지옥─초열 밑 1천유순
└ 대아비지옥 ┬ 대초열 밑 1천유순(칠겹철산)
   (무간지옥) └ 가로 세로 8만유순

366

○ 법화삼부경 총과 (法華三部經 總科)

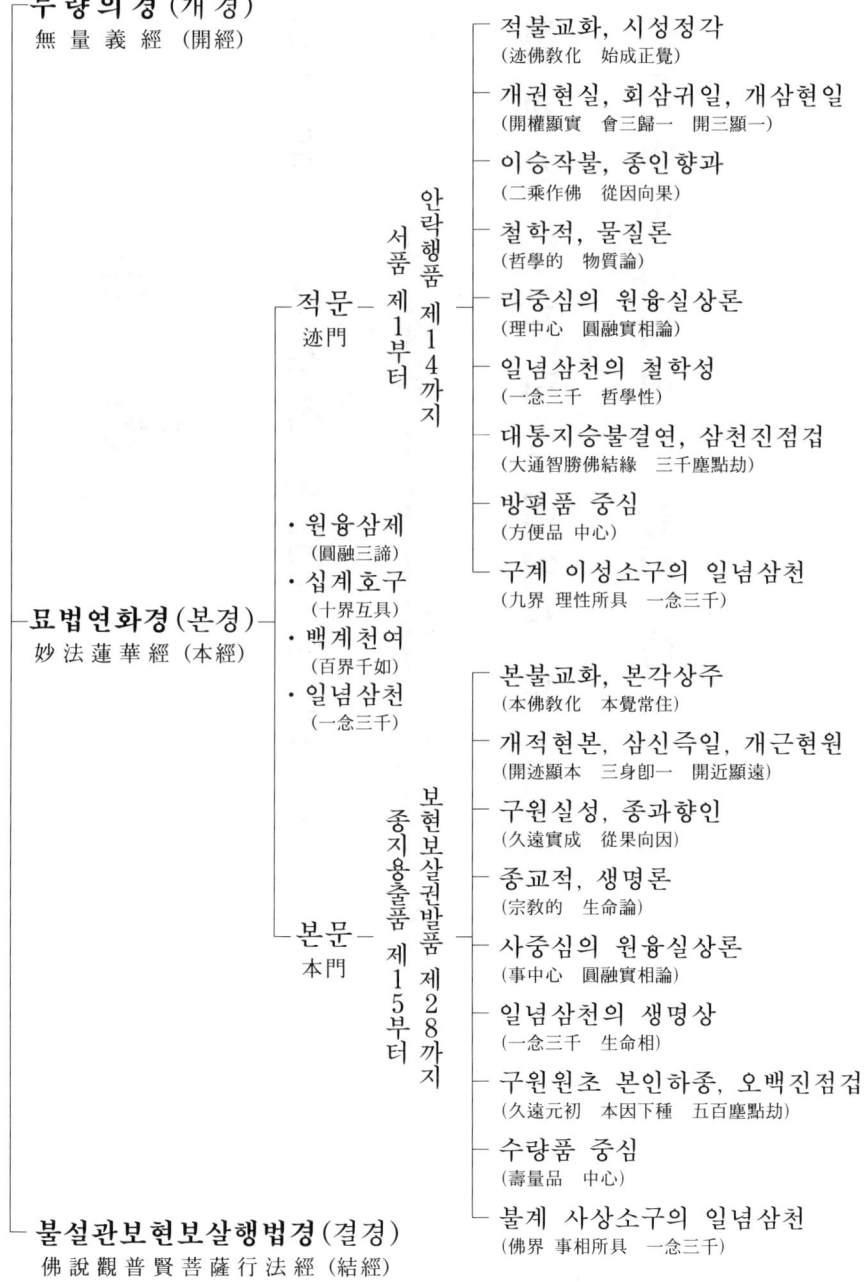

무량의경 (개경)
無量義經 (開經)

묘법연화경 (본경)
妙法蓮華經 (本經)

불설관보현보살행법경 (결경)
佛說觀普賢菩薩行法經 (結經)

적문 — 迹門

서품 제1부터

안락행품 제14까지

- 적불교화, 시성정각
  (迹佛敎化 始成正覺)
- 개권현실, 회삼귀일, 개삼현일
  (開權顯實 會三歸一 開三顯一)
- 이승작불, 종인향과
  (二乘作佛 從因向果)
- 철학적, 물질론
  (哲學的 物質論)
- 리중심의 원융실상론
  (理中心 圓融實相論)
- 일념삼천의 철학성
  (一念三千 哲學性)
- 대통지승불결연, 삼천진점겁
  (大通智勝佛結緣 三千塵點劫)
- 방편품 중심
  (方便品 中心)
- 구계 이성소구의 일념삼천
  (九界 理性所具 一念三千)

- 원융삼제
  (圓融三諦)
- 십계호구
  (十界互具)
- 백계천여
  (百界千如)
- 일념삼천
  (一念三千)

본문 — 本門

종지용출품 제15부터

보현보살권발품 제28까지

- 본불교화, 본각상주
  (本佛敎化 本覺常住)
- 개적현본, 삼신즉일, 개근현원
  (開迹顯本 三身卽一 開近顯遠)
- 구원실성, 종과향인
  (久遠實成 從果向因)
- 종교적, 생명론
  (宗敎的 生命論)
- 사중심의 원융실상론
  (事中心 圓融實相論)
- 일념삼천의 생명상
  (一念三千 生命相)
- 구원원초 본인하종, 오백진점겁
  (久遠元初 本因下種 五百塵點劫)
- 수량품 중심
  (壽量品 中心)
- 불계 사상소구의 일념삼천
  (佛界 事相所具 一念三千)

367

奉 봉 行 행 偈 게

題目
제목을 다 부르지 아니하여 劍樹地獄 검수지옥 무너지고

한 구절 다 외우지 아니하여 刀山地獄 도산지옥 꺼어지네

한 생각 믿는 마음 내어도 無始罪業 무시죄업 소멸커든

하물며 받아지녀 받들어 행하는 자 이겠느냐.

讚佛歌

찬불가

삼 귀 의

최 영 철 작사
서 창 업 편곡

엄숙하게

거룩한 부-처님께 귀의합니다

거룩한 가-르침에 귀의합니다

거룩한 스-님들께 귀의합니다

청 법 가

이 광 수 작사
이 찬 우 작곡

덕높-으 신 스- 승님 사 자-좌 에 오 르사 --
덕높-으 신 법- 사님 대 법-좌 에 오 르사 --

사자-후 를합- 소서 감 로-법 을 주-소 서
법을-설 하옵- 소서 맘 을-씻 어 주-소 서

옛 인연 을 잇 도록 새 인연 을 맺- 도록
모 두발 심 하 도록 같 이성 불 하- 도록

대 자-비 를 베-푸사 법 을-설 하 옵-소 서
대 원-력 을 펴-시사 길 을-인 도 하 -소 서

산 회 가

정 운 문 작사
정 민 섭 작곡

시원스럽게

몸 은비-록 이 자리에서 헤 어-지 지 만

마 음-은 언 제라도 떠 나-지 마 세

거 룩하 신 부 처 님 을 항 상 모 시- 고

오 늘배-운 높 은법문 깊 이-새 겨 서

다 음 날 반 갑 게 - 한 몸 한 뜻 으 로

부 처 님 의 성 전-에 다 시 만 나 - 세

관세음의 노래

법정 작사
김동진 작곡

경건하게

삼 계의 중-생-을 천 안으로 살-피시고
임 이여 나-투소서 그 모습- 보-이소서
우 리에게 있-는것을 베 풀게- 하-옵소서

고 해의 중-생-을 천수로써건지시 는
어 두운 이세상-에 그- 모습보이소 서
이 웃끼리 사- 랑하고 서로돕고보살피 며

자 비하신 관 세음 - 보 살님께 귀의하오니-
목 마른 - 중 생에게 감 로수를 내리시- 고
이 세상이 평 화로운 극 락세계 되- 도- 록

저 희들의 어린마-음 거- 두어주옵소 서
길 잃은 - 중생에-게 바른길을열으소 서
우 리모두 보- 살-의 설혼두몸되오리 다

나무구고구난 관세-음- 보살 나무대자대비 관세-음-보살

보현행원

정운문 작사
정민섭 작곡

간절하게

내 이제 두 손-모 아 청하옵나-니
내 이제 엎드-려 서 원하옵나-니

시 방 세 계 부 처-님 우 주 대-광- 명
영 겁 토 록 열 반-에 들 지 맙-시- 고

두 눈 어 둔 이 내 맘 굽 어 살 피-사
이 세 상 의 중 생 을 굽 어 살 피-사

위 - 없 는 대 법-문 을 널 리 여-소- 서
삼 계 화 택 심 한-고 난 구 원 하-소- 서

허 공 계 와 중 생-계 가 다 할 지 라 - 도

오 늘-세 운 이 서-원 은 끝 없 사-오- 리

예 불 가

정 운 문 작사
정 민 섭 작곡

경건하게

한 줄기의 향으로써 한 없는향운게 를 - 지어

서 삼 보님께 올리오니 넓 으신 자비로

써 - 받으소서 일 심 정 례 시방삼

세 에 항 상 계 옵 신 부처님 께 두 손-모 아 - 비옵니

다 다 함 없는 삼보 님 크- 나 크신 자비로

써-- 저희들 의 뜨거 운-- 기 - 원 을 들으소

서 석 가모니불- 석가-- 모니불 석 가 모니 불---

- 석 가 모니 불--- - 나 무 석가

모 니 불

376

불교도의 노래

서정주 작사
김동진 작곡

집회가

정운문 작사
정민섭 작곡

우 리는 성 -전에 모 -두모 -였 네
우 리는 불 -전에 모 -두모 -였 네

대 자비 대광명이 충 만하--신 곳
대 원력 대보살이 웃 음짓--는 곳

거 룩하신 부 처님의 진 -리를 배 워
장 하옵신 보 살님의 원 -력을 따 라

무 상보리 이루어서 생 사면 -하 고
무 상불도 이루어서 고 해면 -하 고

가 없은 중 -생을 제 -도하 -고 자
수 많은 중 -생을 인 -도하 -고 자

성 스러운 불회상에 같 이모 --였 네
존 엄하신 불도량에 같 이모 --였 네

홀로피는 연꽃

우 성 작사
서 창 업 작곡

맑은바 람　스-미 는　초여름 연못 에
해가지 는　산-기 슭　고요한 연못 에
달이뜨 는　두메산 골　적막한 연못 에

모든시 름　잊-은 듯　초연하 게　피-는 모
임은가 도　홀로남 아　청아하 게　피-는 모
꿈을꾸 듯　물-에 떠　소담하 게　피-는 모

습　　홀깃보 면　여민듯 이　다시보 면
습　　눈을뜨 면　선연하 게　눈감으 면
습　　다가올 듯　멀어지 고　멀어질 듯

웃는듯 이　연연히　풍겨오 는　그윽한 님의향
아련하 게　오탁의　연못속 에　아름도 하시어
다가오 는　연꽃이　피는구 나　내마음 갸륵하

기　　아--　연꽃이 지-는구 나
라
게

아 - -　연꽃이 피-는구 나

초파일 송가

광 덕 작사
정 부 기 작곡

나무- 석가모니 불　　나무- 석가모니 불

꽃 피고　파랑새울고　무 - 지개　피어오르고
연 꽃-　가득핀천지　평 화환희　노을지- 니
하 늘중　하늘오셨네　성 - 인중　성인오셨네

룸 비니동산은 춤을추 -었네　하 늘은　꽃비내리고
눈 부신지- 혜 하늘 -을덮고　이 땅 -　구- 하- 실
생 명의물줄기 온누리적시니　이 땅 -　부처님나라

감 -- 로 를　비- 내리고
뜨 거운자 비　피어났 -네　　Hum - - - -
우 -- 리 는　불국의역군

오 찬 란한　아 침이여　부 처 -님　오 셨- 네

진 리의태양　생명의태양　솟 아　오-르- 네

나무- 석가모니 불　　나무- 석가모니 불

말법시대 넷 의지처 (열반경)

○ 법(法)에 의지하고 사람(人)에 의지하지 말라.

○ 지혜(智)에 의지하고 식(識)에 의지하지 말라.

○ 뜻(義)에 의지하고 말(語)에 의지하지 말라.

○ 요의경(了義經)에 의지하고 불요의경(不了義經)에 의지하지 말라.

(요의경…오직 유일한 진실 지극대승인 묘법연화경)
了義經   至極大乘 妙法蓮華經

법화경 요품 (한글)

발 행 .. 불기3021년 5월 5일(음) 초판발행
불기3035년 7월 1일(음)
(단기4341년) 개정증보이판발행

엮은곳 .. 해 룡 사
경남 진주시 집현면 정평리 520
전화::(055)746-9923
팩스::(055)745-9215

펴낸곳 .. 도서출판 삼 보 각
부산시 동래구 명장동 76번지
전화::(051)557-5714
팩스::(051)554-9085
등록 제 카-3-246호

값 8500원

홈페이지 : hearyongsa.net

* 잘못된 경권은 교환하여 드립니다.
* 유 포 처
법화도량 해 룡 사
도서출판 삼 보 각

지금 이 삼계는
모두 바로 나의 것이며,
그 가운데의 중생은
모두 바로 나의 아들이거늘,
그러나 지금 이곳은
모든 근심과 난리가 많으니,
오직 나 한 사람만이
능히 구원하고
보호할 수 있느니라.

이 대승 법화경전은
모든 부처님의
보배 곳집이며,
시방 삼세 모든
부처님의 안목이며,
삼세의 모든 여래께옵서
출생하시는 종자이니,
이 법화경을 가지는 자는
곧 부처님의 몸을
가짐이며,
곧 부처님의 일을
행함이니라.

모든 부처님께옵서는
여기에서 위없이 높고
바르며 크고도 넓으며
평등한 깨달음을
얻으시며、
모든 부처님께옵서는
여기에서
법륜을 굴리시며、
모든 부처님께옵서는
여기에서 이에
열반에 옮기시느니라。

오늘 법화경전을
받아서 가지옵나니、
이에 목숨을 잃게 됨에
이르고 설령 지옥에
떨어져 헤아릴 수 없는
괴로움을 받을지라도
끝까지 모든 부처님의
정법을 헐어 비방하지
아니하오리다。

내가 멸도한 뒤에、
응당 이 법화경을
받아서 가질지니라。
이런 사람은
부처님의 도에
결정코 의심은
있을 수 없느니라。

卍

나무 극난치우 일승 묘법연화경

나무 생생치우 대승 묘법연화경

나무 평등대혜 실상 묘법연화경

卍

卍